ENTRETIENS AVEC ZOLA

Zola dans son cabinet de travail

ENTRETIENS AVEC ZOLA

Dorothy E. Speirs et
Dolorès A. Signori

Les Presses de l'Université d'Ottawa
Ottawa • Paris • Londres

Données de catalogage avant publication (Canada)

Zola, Émile, 1840-1902
Entretiens avec Zola

Comprend des références bibliographiques.
ISBN 2-7603-0282-2

1. Zola, Émile, 1840-1902 — Interviews.
2. Romanciers français — 19ᵉ siècle — Interviews.
I. Signori, Dolorès A.
II. Speirs, Dorothy E.
III. Titre.

PQ2529.A2 1990   843'.8   C90-090331-7

© Les Presses de l'Université d'Ottawa, 1990
Imprimé au Canada
ISBN 2-7603-0282-2

TABLE DES MATIÈRES

PRÉFACE

On n'en a jamais fini avec Zola. L'œuvre publiée de son vivant est immense. Mais les ouvrages posthumes suffiraient à eux seuls à lui assurer une gloire littéraire. Des centaines d'articles demeurent encore inédits. Les dossiers manuscrits de ses romans n'ont été publiés, sauf exception, que par fragments. Sa correspondance, dont la publication s'achève, comptera pour le moins onze volumes...

Et il a fallu près d'un siècle pour que nous puissions enfin entendre sa parole, au naturel si j'ose dire, grâce à l'enquête entreprise par Dolorès Signori et Dorothy Speirs — qui ont elles-mêmes joué un rôle de premier plan dans l'édition de la Correspondance. *Ces* Entretiens avec Zola, *au titre joliment choisi, forment, dans toute cette accumulation de découvertes posthumes, un des volumes les plus séduisants.*

Zola ne redoutait pas les interviews, même s'il ne se faisait pas une très haute idée du genre, comme l'indiquent les deux éditrices. Une fois la notoriété acquise, et la pratique de l'interview répandue, il accepta de répondre à toutes sortes d'enquêtes : sur ses œuvres, bien sûr, sur sa collaboration avec William Busnach, sur ses multiples candidatures à l'Académie — et sur les propos de ses concurrents plus chanceux que lui —, sur son expérience de juré d'assises, sur le métier parlementaire, sur l'anarchie, etc. C'étaient chaque fois des conversations libres et franches, où il ne dissimulait ni n'estompait sa pensée. Nous n'avons évidemment aucune certitude que ses propos aient été exactement rapportés par les différents journalistes qu'il a reçus. Mais à lire les textes ici recueillis, on a vraiment l'impression, quand on connaît le reste de ses écrits, d'entendre sa voix authentique : sans doute les journalistes étaient-ils assez impressionnés, et redoutaient-ils assez toute algarade avec Zola, pour avoir à cœur de respecter la teneur de ses déclarations.

En tout cas, celles-ci ne laissent pas de livrer des informations très utiles, et qu'on aurait eu peine à trouver ailleurs. Sur le voyage de Zola à Rouen et au Havre, par exemple, pour la préparation de La Bête humaine, *et sur les ingénieurs qui l'ont aidé à connaître le monde des chemins de fer. Ou encore sur l'histoire de la statue de Balzac, sur l'adaptation musicale du* Rêve, *sur les amitiés italiennes de Zola, et sur quantité d'autres points importants de sa carrière, que ne commentent en détail ni son œuvre romanesque, ni ses dossiers préparatoires, ni sa correspondance. Grâce à ces confidences, le tissu biographique se resserre, en particulier pour notre connaissance du « troisième Zola », celui de l'époque des* Trois Villes *et des* Quatre Évangiles.

Dolorès Signori et Dorothy Speirs ne publient pas la totalité des interviews de Zola pendant cette période. Elles en ont donné la bibliographie en 1985, dans une précieuse publication du Programme de recherches sur Zola et le Naturalisme à Toronto. Elles ont retenu, à bon escient, les textes les plus intéressants, soit par les faits qu'ils révèlent à la curiosité du biographe et de l'historien, soit par les réflexions politiques, morales et esthétiques qu'ils développent.

Sur ce dernier point, la moisson n'est pas moins riche que pour les détails événementiels de la biographie. On voit ainsi Zola esquisser, autour de 1890, un diagnostic sur l'évolution littéraire, beaucoup plus nuancé que ses jugements très carrés de 1880. « Je n'ai pas, écrit-il, pour les symbolistes et les décadents, le mépris que beaucoup affectent. » Il lit Barrès, Bourget, Huysmans, Charles Morice, Moréas, George Eliot pour l'Angleterre, les romanciers russes : il les discute, il repère fort lucidement les symptômes de la réaction idéaliste, et il en tire leçon pour imaginer l'avenir du roman. Il a conscience des lassitudes et des inquiétudes de la fin du siècle. Et il sait que le naturalisme ne peut se perpétuer tel que lui-même l'avait en quelque sorte codifié. « On ne revient pas sur un mouvement et ce qui lui succédera sera différent. » Autour de lui, au cours de cette dernière décennie du siècle, le roman de mœurs et de société momentanément s'étiole, et il en a conscience. Les constats qu'il livre à ses visiteurs, au fond, terminent une époque.

Mais c'est peut-être le commentaire de l'actualité politique qui fait tout le sel de ces interviews. Ses propos sur le général Boulanger ne sont pas tristes ! « Boulanger ! C'est un pieu surmonté d'un chapeau, un chapeau galonné et empanaché ! Pas autre chose ! » Dolorès Signori et Dorothy Speirs rappellent l'aventure de ce général populaire qui faillit coiffer de son képi la République, mais qui, en fin de compte, manqua d'audace. Zola dégage avec beaucoup de lucidité le sens de l'épisode, et l'histoire ultérieure du pays lui a donné raison : « Le pire, c'est que ce pieu répond à un besoin mal dissimulé de la nation, au besoin d'une domination quelconque : royauté, empire, dictatoriat, gambettisme, ou boulangisme. » Les ambitions galonnées ne sont en effet pas seules en cause… Au xxe siècle, Clemenceau, Poincaré, Pétain, De Gaulle, d'autres encore, satisferont ce « besoin » monarchique analysé par Zola dès 1888 : chacun au moment assigné par l'histoire, l'un dans la honte, les autres dans l'honneur. Civils ou militaires, peu importe au regard de cette constante nationale : l'appel au Père, dans les époques douloureuses… « Aux yeux de la foule, s'exclame Zola, l'idée abstraite du sauveur. »

Sa perspicacité n'est d'ailleurs pas moindre sur la conjoncture que sur le trait politique permanent. Il ne donne pas cher de l'avenir de Boulanger, avant même que celui-ci ne s'effondre. Car il connaît l'efficacité des roueries parlementaires. En réalité, il ne porte pas une plus grande confiance aux hommes du Parlement et du gouvernement républicains qu'aux généraux de coup d'État. Une « nullité » vaut l'autre. Mais l'une des deux est plus retorse : « Ces nullités politiciennes triompheront-elles du fétiche Boulanger, ce zéro, et au profit de qui ? » Dix ans avant J'Accuse *s'annonce déjà, chez l'auteur des* Trois Villes, *ce scepticisme radical à l'égard des institutions politiques, qui lui fera renvoyer dos à dos l'État-Major et le Parlement, dans son propre appel à l'opinion.*

Voilà donc un excellent travail d'archéologie littéraire, qui, au-delà du discours et des convictions d'un écrivain hors du commun, relance notre curiosité pour l'histoire des « passions françaises » à la Belle Époque...

Henri MITTERAND

INTRODUCTION

Le mot « interview » fait sa première apparition chez Pierre Larousse en 1890 dans le deuxième supplément du *Grand Dictionnaire universel* et se définit essentiellement par son modernisme : « Hommes politiques, diplomates, généraux, simples fonctionnaires, s'y sont prêtés à qui mieux mieux. Le journal qu'on lit le plus est le journal le mieux informé, par la raison que nous préférons en France les nouvelles, les potins, les racontars aux articles de fond; or, quel meilleur moyen d'être bien informé que d'aller directement puiser les informations à la source même ? » Henry Fouquier affirme, dans *Le XIXᵉ Siècle* du 1ᵉʳ octobre 1891, que « l'interview est entrée dans les mœurs du journalisme d'une façon triomphante ». En effet, l'interview, qui avait fait ses débuts dans la presse dans les années 70, est, vingt ans plus tard, bien ancrée dans la tradition journalistique. Appréciée surtout comme une communication « en direct », qui correspond bien au besoin contemporain de l'immédiat en reportage, elle est vite adoptée par tout journal qui se veut actuel.

Et comment Zola réagit-il à ce phénomène ? Étant, selon Henry Leyret, « l'homme le plus interviewé de France » (*Le Figaro*, 12 janvier 1893), il doit bien avoir son mot à dire là-dessus. Malgré sa rupture formelle avec la presse parisienne en septembre 1881, Zola ne cesse jamais de s'intéresser au journalisme, ni de collaborer à la presse de façon épisodique[1]. Ses interlocuteurs, qu'ils soient admirateurs ou adversaires, soulignent tous la bienveillance avec laquelle Zola se soumet à leurs interviews. Ses amis mettent en valeur sa franchise, sa bonhomie : ses adversaires voient dans son accueil chaleureux des mobiles sournois. « On sait sa complaisance aux reporters, affirme Georges Rodenbach. Ceux-ci seraient même les meilleurs artisans de sa popularité, s'il ne l'avait été lui-même » (*Le Figaro*, 11 novembre 1894).

Or, Zola a beau garder une mine de courtoisie inébranlable devant les reporters, son attitude reste néanmoins ambiguë. Il est indéniable que, dans une certaine mesure, le romancier se méfie des interviews — et surtout des interviewers. Dans l'interview recueillie par Henry Leyret[2], Zola déclare, non sans une pointe d'ironie, que tout ce qu'un reporter peut lui prêter lui est comme non avenu. Il va sans dire cependant qu'il nuance ailleurs son opinion.

C'est pour Charles Morice que Zola donne sa définition de l'interview, insistant, comme on le voit, sur le côté « circonstanciel » du phénomène : « L'interview est pour moi une causerie qui surprend au moins l'un des deux causeurs dans un instant particulier, de passion ou d'atonie, et qui colore particulièrement sa réponse[3]. » À Julien Alipes de *L'Événement*, il explique comment la pensée d'un auteur est souvent tronquée ou mal rendue, surtout lorsqu'il s'agit d'interviews qui sont reproduites dans d'autres langues (4 octobre 1893). Plus grave encore, à son sens, est le manque d'expérience — ou de scrupules — de la part des reporters : la naïveté des uns et la fantaisie des autres, amenant presque forcément des trahisons.

Ceci dit, Zola est loin de rejeter l'interview sur-le-champ. Notons tout d'abord que l'auteur des *Rougon-Macquart* trouve l'interview acceptable à condition d'avoir un interviewer exceptionnel. « L'interviewer, affirme-t-il, ne doit pas être un vulgaire perroquet, il lui faut tout rétablir, le milieu, les circonstances, la physionomie de son interlocuteur, enfin faire œuvre d'homme de talent, tout en respectant la pensée d'autrui. [...] Les journaux devraient donc confier les interviews à des têtes de ligne, à des écrivains de premier ordre, des romanciers extrêmement habiles, qui, eux, sauraient tout remettre au point » (*Le Figaro*, 12 janvier 1893). Sous de telles conditions, Zola y voit une réelle valeur. Aussi envoie-t-il une lettre de remerciements au journaliste Émile Blavet, à la suite d'une interview parue dans *Le Figaro* du 29 juillet 1888 : « Merci mille fois, mon cher Parisis. C'est très net, très exact, et fait d'une façon très intéressante. Je vous ai une vive reconnaissance d'avoir ainsi établi la vérité[4]. »

Qui plus est, l'interview représente, pour Zola, un outil en même temps qu'une ouverture. Les pièges apparents à part, elle est un instrument précieux de propagande. Les quatre années passées par le jeune Zola chez Hachette lui ont enseigné l'importance capitale du journal dans les mécanismes économiques de la vie littéraire. Il est loin, par conséquent, de sous-estimer la valeur de l'entretien publié dans le lancement d'un livre ou d'une idée. Dans un sens plus large, elle lui apparaît comme ouverture, comme éclosion imminente d'un concept nouveau, original : il l'entrevoit comme « un des principaux éléments du journalisme contemporain » (*Le Figaro*, 12 janvier 1893).

Les interviews avec Zola que nous publions dans ce volume ne représentent qu'un pourcentage relativement faible de toutes celles parues dans la presse française entre 1880 et 1902, année de la mort de Zola. Tirées d'une bibliographie établie au préalable[5] et qui compte plus de 350 éléments, ces interviews touchent à presque tous les aspects de la vie de l'époque. Car Zola s'intéresse à tout. On trouve, dans les entretiens qui suivent, la réaffirmation de ses principes scientifiques, esthétiques, littéraires et moraux; des jugements sur la littérature moderne et sur ses confrères; des renseignements sur sa propre vie, son œuvre, ses projets d'avenir; des réflexions sur le rôle de la critique contemporaine française.

Les interviews sont classées par ordre chronologique. On trouvera, avec le texte de chaque entretien, de brèves introductions et des notes, qui faciliteront la mise en contexte des interviews. Les interventions et questions des interviewers, qui ne présentent pas en elles-mêmes beaucoup d'intérêt, sont données sous forme abrégée. Le lecteur trouvera, à la fin du volume, une bibliographie et un index des noms propres et des sujets.

Notre intention n'est pas de faire ici le bilan sur l'évolution de la pensée de Zola. Nous envisageons ce travail plutôt comme un document de base, avec lequel d'autres chercheurs feront les analyses et les synthèses qui s'imposent.

Nous témoignons en premier lieu notre reconnaissance au Programme de recherches sur Zola et le Naturalisme de l'Université de Toronto et à son directeur, le professeur B.H. Bakker, qui a bien voulu nous octroyer les moyens de poursuivre nos recherches dans les bureaux du Programme. Que M. Henri Mitterand, qui n'a jamais cessé de nous prodiguer ses précieux conseils et encouragements, nous permette de lui exprimer nos hommages reconnaissants. Nous remercions également Mme Claude Trudeau, qui nous a aidées dans la préparation du manuscrit, ainsi que la bibliothèque Robarts de l'Université de Toronto, la bibliothèque Weldon de l'Université de Western Ontario, et le Center for Research Libraries de Chicago pour leur contribution.

NOTES

1. Voir D.A. Signori et D.E. Speirs, *Émile Zola dans la presse parisienne, 1882-1902*. Toronto, Programme de recherches sur Zola et le Naturalisme, 1985.

2. Henry Leyret, « M. Émile Zola interviewé sur l'interview », *Le Figaro*, 12 janvier 1893.

3. Charles Morice, « Zola et l'inconnu », *Le Journal*, 20 août 1894.

4. Blavet fit paraître cette lettre dans *Le Figaro* du 3 août. Voir *Correspondance*, t. VI, lettre 288.

5. Voir la note 1.

ENTRETIENS AVEC ZOLA

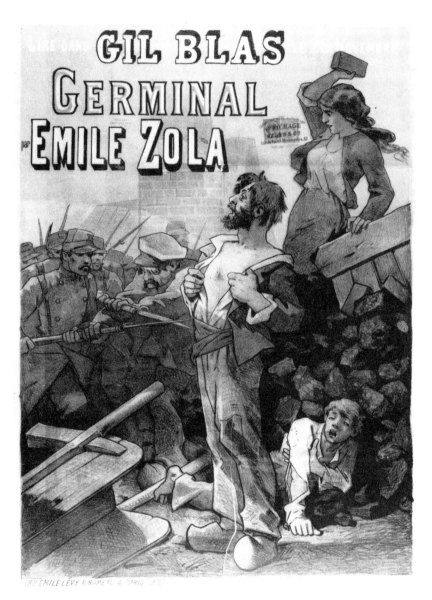

Affiche annonçant la parution de Germinal, *en feuilleton dans* Gil Blas

1 À Médan. Chez l'auteur de *Germinal*

LOUIS LAMBERT

Le Gaulois, 29 janvier 1886

Le 27 janvier 1886, M. Watrin, sous-directeur de la Compagnie de Decazeville, fut tué lors d'une confrontation entre la direction des mines et une bande de mineurs en grève. Certains commentateurs de l'épisode ne manquaient pas de faire le lien entre cet incident et certaines scènes de *Germinal*, paru l'année précédente. Le surlendemain, Zola fut interviewé par un reporter du *Gaulois* sur son prétendu rôle dans les événements.

Zola décline-t-il toute espèce de responsabilité dans le drame de Decazeville ?

Absolument. Et j'ai peine à comprendre qu'on attribue à l'influence de *Germinal* le soulèvement des mineurs de l'Aveyron. Est-ce que les grévistes de Saint-Aubin, de la Ricamarie n'en ont pas fait bien d'autres avant que j'eusse même songé à décrire la vie misérable des déshérités qui naissent, vivent et meurent dans les entrailles de la terre ?[1]

On affirme pourtant que certaines lectures ont surexcité l'imagination de ces malheureux.

Quelle absurdité ! Comment peut-on prêter aux œuvres de Montépin, de Richebourg et de Jules de Gastyne[2] une action aussi dissolvante ?

Croit-il donc que les mineurs ne lisent...

Que les romans-feuilletons de ces messieurs ? Parfaitement. *Le Petit Journal, Le Petit Parisien* : voilà leur menu littéraire. Ils y trouvent un délassement agréable à leurs rudes travaux : des rapts, des substitutions d'enfants, des erreurs judiciaires, des viols, des empoisonnements, des histoires de bagne et des scandales de salons. Vous comprenez qu'ils prendraient beaucoup moins de plaisir à mes études sociales.

Mon livre s'adresse plus haut; c'est une œuvre de pitié, un cri d'alarme et non, comme on l'a dit dans votre journal, un roman de pure analyse. Je n'ai pas cru faire un « travail d'apaisement » et je n'ai pu jeter « des semences de révolte »[3]. Il ne dépend pas de l'écrivain qu'une situation soit ou ne soit pas. Son rôle se borne à constater, à prévoir. Or, ce que fait prévoir *Germinal* est autrement grave encore que le meurtre de l'infortuné sous-directeur de Decazeville... à moins qu'on ne se décide enfin à améliorer la condition des êtres humains qui grouillent dans les mines.

L'événement d'hier est une cruelle démonstration des idées que j'ai défendues. C'est un de ces meurtres hideux, effroyables, que commet la foule irresponsable, la masse imbécile.

Pourquoi vouloir en faire remonter la responsabilité aux hommes qui cherchent au contraire à prévenir le retour de pareils excès ? C'est confondre trop délibérément l'effet et la cause. Ce sont les grèves qui ont inspiré *Germinal*, et non *Germinal* qui peut produire les grèves. D'ailleurs, je ne vois pas de quel droit on viendrait demander compte à l'auteur de *Germinal* des faits et gestes de tous les extracteurs de charbon de France et de Belgique. S'imagine-t-on vraiment que chaque mineur soit placé sous ma tutelle ?

Son opinion sur le meurtre de Decazeville ?

Je ne puis vous refaire un nouveau chapitre de *Germinal* à propos de cette nouvelle grève. Mes idées sur la question de principe ont été tirées à trop de milliers d'exemplaires pour ne pas être connues.

Pourtant, en ce qui concerne la victime ?

Elle m'intéresse doublement : d'abord pour des raisons d'élémentaire humanité, et puis vous pensez bien que, comme romancier, je dois avoir plus de sympathie pour l'ingénieur Watrin que pour les ouvriers : on le présente comme un homme instruit, un esprit cultivé : c'est certainement, de tous les acteurs de ce drame sauvage, le seul qui ait lu *Germinal*.

NOTES

1. Des confrontations sanglantes entre l'armée et les grévistes avaient eu lieu en 1869 dans les mines houillères de Saint-Étienne et de l'Aveyron.
2. Xavier de Montépin (1823-1902), Emile Richebourg (1833-1898) et Jules de Gastyne (1847-1920) s'étaient fait connaître à l'époque par un nombre considérable de romans feuilletons et de drames populaires.
3. Dans *Le Gaulois* du 28 janvier, Thiébault Sisson avait préfacé son reportage de l'incident par des réflexions sur le rôle de Zola dans le meurtre de Wa-

trin : « Tandis que M. Zola, dans sa tranquille retraite de Médan, s'évertue à prouver que *Germinal* est une œuvre de pure analyse et un travail d'apaisement, les semences de révolte qu'il a jetées, artiste inconscient, aux quatre coins de l'horizon fructifient; elles ont fait lever une moisson qu'il n'a pas le droit de renier. À l'homme qui se figure, sans doute, avoir dépensé son talent dans des peintures inoffensives, les mineurs de l'Aveyron viennent de répondre; ils donnent à sa sérénité le plus éclatant démenti, et lancent à la face du romancier les restes piétinés et les membres pantelants du sous-directeur des mines de Decazeville. »

2 Le sixième tableau du *Ventre de Paris*
GASTON CALMETTE

Le Figaro (Supplément littéraire), 19 février 1887

> Lors de la première du *Ventre de Paris,* pièce en cinq actes et sept tableaux tirée du roman de Zola par William Busnach, Gaston Calmette interrogea le romancier sur le décalage qu'il voyait entre la théorie qu'il avait promulguée pendant les années 70 et 80 et la pièce qu'il venait d'offrir au public parisien : « Pourquoi M. Zola prend-il un collaborateur, pourquoi ce tempérament puissant n'essaie-t-il pas, comme il l'annonçait jadis, de révolutionner les conventions admises, pourquoi ne vient-il pas lui-même et lui seul soutenir ses idées devant le public ? »

Certes, j'ai de nombreuses raisons, d'excellentes raisons pour adjoindre un collaborateur à mes travaux de théâtre, et celui que je préfère, vous le connaissez, c'est mon ami Busnach[1], un homme de talent, expert en matière de théâtre, et dont l'éloge n'est plus à faire.

Oui, je voudrais être l'homme nouveau qui balayât les planches encanaillées, enjambant les ficelles des habiles, crevant les cadres imposés, élargissant la scène jusqu'à la mettre de plain-pied avec la salle, donnant un frisson de vie aux arbres peints des coulisses, amenant enfin, par la toile de fond, le grand air libre de la vie réelle ! Une révolution s'impose, et je voudrais être l'homme de la révolution. C'est mon rêve ! Malheureusement, ce rêve ne se réalisera pas de sitôt ! Car je suis engagé dans une série de romans qui me prennent tout mon temps et j'ai encore cinq ouvrages que je veux absolument terminer avant que l'âge et les fatigues m'aient achevé[2]. Le théâtre ne doit venir qu'après cette œuvre entamée depuis longtemps, j'attendrai.

Et puis, je l'avoue sans crainte, quand je me suis décidé à faire du théâtre, on n'en a pas voulu. Exemple, *Renée*, que j'ai écrite pour la

Comédie-Française sur la prière de Sarah Bernhardt et de M. Perrin[3].

La Comédie-Française l'a refusée, Koning a reculé d'horreur[4] et Porel, qui était venu demander cette même pièce, un soir, à dix heures, en emporta le manuscrit dans sa poche et ne reparut jamais ! Porel ! Je me souviens encore de sa visite. Il accourait au nom de La Rounat, son directeur; il entra chez moi, certain soir d'hiver, au lendemain des *Danicheff* [5], il entra comme un ouragan : « Donnez-moi *Renée*, me dit-il, je vous en supplie, nous la prenons sans la lire; on la répète dans trois jours. »

— Ma pièce, la voici ! Lisez-la.

— Inutile ! Bravo ! Merci !

Poignées de mains, effusions de joie. Au revoir... Adieu plutôt, car il y eut défaite sur défaite, et le manuscrit me fut rendu... deux ans plus tard !

Même incident pour *Thérèse Raquin*[6], une pièce déjà jouée cependant. En novembre 1875, Castellano[7], tout couvert de fourrures et botté comme un boyard, vint me demander *Thérèse* pour le Châtelet : je refusai; les quatre actes se passaient dans le même décor avec trois personnages seulement; c'était insuffisant pour le Châtelet; il me fallait une scène moins vaste, je ne l'eus pas. Et *Thérèse Raquin*, traduite dans toutes les langues, n'en a pas moins été jouée en Espagne, en Portugal, en Russie, en Allemagne, à travers l'Europe. Est-ce bien suffisant ?

Donc, vous le voyez, impossibilité absolue de me faire jouer en France et, par conséquent, nécessité absolue d'une collaboration.

J'ajouterai cependant que j'ai encore en portefeuille une pièce signée de moi tout simplement[8], et que je reste plein de projets.

En attendant, cette collaboration avec un homme de talent, « un carcassier », me permet certaines concessions momentanées dans le mélodrame. Busnach et moi, nous ne faisons pas en ce moment cette grande révolution populaire que je rêve, et pour laquelle il serait nécessaire d'appliquer toutes mes idées, rien que mes idées, à moi : non certes, nous faisons des pièces mixtes, dans lesquelles il y a des choses que je réprouve, des conventions que je condamne, mais dans lesquelles il y a aussi des tableaux que j'aime et que je signerais volontiers si j'étais seul.

En prenant un collaborateur, je fais donc une étude du théâtre, une éducation de la foule; en résumé, c'est une expérience, c'est un acheminement, c'est un progrès, enfin, c'est de l'opportunisme !

D'ailleurs, le public n'est peut-être pas mûr pour ce combat que je veux livrer. Moi-même, je ne puis me prononcer dès maintenant sur la forme que prendra le drame de demain, je cherche la voie dans laquelle notre théâtre doit s'engager : il faut tout remettre en question, tout refaire, balayer les planches, créer un monde dont on prendra les éléments dans la vie, en dehors des traditions. L'avenir est au naturalisme, soyez-en persuadé. Et dans une révolution comme celle que je rêve, ce n'est pas une petite victoire qu'il nous faut, c'est un triomphe accablant les adversaires et gagnant la foule à la cause. Le domaine du roman est encombré, le domaine du théâtre est libre. Parmi les rêves d'ambition que peut faire un écrivain à notre époque, il n'en est pas de plus vaste et de plus beau.

Quant au *Ventre de Paris* représenté sur un théâtre, c'est la réalisation d'une vieille idée de moi. Le titre était splendide. Le milieu excellent : les Halles n'avaient jamais été jetées sur la scène dans toute leur vérité, une fois cependant, avec *La Poissarde*, un drame joué par Mme Marie Laurent, il y a vingt-cinq ans[9]. J'avoue que l'action manquait, Busnach refusait cette collaboration que je lui demandais; ce qui nous a décidé, c'est encore Mme Marie Laurent, dont je vous parlais tout à l'heure. La grande artiste voulait un rôle à la Frédérick Lemaître, rôle à la fois comique et dramatique. Nous avons essayé de le faire et nous croyons l'avoir trouvé dans cette pièce « bon enfant ».

Oui, je tiens beaucoup à cette qualification de « bon enfant » pour cette œuvre sans prétention littéraire et sans parti-pris; ce n'est pas une bataille, c'est une halte, nous avons laissé au vestiaire toutes nos grandes réformes qui effraient, nos doctrines d'école; vous ne trouverez là ni le *delirium*, qui effrayait dans *L'Assommoir*, ni la petite vérole qui rendait horrible la mort de Nana, ni l'attaque foudroyante de Josserand dans *Pot-Bouille*. *Le Ventre de Paris* est tout différent; et le public sera renvoyé content, je l'espère du moins; il pourra applaudir, au dernier tableau, le mariage du héros et de l'héroïne[10]. La vertu est récompensée, le crime est puni. Nous avons voulu amuser le peuple, le faire beaucoup rire et beaucoup pleurer. On verra plus tard.

NOTES

1. Auteur de très nombreuses pièces de théâtre, William Busnach (1832-1907) écrivit également des livrets d'opérette et des revues. En collaboration avec Zola, il tira des pièces de *L'Assommoir* (1879), *Nana* (1881), *Pot-Bouille* (1883), *Le Ventre de Paris* (1887), *Germinal* (1888) et *La Bête humaine* (pièce jamais représentée ni publiée).
2. Zola travaillait à cette époque à *La Terre*, quinzième roman de la série des vingt *Rougon-Macquart*.
3. *Renée*, pièce tirée de *La Curée*, fut écrite en 1880-1881. Émile Perrin (1814-1885), à cette époque directeur de la Comédie-Française, la refusa, craignant d'effaroucher son public. *Renée* ne fut jouée qu'en 1887, au théâtre du Vaudeville. Zola

raconta l'histoire de la pièce dans la préface qu'il composa en mai 1887. Voir *O.C.*, t. XV, p. 417-435.

4. Victor Koning (1842-1894), directeur du Gymnase, rejeta la pièce après l'avoir demandée en 1882.

5. En mars 1884, Paul Porel, de l'Odéon, lui avait demandé *Renée*, au moment où le directeur, Charles de La Rounat, se trouvait dans l'impossibilité de monter *Les Danicheff*. Cette pièce en 4 actes en prose fut l'ouvrage de P. Newsky, pseudonyme collectif qui cachait Alexandre Dumas fils et Pierre de Corvin-Kroukowski.

6. La première de *Thérèse Raquin*, drame en 4 actes tiré par Zola de son roman, avait eu lieu le 11 juillet 1873 au Théâtre de la Renaissance. L'accueil de la critique avait été très peu chaleureux.

7. Eugène Castellano (1820-1882), né François Castel, débuta comme comédien avant de devenir directeur de théâtre.

8. Il s'agit sans doute de *Madeleine*, pièce écrite en 1865 et refusée par le Gymnase et le Vaudeville. Zola en tira un roman, *Madeleine Férat* (1868). La pièce ne fut montée qu'en 1889, sous la direction d'André Antoine au Théâtre Libre.

9. Marie Laurent (1826-1904) entra à l'Odéon en 1847 et joua par la suite dans la plupart des grands théâtres parisiens. *La Poissarde, ou les Halles en 1804*, drame en 5 actes par Ch. Dupeuty, P. Deslandes et E. Bourget, eut sa première à la Porte-Saint-Martin, le 30 janvier 1852.

10. À la fin de la pièce, Florent s'enfuit à Londres avec sa bien-aimée et leur enfant, tandis que, dans le roman, il est arrêté et renvoyé au bagne.

3 Chez Émile Zola. Réponse à une protestation

FERNAND XAU

Gil Blas, 21 août 1887

La Terre n'en était qu'à son 12ᵉ feuilleton au *Gil Blas* que la critique se mit à fulminer. Et le tapage continua en croissant pendant l'été de 1887. Dans *Le Figaro* du 18 août 1887 parut un article signé de cinq jeunes écrivains, appelé dorénavant le « manifeste des cinq ». Paul Bonnetain, J.-H. Rosny, Lucien Descaves, Paul Margueritte et Gustave Guiches reprenaient, d'un ton injuriant et violent, des reproches connus de Zola depuis longtemps : immondice, pornographie, manque de respect pour l'art. Fernand Xau se faisait l'écho de l'opinion courante dans son introduction à l'interview : « Pour parler net, une telle déclaration de principes très inopinée et assez inutile, aurait gagné à être signée de quelques noms autorisés de l'école nouvelle ou de l'entourage de Zola. [...] Véritablement, quelle signification donner à cette fantaisie d'étudiant conspuant son maître, d'élève engueulant son professeur ? »

Je ne sais ce qu'on pense à Paris de cette protestation, qui m'a valu un grand nombre de lettres très bienveillantes de la part de confrères; mais je sais que, pour ma part, j'en ai été stupéfié... Je ne connais pas ces jeunes gens... Ils ne font pas partie de mon entourage; ils ne se sont jamais assis à ma table; — ils ne sont donc pas mes amis. Enfin, s'ils sont mes disciples, — et, de disciples, je ne cherche point à en faire, — c'est bien à mon insu. Mais, n'étant ni mes amis, ni mes disciples, pourquoi me répudient-ils ? La situation est originale, il faut en convenir. C'est le cas d'une femme avec qui vous n'auriez aucune relation et qui vous écrirait : « J'en ai trop de vous, séparons-nous ! » Vous vous diriez très certainement : « Voilà qui m'est égal, par exemple ! » Eh bien ! la position est analogue...

Ah ! si des amis m'avaient tenu un tel langage ! Si Maupassant, Huysmans, Céard m'avaient parlé de la sorte publiquement, j'avoue que j'eusse été quelque peu estomaqué ! Mais la déclaration de ces messieurs ne saurait me produire un tel effet ! Je n'y répondrai, du reste, absolument rien, — et cette détermination se trouve fortifiée par les conseils qui m'ont été donnés de toutes parts. Que répondrais-je, au surplus ? Qu'il est malséant de juger une œuvre avant sa publication complète, un bon quart de *La Terre* restant encore à publier... Qu'enfin, cette prétendue indignation est ridicule et qu'elle ne repose sur rien. Mais je m'expliquerai tout à l'heure sur les incongruités, — de mauvais goût certainement, mais très admises par la littérature française, et en tout cas nullement immorales, — du personnage de mon roman à qui j'ai donné le nom de Jésus-Christ.

Cela n'est point utile, en vérité, et ce serait donner beaucoup d'importance à une chose qui n'en a guère. Quand je livre une bataille théâtrale, j'écris à Sarcey, — encore que beaucoup me disent qu'en principe j'aie tort de répondre, — parce qu'il est incontestable que Sarcey exerce une autorité incontestée[1]. Dans des discussions littéraires, j'ai écrit à Wolff, qui est un vieux chroniqueur dont la parole est écoutée[2]. Mais, quels que soient les sentiments dont je suis animé à l'égard des cinq signataires du document qui nous occupe, ceux-ci m'excuseront de ne point m'arrêter à leur répondre... n'ayant rien à leur dire.

Ce qu'il serait bien plus intéressant de savoir, c'est l'impression qu'ont involontairement subie ces jeunes gens pour rompre avec tant d'éclat avec quelqu'un qui ne les connaît pas. Peut-être, ont dit quelques-uns, faut-il voir dans leur factum l'écho de certaines appréciations émanant de gens que je tiens en une haute estime littéraire et personnelle et qui professent les mêmes sentiments à mon égard[3]. Je me refuse à le croire, quelque apparence de réalité que puissent donner à cette version plusieurs des passages de ce document, les uns relatifs à la grande bataille littéraire qui se continue, les autres me concernant tout particulièrement. Tout au contraire, j'ai la certitude que les personnes auxquelles je fais allusion sont désolées d'une publication qui n'a reçu ni leur inspiration, ni leur assentiment !

Dès lors, je le répète, pourquoi ces jeunes gens qui fréquentent dans les cénacles littéraires — tandis que moi, je vis ici fort tranquille, recevant une fois par semaine six personnes très intimes et jamais une de plus — se sont-ils posés en soldats qui désertent mon drapeau, voilà ce que je ne saurais dire ! Le seul que je connaisse quelque peu — mais fort peu ! — c'est Bonnetain, dont j'ai lu *L'Opium*[4] et dont j'apprécie le talent. Je crois bien qu'il est venu une fois chez moi. Il m'a demandé, lors de sa comparution en police correctionnelle, après *Charlot s'amuse !*[5] une lettre destinée à être lue à l'audience. Je la lui ai adressée, en l'engageant à ne pas s'en servir, la magistrature me tenant, je le crains, en médiocre estime. J'ai retrouvé notre collaborateur au dîner de *Sapho*, chez Daudet, et c'est tout ! Je ne puis croire, d'ailleurs, que ce soit lui qui ait rédigé le manifeste nébuleux publié par *Le Figaro*. Bonnetain n'eût pas employé certaines expressions qui, d'une lieue, sentent la conférence...

« Le dictamen[6] », par exemple ?
Et pourtant qui, parmi les quatre autres signataires du document, eût pu prendre une telle initiative ?

Tout cela, je le répète, me paraît dénué de tout intérêt... Je ne me dissimule pourtant pas, — bien que je vive très isolé, — que *La Terre* a déchaîné beaucoup de tempêtes. Peut-être pourtant ferait-on bien, avant de se prononcer, d'attendre la fin du roman ! Mais ce qui a eu lieu pour *Pot-Bouille*[7] se produit derechef. Et pourquoi ? Parce que Jésus-Christ commet, je le répète, des incongruités. Véritablement, cette indignation est par trop comique ! Mais le Pet — et je n'ai employé l'expression crue qu'une seule fois dans le roman — appartient de plein droit au comique français; il est admis et reconnu par lui depuis Rabelais. Jusqu'ici, on avait pu en rire, personne n'avait songé à s'en fâcher. Le paysan en use comme d'une farce, à tout propos, et la Beauce, par exemple, est extraordinairement... venteuse. Je m'engagerai à faire, quand on le voudra et pourvu que j'aie le temps de réunir les documents nécessaires, une conférence dans laquelle je prouverai qu'il y a des écoles et des confréries de gens... qui suivent l'exemple de Jésus-Christ.

Enfin, je le répète, il y a là un élément comique dont de très pudibonds ont usé avant moi ! Ce n'est peut-être pas très distingué, comme je vous le disais, mais Jésus-Christ n'est pas précisément un clubman.

Cette indignation n'est donc pas sérieuse. Elle saurait d'autant moins m'atteindre que je n'ai rien inventé et que tous mes types existent. Je les ai trouvés ici même, puis dans la Beauce, et un peu partout, et je les ai transportés — avec ma méthode ordinaire — sur un terrain mixte, qui appartient en partie à la Beauce et en partie au Perche, afin d'éviter de donner à l'œuvre une couleur locale trop prononcée. Je ne pouvais, dans une œuvre aussi étendue, faire parler des personnages en patois. Cela eût été fastidieux — et pénible. Mais je ne saurai trop le dire, je n'ai rien imaginé.

Le côté gai de cette rupture, c'est que jadis on m'a reproché violemment ce qu'on appelait « ma queue ». On voulait bien admettre ce que je faisais, mais on se refusait à accepter les productions des jeunes qui se donnaient comme mes disciples — encore que je criasse par dessus les toits que je n'avais pas de disciples ! « Coupez votre queue », me disait-on. Eh bien ! la voilà coupée, ma queue ! Elle s'est détachée d'elle-même, c'est elle qui m'a lâché. Sera-t-on satisfait ?

NOTES

1. Francisque Sarcey (1827-1899), l'« oracle du public moyen », selon le *Larousse du XXᵉ siècle,* tint la rubrique théâtrale du *Temps* de 1867 jusqu'à sa mort.

2. Albert Wolff (1833-1891) collabora au *Figaro* comme critique d'art et à *L'Événement* comme chroniqueur dramatique.

3. Joris-Karl Huysmans, par exemple, avait suggéré dans une lettre à Zola que l'inspiration du manifeste venait du côté d'Edmond de Goncourt et d'Alphonse Daudet, alors en villégiature à Champrosay (Lambert, p. 129).

4. Le roman avait paru l'année précédente.

5. *Charlot s'amuse !*, roman construit autour du thème de l'onanisme, avait conduit Paul Bonnetain et son éditeur devant la cour d'assises de la Seine en 1884. Défendus par l'avocat Léon Cléry et appuyés par Alphonse Daudet et Charcot, Bonnetain et Kistemaeckers avaient été acquittés.

6. « Notre protestation, écrivaient les cinq, est le cri de probité, le dictamen de conscience de jeunes hommes soucieux de défendre leurs œuvres, — bonnes ou mauvaises, — contre une assimilation possible aux aberrations du Maître. »

7. En janvier 1882, Charles Duverdy, avocat à la Cour d'appel et rédacteur en chef de la *Gazette des tribunaux,* avait demandé l'effacement immédiat de son nom du roman qui paraissait alors en feuilleton dans *Le Gaulois.* Le tribunal de la Seine se prononça contre Zola et *Le Gaulois* le 13 février 1882, leur ordonnant de modifier le nom et les condamnant aux dépens.

4 *Germinal*. Chez M. Zola
MAXIME SEREILLE

Le Gaulois, 31 octobre 1887

Le 29 octobre 1887, l'interdit qui pesait depuis 1885 sur le
drame tiré de *Germinal* par Zola et William Busnach fut levé.
Dans son introduction à cette interview, Maxime Sereille re-
marque que la représentation du drame « offrait, paraît-il,
de graves inconvénients tant que M. Goblet était ministre.
La même représentation n'en offre plus, M. Rouvier étant
chef du cabinet et M. Spuller ministre de l'instruction
publique ».

Vous venez sans doute pour me parler de *Germinal*. Eh
bien ! je suis tout prêt à vous renseigner. Oui, la nouvelle que la
censure est revenue sur sa décision est exacte. Busnach me l'a annoncée
hier par dépêche, et il me l'a confirmée dans une lettre que j'ai reçue
ce matin. J'en suis évidemment fort aise personnellement; mais j'en
suis surtout content pour mon ami, qui est le véritable auteur de la
pièce et qui s'est donné beaucoup de mal pour arriver à ce qu'elle fût
jouée.
    Tant que M. Goblet et le chimiste Berthelot étaient au pouvoir[1],
il ne fallait pas espérer voir représenter *Germinal*. Bien qu'on eût offert
à l'ex-président du conseil d'apporter quelques modifications dans la
mise en scène et de couper ce qui pouvait le froisser dans le texte, on
ne put arriver à une entente. M. Goblet avait déclaré que l'œuvre
tout entière lui déplaisait, qu'elle était conçue dans un mauvais esprit
et que, même entièrement remaniée, il ne voulait pas en entendre
parler. Devant ce parti pris et un pareil entêtement, il était inutile
d'insister. Nous nous contentâmes donc d'attendre patiemment que
M. Goblet eût abandonné son portefeuille et qu'un autre ministre lui
eût succédé. Nous n'attendîmes pas trop longtemps.
    Lorsque le cabinet actuel fut formé, nous pensâmes que le moment
était favorable d'agir, et que *Germinal* ne pouvait tarder à être débarrassé du *veto* dont on l'avait frappé. M. Spuller passe pour un lettré,
pour un esprit libéral[2]; il devait donc s'empresser d'annuler la mesure
un peu draconienne prise par son prédécesseur. À notre grand étonnement, nous ne le trouvâmes pas aussi empressé qu'on aurait pu le
croire à nous accorder ce que nous demandions.
    Personnellement, je ne me mêlai pas de l'affaire et je ne fis pas de
démarches. Je laissai ce soin à Busnach et surtout à M. Denayrouze,
critique dramatique de la *République française* qui avait pris la chose à

cœur et qui s'était juré que *Germinal* serait joué. Mais, malgré ses pressantes visites au ministre, le résultat se faisait attendre. M. Spuller n'avait pas encore eu le temps de lire le manuscrit. À chaque instant il devait s'absenter, soit pour inaugurer une statue, soit pour ouvrir un collège. Il ne lui restait pas une seconde de libre pour s'adonner à la lecture.

À la fin cependant, il trouva un moment et déclara à M. Denayrouze qu'il ne s'opposait pas à la représentation de *Germinal*, mais qu'il fallait faire subir à l'œuvre les quelques retouches proposées jadis par les auteurs à M. Goblet. Il exigea ensuite que l'affaire fut faite régulièrement, par voie hiérarchique, c'est-à-dire que le manuscrit remanié fût remis de nouveau à la commission d'examen, qui aurait à se prononcer une seconde fois.

C'est ainsi que nous procédâmes. J'arrivais justement de Royan quand Busnach me fit part de la nouvelle; nous nous mîmes aussitôt au travail et, très peu de jours après, la censure rendait un jugement favorable.

A-t-il été obligé de faire beaucoup de changements dans la pièce ?

Très peu, et nous n'avons pas même eu besoin de faire recopier le manuscrit : nous l'avons envoyé à la commission simplement corrigé et annoté. La principale modification porte sur la mise en scène du septième tableau, vous savez, ce fameux tableau qui avait tant fait crier parce qu'on devait y voir des gendarmes tirant sur les mineurs. En principe, ces bons Pandores devaient, à deux reprises différentes, passer sur la scène; ils engageaient la lutte avec les mineurs dans la coulisse, mais les blessés tombaient en présence du public. La scène restera à peu près la même, avec cette seule différence qu'on ne verra pas les gendarmes. On se contentera d'entendre leurs coups de feu et de se figurer la bataille.

A-t-il beaucoup modifié le texte même de la pièce ?

Non. Nous avons coupé un peu certaines tirades socialistes débitées par Étienne et changé quelques phrases qui pouvaient provoquer une manifestation. C'est ainsi que là où un mineur devait crier : « À bas la bourgeoisie ! » il criera tout simplement : « À bas ! » tout court. Vous voyez que les retouches que nous avons faites n'ont pas grande importance et ne transforment pas sensiblement l'œuvre primitive.

Quand *Germinal* sera-t-il représenté ?

Suivant moi, je doute qu'on puisse être prêt avant le mois de février[3].

D'abord on joue, en ce moment, au Châtelet, avec lequel nous sommes liés par traité, une pièce qu'on ne peut retirer brusquement de l'affiche et à laquelle doit succéder, je crois, une reprise. Ensuite, ce n'est pas une petite affaire, croyez-le bien, que de monter une pièce comme la nôtre.

Rien n'est encore décidé au point de vue de l'interprétation, et le choix des artistes sera chose longue et pénible. Pour le rôle d'Étienne, nous désirions beaucoup Marais, qui lui-même aurait été enchanté de faire cette création; mais cet excellent artiste est lié et nous ne pouvons compter sur lui. Nous avions également souhaité, pour le rôle de Catherine, soit Mlle Legault, soit Mlle Weber; mais toutes deux appartiennent aujourd'hui à la maison de Molière. Aurons-nous Mlle Tessandier ou Mme Marie Laurent ? Je l'espère, mais ne puis encore l'affirmer. Donc, au point de vue de l'interprétation, tout est à faire[4].

Il reste, maintenant, la question de mise en scène. Là, nous nous heurterons encore à de nombreuses difficultés. J'avais rêvé, moi, de mettre le public en présence non d'une mine romantique, mais d'une mine réelle et vraie; j'ai dû y renoncer. Les galeries de mines, surtout dans le Nord, sont de véritables trous à rats, et on ne peut les représenter au théâtre. Il a donc fallu faire autre chose que la réalité, sans toutefois tomber dans la fantaisie[5]. Il y a également de nombreux détails, qui demanderont un soin tout particulier de ma part. Je ne puis compter, ni sur mon collaborateur, ni sur l'administration du théâtre pour les régler. Seul, j'ai visité des mines et je puis donner des renseignements exacts sur certains points, tels que les costumes, les manœuvres des ouvriers, etc.

Comme il me sera impossible de m'occuper de tout et de passer tout mon temps au Châtelet, j'ai l'intention de faire venir un homme du métier, un vrai mineur qui rectifiera les erreurs et s'opposera à ce qu'on commette des hérésies.

NOTES

1. Marcelin Berthelot (1827-1907) entra dans le cabinet Goblet en décembre 1886. Il se retira avec tout le ministère le 30 mai 1887.
2. Eugène Spuller (1835-1896), ministre de l'Instruction publique de 1887 à 1889, laissa de nombreux ouvrages, dont *J. Michelet, sa vie et ses œuvres* (1876), *Figures disparues* (1886-1894), *Hommes et choses de la Révolution* (1896).

3. La première eut lieu le 21 avril 1888.

4. Le rôle d'Étienne Lantier fut joué par Philippe Garnier, celui de Catherine par Mlle Lainé, et celui de La Maheude par Marie Laurent.

5. D'après la critique, les scènes à l'intérieur de la mine furent particulièrement impressionnantes.

5 *La Terre* et Émile Zola
PHILIPPE GILLE

Le Figaro, 16 novembre 1887

Le journaliste et auteur dramatique Philippe Gille (1831-1901) était l'auteur depuis 1869 des « Échos de Paris » du *Figaro* sous le pseudonyme du « Masque de fer ». Dans l'extrait qui suit, Gille raconte une conversation « devenue bientôt une discussion amicale » qu'il engagea avec Zola à propos de *La Terre*, qui venait de paraître chez Charpentier.

Mais enfin, que me reproche-t-on de nouveau, et en quoi *La Terre* a-t-elle pu effaroucher tant de pudeurs à la fois ?

Il s'agit de la scène où Françoise mène la vache au taureau.

Qu'importe si je l'y mène à ma façon; oui, je refais ce qui a été fait, mais avec mes observations personnelles et sans me préoccuper des autres !

Zola insiste beaucoup trop sur l'acte de la génération.

Si un roman doit être écrit uniquement pour la société dans laquelle on vit, s'il doit se conformer à ses règles, ne blesser aucune des convenances admises, j'ai tort. Mais, si un roman est une œuvre de science et d'art s'adressant à l'humanité tout entière, au-dessus du moment et du code social, visant à un absolu de vérité, j'ai raison. Les convenances n'existant pas pour moi, jamais je ne tiens compte du pacte mondain du public, parce que l'œuvre lui est supérieure et le dépasse.

Est-ce une raison pour donner tant de détails sur cet acte dont la description n'appartient qu'à des

livres de science qu'on tient enfermés dans sa bibliothèque ?

Mais on y tient enfermés aussi les contes de La Fontaine, les confessions de Jean-Jacques, Rabelais, Montaigne, Voltaire; qu'importent les tableaux si la question d'art y domine ? Quant à cet épisode de la vache et du taureau qui vous offusque, je l'ai pris à un bas-relief antique !

Sur le double accouchement de la femme et de la vache à la fin du roman

J'ai souvent déclaré que je ne comprenais pas, en art, la honte qui s'attache à l'acte de la génération. Aussi ai-je le parti pris d'en parler librement, simplement comme du grand acte qui fait la vie; et je défie qu'on trouve dans mes livres une excitation au libertinage ! C'est comme pour l'accouchement que vous me reprochez, j'estime qu'il y a là un drame aussi saisissant que celui de la mort.

Nous avons cent morts célèbres en littérature. Je m'étais promis de tenter trois accouchements : les couches criminelles et clandestines d'Adèle, dans *Pot-Bouille*; les couches tragiques de Louise, dans *La Joie de vivre*; et je viens, dans *La Terre*, de donner les couches gaies de Lise, la naissance au milieu des éclats de rire. Ceux qui m'ont accusé de salir la maternité n'ont rien compris à mes intentions. Oui, le paysan, si sa femme et sa vache sont grosses en même temps, s'inquiétera plus peut-être de la vache. Allez-y voir ! Quant à l'acte de la génération, j'ai au contraire cherché à le relever en le traitant d'une façon simple et biblique. Comme tout ce qui est vrai, j'ai voulu, je le répète, le faire entrer dans la littérature.

Un roman est un livre qui peut et qui doit tomber sans danger entre les mains de tous.

Si vous le trouvez dangereux, ce que je conteste, mettez-le dans votre bibliothèque avec les ouvrages que je vous disais tout à l'heure; mais quels livres ferait-on si on s'arrêtait à toutes ces considérations, quels tableaux, quelles statues ? Comment ! Vous admettez la nudité au Salon, dans les parcs, et vous ne le permettriez pas dans les livres ?

Nous avons la feuille de vigne dans les parcs.

Je ne la veux pas dans un livre; elle ne fait que souligner ce qu'on cherche à cacher... et puis, où voyez-vous du mal à...

Sur la maison de prostitution dans le roman

Mais ce n'est qu'une plaisanterie, et en dessinant ce petit personnage de jeune fille, soi-disant ignorante de tout, et qui veut relever la maison, je n'ai voulu qu'égayer un peu ce coin du roman. Le fait n'est d'ailleurs pas inventé complètement, et je me souviens que Flaubert me racontait qu'avec Bouilhet ils avaient vu un brave homme de paysan, escorté d'une charmante jeune fille de seize ans, la sienne, venir demander à la sous-préfecture la permission d'ouvrir une maison de tolérance !

Sur le personnage de Jésus-Christ

Pardon, je vous ai dit que je n'avais rien inventé. Remarquez d'abord que ce mot, qui vous choque et qui ne représente qu'un acte naturel, n'est écrit qu'une seule fois dans le livre. [...] Il n'y a pas un mot sur ce sujet que je n'aie entendu, pas une plaisanterie que je fasse autre chose que rapporter ! Tous les paysans trouvent là leur plus grande gaîté, et nos vieux auteurs ne se gênent pas pour en parler. L'antiquité égyptienne, l'antiquité romaine avaient des autels pour les divinités qui représentaient ce que vous appelez une incongruité, et, outre les ouvrages spéciaux, il existe en France cinquante sociétés diplômées de francs-p... ! Saint Augustin lui-même...

Est-ce que ses paysans ne sont pas des exagérations ?

Je ne dis pas que mon esprit ne me porte pas à voir la nature en noir, mais je vous affirme qu'à part quelques exagérations nécessaires à mon roman, le paysan est bien comme je l'ai fait, et qu'il puise dans son amour pour la terre tous les mauvais sentiments; prenez un à un mes personnages, ils ne naissent pas criminels, ils le deviennent, et tout cela par avidité, pour posséder une parcelle de cette terre qui est l'éternelle convoitise de leur vie. Je n'ai du reste pas mis que des paysans dans mon roman, et le Jésus-Christ est un ex-troupier d'Afrique, un rouleur de villes, un braconnier, un maraudeur; si c'est un paysan, c'est un paysan déclassé. De même pour Jean... Vous me reprochez de ne lui pas faire venger sa femme, qu'il sait assassinée par son beau-frère et sa sœur; mais il ne se tait que pour obéir justement à sa femme qui, comme les autres paysans, entend qu'on lave son linge sale en famille. Jean, quoique son mari, est un étranger, et jamais à la campagne on ne se trahit devant l'étranger ! Les deux petits-enfants qui ont vu brûler leur grand-père ne souffleront pas mot ! Ils savent déjà qu'on ne dit rien de ce qui se passe dans la famille des paysans.

Mais pourquoi ne présenter que des monstres ?

Ce ne sont pas des monstres, ils sont comme cela; il n'y a pas d'êtres parfaits, pas plus à la ville que dans les champs, à moins qu'on ne les fabrique, ce que je ne pourrais pas faire. Je sais que je ne suis pas consolant, mais je n'ai pas fait mon roman pour être consolant; je ne sers que la vérité, et je ne me soucie pas de satisfaire ou de reposer. Je suis pessimiste, soit, mais est-ce ma faute ?

***

Voyons, il faut que je sois bien naïf, bien innocent, car je suis toujours étonné quand j'entends les critiques qui me sont faites; je dépeins la vie comme je la vois, mais je ne croyais pas la faire si noire. Je croyais avoir fait autre chose ! Comment arrive-t-il que ce que je travaille avec tant de soin, tant de souci de la vérité se transforme dans mes mains ! Mais pour écrire ce roman, j'ai fait un monde de recherches[1], et sur la terre et sur la propriété, sur ses origines; j'ai vécu avec des socialistes, des anarchistes; je les ai consultés sur tous les points, j'ai lu tout ce qui est relatif à la politique des campagnes, j'ai étudié Malthus à fond, et tout cela passe inaperçu, et je n'ai écrit que des « cochonneries » ! Mais, enfin, quelqu'un doit le constater, il doit bien rester dans mon livre la trace de mes intentions !

NOTE

1. Sur les recherches préparatoires entreprises par Zola, voir *R.-M.*, t. IV, pp. 1502-1522.

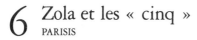

6 Zola et les « cinq »
PARISIS

Le Figaro, 22 mars 1888

Dans sa chronique théâtrale, « La Vie parisienne », du 22 mars, Émile Blavet annonça pour le lendemain une soirée dramatique du Théâtre Libre, qui devait réunir quatre des signataires du « manifeste des cinq[1] ». Paul Bonnetain et Lucien Descaves devaient y présenter *La Pelote*, Gustave

Guiches, *Les Quarts d'heure*, et Paul Margueritte, *Pierrot assassin de sa femme*. Fort curieux de connaître son avis, Blavet
se rendit chez Zola.

Depuis le jour où parut leur bruyante… Encyclique, les
Cinq, en tant que collectivité, n'ont pas fait parler d'eux. Isolément,
ils ont publié des livres. J'ai suivi ces efforts individuels, très louables
et non sans valeur. Mais j'avoue n'y avoir rien trouvé de bien nouveau,
rien qui fasse entrevoir, à brève échéance, la révolution promise[2].

Aussi, quand j'en ai vu quatre se coaliser à nouveau, je me suis
dit : « Cette fois, ce doit être pour le grand coup ! » Et je dresse
l'oreille, convaincu qu'une importante manifestation littéraire se prépare. Unis par des liens étroits, ces jeunes de talent doivent nous
présenter quelque œuvre caractéristique, qui formulera la littérature
nouvelle, celle du vingtième siècle, ou qui nous en donnera, tout au
moins, un avant-goût. J'irai donc après-demain au Théâtre Libre,
plein d'une sympathique curiosité, et je serais très heureux, croyez-
le bien, si ces hardis novateurs tenaient tout ou partie des promesses
qu'ils ont faites au public, le jour où ils ont promis de « dés-
encombrer la littérature ».

Car, enfin, il faut bien s'entendre. Lorsque j'ai formulé le *naturalisme*, c'est-à-dire baptisé le mouvement littéraire qui, depuis Balzac
et Stendhal, s'est manifesté chez nous et y a *tenu la corde,* je n'ai pas
eu la prétention de fixer à jamais la littérature française ni de lui
interdire toute marche en avant. Je dirais presque : au contraire.

J'ai voulu simplement noter la formule littéraire de notre fin de
siècle, laquelle, comme celle des siècles antérieurs, découle nettement
de la philosophie. La littérature du XVIIe est fille de Descartes; celle
du XVIIIe, de Rousseau, Diderot et Voltaire, comme le naturalisme
est fils de la philosophie positive et matérialiste. Cette genèse ne
saurait être contestée.

Il n'est pas douteux qu'avec une nouvelle philosophie n'éclose une
nouvelle littérature, et que le naturalisme ne prenne rang parmi les
vieilles lunes.

Ce jour, sans regrets et sans amertume, j'entrerai, comme les autres,
« au Musée », ayant accompli ma tâche tout entière, et fier de l'avoir
accomplie. À vous dire vrai, je crains que cette heure ne sonne avant
que ne soit née la littérature nouvelle. Dans quatre ou cinq ans au
plus, mon œuvre, cette œuvre à laquelle j'ai consacré toute ma vie,
sera terminée. *Les Rougon-Macquart* ont encore quatre volumes à vivre.
Après quoi, tout aux Nouvelles, à la Critique, au Théâtre.

Mais, quand je serai libre, la littérature nouvelle aura-t-elle surgi ?
Je ne le crois guère. L'art n'est pas un champignon : il vient *néces-*

sairement, et une période littéraire correspond toujours à quelque évolution sociale.

Il ne me semble pas — dût-on me traiter d'orfèvre — qu'il y ait encore un symptôme d'art nouveau. Je vous vois venir et je lis sur vos lèvres : décadents et symbolistes... Il y a là, certes, un mouvement littéraire d'un vif intérêt, et je n'ai pas, pour les symbolistes et les décadents, le mépris que beaucoup affectent. Mais le critique qui est en moi n'y peut démêler autre chose qu'une réaction.

De même que le romantisme fut une réaction contre la littérature « bourgeoise », le symbolisme est une réaction contre la littérature scientifique. Il est clair que la philosophie positive ne conteste pas absolument nos instincts, ceux, au moins, du plus grand nombre; elle ne satisfait pas ce qu'il y a de vague en nous, et d'*au delà*. Comte disait et je dis comme lui : « Ce que je ne comprends pas, je ne m'en occupe pas. » Mais je comprends qu'on s'en occupe. Et j'estime que le symbolisme est né de ce souci. Seulement, comme toute réaction, il va plus loin et tombe dans l'excès contraire; il néglige systématiquement toute la matérialité, comme l'a fait M. Maurice Barrès, dans *Sous l'œil des Barbares*, pour ne s'occuper que de l'irréel[3].

L'esprit idéaliste a été trop vivace en France, telle a été sa suprématie, qu'il ne peut se laisser égorger sans se défendre. Dès les premiers triomphes de la littérature scientifique, il fut bien évident que la lutte serait chaude. De cette mêlée sont issues toutes ces œuvres douces et charmantes qui sont la moisson littéraire du jour. Le symbolisme sera le dernier coup de queue de l'idéal expirant.

Songez, en outre, à l'embarras du jeune homme qui, présentement, aspire aux lettres. *Faire naturaliste* répond mal à ce *desideratum* de tout lettré : l'original. D'autre part, il ne saisit pas, ce jeune homme, la littérature nouvelle qui n'est pas encore née puisque la nouvelle philosophie n'est pas encore éclose. La seule formule de quelque nouveauté qui lui soit offerte est le symbolisme, et il s'en empare, faute de mieux. Je m'explique ce besoin de formules nouvelles, et je préfère cent fois ce pas en arrière, qui, en somme, a son intérêt, au piétinement sur place.

Mais enfin ce n'est pas encore cela. Et *cela*, que sera-ce ? me demandez-vous. Je vous répondrai : pour moi, la littérature de l'avenir — si je me rends bien compte de ce qui ne s'indique encore ni dans l'art ni dans la philosophie — sera matérialiste mitigée de symbolisme; c'est-à-dire qu'elle n'expliquera pas tout par l'influence des milieux et de l'hérédité, comme nous, non plus que par la seule pensée, comme les symbolistes.

C'est dans cet esprit que j'irai, vendredi prochain, au Théâtre Libre, espérant trouver une indication de cette littérature nouvelle dans

l'œuvre des jeunes, qui, solennellement, m'ont déclaré que le naturalisme n'était pas éternel. Certes, il n'est pas éternel ! Seulement,
pour les raisons que je viens de vous dire, on s'est peut-être un peu
trop hâté d'envoyer la formule littéraire du siècle « au Musée ». Et
je crois qu'elle en a pour quelque temps encore dans le ventre.
D'ailleurs, je me réserve de développer bientôt moi-même ce que
je viens de vous esquisser à grands traits. Voilà sept ans que j'ai déposé
ma plume de critique et je brûle de la reprendre. Avant peu — probablement pendant l'Exposition, pour nous consoler du grand déballage — je ferai, comme en 1880-1881, une nouvelle « campagne », d'une année[4]. Dès aujourd'hui, je forme des dossiers, je
prends des notes, je bâtis des maquettes d'articles et je fais un choix
de sujets qui me plaisent : la littérature russe, les décadents, etc., en
vue de cette campagne au *Figaro*. Je romprai des lances encore une
fois pour la cause littéraire, mettant à profit ces sept années de recueillement et d'observation féconde. Tenez pour certain, dans tous
les cas, que, si je prends la parole, c'est que j'aurai quelque chose à
dire. Et je dirai du nouveau.

NOTES

1. Sur le « manifeste des cinq », voir l'interview n° 3.
2. Il en fut de même pour leurs tentatives dramatiques. Louis Besson trouvait
que « leurs pièces n'offr[aient] absolument aucun élément neuf aux amateurs de
spectacle » (*L'Événement*, 25 mars 1888).
3. Maurice Barrès (1862-1923), qui prônait à l'époque le « culte du moi »,
venait de publier *Sous l'œil des Barbares* chez Lemerre.
4. La *Nouvelle Campagne* de Zola tint la rubrique du *Figaro* du 1er décembre au
13 juin 1896.

 Le général Boulanger devant le suffrage restreint
Z.Z.

Le Figaro, 29 mars 1888

Georges Boulanger (1837-1891) fit une brillante carrière de
militaire avant d'être nommé ministre de la Guerre dans les
cabinets Freycinet et Goblet (1886-1887). Il prit, pendant
son ministère, plusieurs mesures qui le rendirent fort populaire auprès des soldats; ses adversaires politiques commen-
çaient à voir en lui un homme assez audacieux pour renverser

le régime parlementaire. Après avoir été mis à la retraite en janvier 1888, il fut envoyé, comme député du Nord, à la Chambre, où il devint chef d'un parti nationaliste. Il y prônait la dissolution, la révision et la Constituante. Soutenu d'abord par les radicaux, il fut ensuite attiré par les royalistes, sans pour autant prôner le rétablissement de la monarchie. Effaré par sa popularité énorme, le gouvernement dénonça le « complot boulangiste » et lança un mandat d'arrêt contre lui en avril 1889. Boulanger s'enfuit alors à Bruxelles. Il fut condamné à la détention perpétuelle par contumace. Il se suicida à Bruxelles le 30 septembre 1891. Un interviewer du *Figaro* demanda à « quelques personnalités très en vue » (Berthelot, Renan, Taine, le duc de Broglie et Zola) leur opinion sur le général.

Boulanger ! C'est un pieu surmonté d'un chapeau, un chapeau galonné et empanaché ! Pas autre chose. Et le pire, c'est que ce pieu répond à un besoin mal dissimulé de la nation, au besoin d'une domination quelconque : royauté, empire, dictatoriat, gambettisme, ou boulangisme.

Quoi que nous en disions, nous n'empêcherons pas que durant dix-huit siècles la France n'ait été un pays résolument monarchique. L'échine de tout Français porte le pli de cette longue sujétion. Les globules de notre sang sont monarchistes. Et nos aspirations vers la République, notre beau rêve d'une nation qui se gouverne elle-même, sont en perpétuel conflit avec ces puissants vestiges d'atavisme.

Je n'en veux pas chercher d'autre preuve que dans le spectacle d'erreurs, de bêtises et d'impuissances que nous ont offert ces dix-huit dernières années et qui est bien fait pour désespérer un observateur, même indifférent et patient, bien fait surtout pour désespérer la foule — cette inconsciente : la foule qui, sans le raisonner et le discuter, se ressent du malaise qui pèse sur nous tous et qui, vaguement, cherche à s'en évader, fût-ce pour se jeter dans les bras d'un dictateur.

Un dictateur, un sauveur, c'est ce que la foule voyait déjà en Gambetta[1]; c'est ce qu'elle voit aujourd'hui en Boulanger. Gambetta, Boulanger ne lui apparaissent que comme fétiches... Au moins le premier pouvait-il se targuer de son talent de grand orateur; quant au second qui le remplace, rien, rien, rien ! Et c'est là sa force. C'est d'être une abstraction, une idée, une entité. Il peut, à son gré, tout faire, se livrer à toutes les billevesées, accumuler fautes sur maladresses, cela ne changera rien à sa popularité. Il représente, aux yeux de la foule, l'idée abstraite du sauveur.

Le gouvernement actuel peut le persécuter, le honnir, lui déchirer son uniforme, le décoiffer de son panache, l'émasculer définitivement en lui arrachant son sabre, Boulanger n'en demeurera pas moins ce qu'il est : une idée ! On ne destitue pas, on ne dépopularise pas quelque chose qui n'existe pas, une abstraction !

Comment se fait-il — me demandez-vous — que Boulanger ait été choisi pour incarner cette abstraction ? Mystère ! Peut-être parce qu'il monte un cheval noir ? Peut-être parce qu'il s'appelle Boulanger et que ce nom est commun, propice aux gros calembours ?... *On ne se passera pas de Boulanger ! Avec lui, on ne fera pas de fours !* etc. Que sait-on ? Et d'ailleurs qu'importe ?

La question est de savoir s'il arrivera à la dictature ? Eh ! pourquoi non ? Rappelez-vous Louis-Napoléon, en 1848, après ses ridicules aventures de Boulogne et de Strasbourg, sa noire misère à Londres, son obscurité ! Les journaux du temps n'avaient pas assez de brocards et de lazzis pour bafouer sa candidature. Il devint Napoléon III. Il avait pour lui, il est vrai, le prestige d'un nom illustre et adulé, mais ce qui a fondé sa fortune, soyez-en sûr, c'est, plus que son nom, l'idée qu'il représentait les vieilles gloires françaises, les grandes guerres, le *fétiche* enfin, qu'il s'annonçait être.

Depuis Gambetta, la France manquait de fétiche. Boulanger est venu. Cherchons les prétextes premiers de sa popularité — s'il y en a — et vous verrez de quoi elle est faite, de rien !

Il se pourrait néanmoins que, comme Gambetta, Boulanger eût les reins brisés avant d'arriver à ses fins. Car il a de nombreux ennemis et c'est bien naturel; il y a à la Chambre une foule de politiciens de quatre sous qui se donnent un mal énorme pour acquérir quelque notoriété, à défaut de célébrité. Ingrate besogne dont ils ne récoltent que de maigres fruits. Et voilà tout à coup un bonhomme barbu sur un cheval noir qui se présente, salue, caracole et qui invente à son profit un enthousiasme, un délire oubliés depuis longtemps et qu'eux, manœuvres de la politique, n'ont jamais connus ! « Comment ! s'écrient-ils, nous dévouons notre existence, notre savoir, nos fièvres aux intérêts de la patrie, nous ne demandons en échange que des miettes de gloire, et le premier sabreur venu s'érigera en homme indispensable, en sauveur, en dieu ! »

Ces nullités politiciennes triompheront-elles du fétiche Boulanger, ce zéro, et au profit de qui ?

NOTE

1. Ministre de l'Intérieur dans le gouvernement de la Défense nationale en 1870, Léon Gambetta (1838-1882) essaya d'organiser à Tours la lutte contre la Prusse. L'armistice venu, Gambetta démissionna du gouvernement provisoire. Réélu bientôt après, il devint en 1876 député de Paris et en 1879, président de la Chambre.

8 Le décoré du 14 juillet
MARIO FENOUIL

Le Gaulois, 8 juillet 1888

Le 14 juillet, Zola reçut la croix de la Légion d'honneur des mains d'Edouard Lockroy, ministre de l'Instruction publique dans le cabinet Floquet. Une semaine plus tôt, Mario Fenouil, ayant appris la nouvelle par une « indiscrétion », était allé à Médan, afin d'interroger le romancier.

Vous m'étonnez beaucoup. J'ignore absolument s'il est réellement question de me décorer cette année. La nouvelle en a été donnée si souvent que je n'ajoute plus aucune foi à tous ces racontars.

C'est du reste le canard de tous les ans. À chaque promotion, mon nom est mis en avant et je subis, au mois de janvier et aux approches du 14 juillet, le supplice du monsieur qui ne peut aller nulle part sans que des amis bien intentionnés lui disent : « Eh bien, ça y est, vous allez être décoré. » Et, finalement, cette décoration n'arrive jamais. Vous avouerez que cette farce devient une véritable obsession, d'autant que je ne fais rien pour obtenir la décoration, mes amis peuvent l'attester. Si, comme vous le dites, il est réellement question de m'accorder cette distinction, soyez assuré que c'est vous qui me l'apprenez. Du reste, je ne veux pas savoir si l'on doit me décorer, et, si la chose se fait, je tiens à conserver toute mon indépendance et à réserver mon acceptation.

Je ne suis pas de ceux qui dédaignent la décoration, lorsqu'elle est justement accordée au génie ou au talent d'un artiste, et quand je considère que tous nos aînés, les Alexandre Dumas, les Hugo, les Flaubert, les de Goncourt, ont été décorés, je n'ai aucune raison pour critiquer un fait accepté par eux. De même, je ne me livre à aucune attaque personnelle contre l'Académie française, parce que, enfin, il y a, dans cette assemblée, des personnalités qui comblent le vide fait par les... personnalités absentes.

Vous n'ignorez point que j'ai failli être décoré très sérieusement, il y a dix ans, par M. Bardoux, alors ministre de l'Instruction publique. C'était en 1878. Un matin, M. Georges Charpentier[1] vint me voir, et me dit : —« Savez-vous ce qui se passe ? Non ! Eh bien ! voici la chose : Daudet dînait, l'autre jour, chez M. Bardoux, et il a parlé de vous pour la décoration. M. Bardoux s'est empressé de dire que c'était chose faite. Il vous engage seulement à lui faire une simple visite. »

Et M. Charpentier ajoutait :

— Cela contrarie beaucoup Daudet; car il craint de vous avoir trop mis en avant, et cela sans qu'il vous ait consulté.

Je fus un peu surpris, je l'avoue, de cette démarche. Je n'avais jamais songé à demander la croix, et je comptais bien ne la demander jamais. Mais, enfin, je ne refusai point d'aller voir M. Bardoux.

D'un autre côté, j'appris que Flaubert avait tenté pareille chose auprès du même ministre, qu'il avait connu au café Tabourey, et avec lequel il était intimement lié.

Trois jours plus tard, j'allai voir M. Bardoux, accompagné de M. Daudet et de M. Gustave Droz[2], un autre compétiteur. L'entrevue fut très cordiale et, durant toute la conversation, il ne fut point question de la décoration. C'est en arrivant à la porte du cabinet et au moment de prendre congé du ministre que ce dernier me parla de la croix, en s'engageant formellement à me la donner pour le mois de juillet prochain. Cela se passait au mois de mars, si je ne me trompe.

Le mois de juillet arriva et M. Bardoux, qui avait sans doute distribué beaucoup d'autres promesses de ce genre, m'oublia totalement.

On a même raconté à cette époque que, au dernier moment, le directeur d'un journal académique avait dit au ministre : « Décorez X..., il est vieux et n'a plus de talent, tandis que Zola a le temps d'attendre. » La vérité est que M. Bardoux avait eu la main forcée par un ennemi. Songez donc que j'étais en pleine bataille littéraire, au lendemain de la publication de L'Assommoir, et que mon nom, voué aux gémonies, était une sorte d'épouvantail.

Flaubert, furieux, écrivit à M. Bardoux une lettre d'injures, le traitant de ... « pas-grand'chose ». Je reçus moi-même plusieurs lettres de lui, toutes plus violentes les unes que les autres et d'une brutalité d'expressions parfois inquiétante. L'une d'elles était ainsi conçue :

> Mon cher ami,
> Bardoux me charge de vous prier de venir ce soir pour avoir avec vous une explication. Les raisons qu'il m'a données m'ont paru plausibles. Vous aurez le ruban très prochainement. Si ma plume n'était pas exécrable, je vous en écrirais plus long. Bref, allez le voir.

Le mieux que j'avais à faire, c'était d'oublier cette sotte aventure qui m'avait quelque peu ridiculisé, ce que je fis promptement. Mais M. Bardoux se mit à dire à tort et à travers et devant tout le monde qu'il voulait me décorer et que la chose se ferait prochainement. Je commençai à me fâcher, et j'eus grande envie de rompre avec ce ministre bavard. Mais je résistai à ce plaisir à cause de Daudet et de

Flaubert qui m'écrivit une nouvelle lettre, disant que c'était « définitivement pour le mois de janvier suivant ».

La date fixée arriva, et de décoration, point. À ce moment, je
publiais dans une revue russe une série d'articles sur les « romanciers
contemporains »[3]. Ce fut un soulèvement général, un tollé universel;
la plupart des journalistes déclarèrent que j'étais indigne de faire partie de la littérature française. Si bien que M. Bardoux n'osa pas, une
fois encore, m'accorder la croix.

Et depuis cette époque, quand on me parle de décoration, je
dis : « J'ai failli être décoré par Bardoux, cela me suffit. »

L'année dernière, M. Berthelot[4] me proposa, dans des conditions
qui ne se présentaient pas comme je l'eusse désiré, de me décorer. Je
refusai vivement, et, depuis cette époque, je n'ai plus entendu parler
de décoration.

Voilà l'exacte vérité.

NOTES

1. Georges Charpentier (1846-1905) fut l'éditeur et l'ami de Zola.
2. Collaborateur de *La Vie parisienne* et la *Revue des deux mondes,* Gustave Droz
(1832-1895) était également l'auteur de nombreux volumes qui connurent un vif
succès, dont *Monsieur, Madame et Bébé* (1866), *Entre nous* (1867), *Babolain* (1872),
Les Étangs (1875), *L'Enfant* (1885).
3. L'étude sur *Les Romanciers contemporains* (chapitres I à VII) parut dans *Le Messager de l'Europe* en septembre 1878. Voir *O.C.,* t. XI, pp. 221-247.
4. Voir l'interview n° 4, n. 1.

9 La Vie parisienne. L'Académie & M. Zola
PARISIS

Le Figaro, 29 juillet 1888

Depuis l'annonce de la nomination de Zola comme chevalier
de la Légion d'honneur, les chroniqueurs de Paris spéculaient
sur son éventuelle candidature à l'Académie française. Le romancier posa sa candidature pour la première fois en 1890.
Le fait que cette dernière fut rejetée ne le découragea point.
De 1890 à 1898, il se présenta maintes fois, mais ne fut
jamais élu. Dans *Le Figaro* du 29 juillet, Émile Blavet, sous
le pseudonyme de Parisis, raconta une conversation qu'il venait d'avoir avec Zola à la suite d'une rencontre imprévue dans
le train.

On prie Zola de commenter la nouvelle de sa candidature à l'Académie française.

Avec plaisir. D'autant plus que je ne serai pas fâché de voir le *Figaro* couper, une fois pour toutes, les ailes à ce ridicule canard. Le lendemain de ma décoration, je reçus la visite dudit reporter[1]. Il s'inquiétait de savoir pour quelles raisons, après m'en être si longtemps défendu, j'avais enfin laissé violer ma boutonnière. Je lui répondis avec ma franchise accoutumée. Mon œuvre est faite. L'ère de la lutte est close. J'entre dans la période d'apaisement et de sérénité. Je touche à la cinquantaine; on s'assagit avec l'âge : et il y a des attitudes de combattant, des poses d'« isolé », qui sont puériles avec les cheveux gris. Philosophiquement, j'ai toujours le même dédain pour ces soi-disant récompenses, pour ces primes d'encouragement dont le vrai mérite n'a pas toujours seul le bénéfice. Pratiquement, c'est une autre question. Il n'était pas indifférent pour moi-même et pour mon œuvre, pour mon amour-propre d'écrivain et pour la propagande de mes idées, que j'entrasse dans cette grande famille de la Légion d'honneur au seuil de laquelle je me campais superbement, dans une armure d'indifférence. J'avais quelque chance, à la faveur du ruban rouge, de pénétrer dans certaines couches nouvelles où je n'avais pu, par suite de préjugés bêtes, faire encore ma trouée. Vous voyez que, sous couleur d'apostasie, je restais fidèle à moi-même. Et puis, ces façons hautaines et, disons le mot, ce donquichottisme ne vont pas sans quelque duperie. Il y avait un tas de bons jeunes gens, joueurs de note officieux, qui, à chaque promotion nouvelle marquée par un nouveau refus de ma part, coassaient à mes oreilles, comme un chœur de grenouilles : « Bravo, maître ! Ce que vous faites est grand, noble, glorieux, digne de l'antique ! Bravo, maître, bravo ! » Et ces mêmes bons jeunes gens, leurs litanies égrenées, s'en allaient en sourdine guetter cette croix honnie, et quand ils l'avaient obtenue *per fas aut nefas*, ils affectaient vis-à-vis de moi des mines contrites. Assez d'escobarderies comme ça ! C'est bon, quand on est sur un rocher de dire : « Et s'il n'en reste qu'un, je serai celui-là ! », mais quand on est au milieu de ses émules, dans la mêlée ardente, c'est légèrement enfantin. Voilà pourquoi j'ai cru devoir accepter la distinction qui m'était spontanément offerte. M. Lockroy, du reste, y a mis tant de chaleur confraternelle, une insistance si délicate, qu'il eût été malséant de ma part, et même un peu ridicule, de m'obstiner à faire le renchéri[2]. Je crois même que, s'il avait fallu, pour ne pas être en reste de bons procédés, passer sous les fourches caudines de la lettre, libeller une demande, eh bien ! je me serais exécuté… Pour expliquer à mon reporter cette posture de Sicambre, j'invoquai des raisons d'un

Quo non descendam ?
Zola et l'Académie française

ordre tout différent. Une longue observation m'a convaincu que le peuple français était le peuple le moins démocratique du monde. Il a l'esprit foncièrement, irrémédiablement hiérarchisé... La véritable sagesse est de vivre dans l'esprit de la nation. Pourquoi n'accepterais-je pas moi-même la hiérarchie, alors surtout qu'il y a tout avantage et pour ma personne et pour mon œuvre ? Et j'ajoutai que, dans cette voie, j'irais jusqu'à l'Académie... D'où mon reporter a conclu que je posais ma candidature... Il y a pourtant une nuance, n'est-il pas vrai ?

Est-ce que Zola écrira la lettre de candidature réglementaire ?

À cela je répondrai tout à l'heure. Ce que je tenais à bien établir avant tout, c'est que je ne pose pas dès à présent ma candidature à tel ou tel fauteuil, en concurrence avec telle ou telle personnalité, et que je ne suis pas, comme un chacal, à l'aguet des cadavres académiques...

L'écrira-t-il ?

Oui, certes. Et cela pour les mêmes raisons pratiques que j'ai données au sujet de la croix, — propagande pour mon œuvre, prosélytisme pour mes idées, désir de rompre avec des bouderies enfantines. Y a-t-il dans cette démarche quelque chose d'humiliant ? Quel tort peut-elle me faire ? En quoi m'en trouverai-je diminué ?... D'autant mieux que je ne la risquerai que dans des conditions toutes particulières.

Quelles seraient ces restrictions ?

Vous n'y êtes pas du tout. Il n'y a pas ombre de coquetterie dans l'affaire... On a pu voir, à certaines élections récentes, qu'un vent de libéralisme soufflait au palais Mazarin. On y a quelque tendance à se moderniser. Jusqu'où ce vent-là poussera-t-il les quarante ? Cette tendance les induira-t-elle en des choix prétendus révolutionnaires ?... C'est ce qu'il est bien difficile et ce qu'il serait bien intéressant de préciser. On n'y parviendra que par l'expérience. Se trouvera-t-il des hommes de foi pour la tenter ?... J'en ai la conviction profonde. Ils sont plus nombreux qu'on ne l'imagine, les académiciens exempts de pruderie, par amour supérieur des lettres, que n'effarouchent pas les audaces du roman moderne, quand elles ont pour excuse la passion du vrai, le culte du beau... Eh bien ! supposez — et j'ai quelques raisons de croire que ce n'est point une vaine hypothèse — supposez qu'il se trouve, dans l'illustre compagnie, un groupe — fût-il de cinq ou de six seulement — curieux de faire, sur mon nom, une manifestation en faveur de ces audaces... Supposez que ces quelques amis ... littéraires, officieusement, de leur propre initiative, sans engager qu'eux-mêmes, viennent me dire un jour : « Voulez-vous vous joindre à nous pour cette manifestation intéressante ?... L'Académie n'a pas eu Stendhal, ni Balzac, ni Flaubert... L'heure est venue de savoir si ses portes resteront fermées devant le continuateur de la formule. » Si cet honneur tout amical m'était fait, j'écrirais la fameuse lettre, et des deux mains... Trop heureux d'avoir contribué, pour mon humble part, à marquer une étape aussi curieuse dans nos mœurs littéraires... Mais il s'agit là d'une éventualité qui n'est pas à la veille de se produire... et des années s'écouleront peut-être avant qu'elle passe de la spéculation dans le fait.

Fera-t-il les visites académiques ?

Oui et non.

Comment ?

Vous allez saisir. Je divise les visites en trois groupes...

Le premier ?

Les amis, ceux dont je vous parlais tout à l'heure... Ceux-là, j'irai les voir, comme j'en ai l'habitude, causer avec eux, discuter *nos* risques et *nos* chances... Je dis *nos*, car nous serons, sinon complices, au moins alliés.

Et le deuxième groupe ?

Ceux que je ne connais point, dont le nom ne s'est jamais rencontré sous ma plume, et qui, n'ayant pas été blessés par moi, ne sauraient avoir contre moi ni haine ni préventions... Il ne m'en coûtera rien d'aller leur rendre visite, sûr de trouver auprès d'eux tout au moins la bonne grâce courtoise qui est de règle parmi les membres de l'illustre compagnie.

Et le dernier groupe ?

Voilà le chiendent ! Il comprend, ce groupe, ceux que j'ai violemment attaqués dans mes œuvres de critique ou de polémique... Ils m'en garderaient quelque rancune, que je ne saurais leur en vouloir... Aussi ne m'exposerai-je pas, de gaieté de cœur, à des représailles, en somme légitimes. Ce n'est qu'à bon escient que j'irai frapper à leur huis... Il y aura des amis communs pour m'éclairer sur les sentiments qu'ils nourissent à mon endroit... Et c'est d'après les indications de ce thermomètre que je leur ferai visite ou que je m'abstiendrai... Saisissez-vous maintenant mon « oui et non » ?... Et ne croyez-vous pas que je puisse me plier à toutes les exigences de l'Académie sans rien abdiquer de mon indépendance ?

NOTES

1. Zola attribua l'indiscrétion à un reporter de *La Presse*.
2. Voir l'interview précédente.

10 M. Zola et le journalisme
MARIO FENOUIL

Le Gaulois, 22 août 1888

« L'auteur des *Rougon-Macquart*, écrivait Mario Fenouil dans
Le Gaulois du 22 août 1888, a été, maintes et maintes fois,
l'objet d'attaques violentes de la part de la presse parisienne.
Ses œuvres ont été âprement discutées, à cause surtout de
l'immoralité qui s'en dégage. Journaliste, il l'a été avant
d'aborder le roman et, hâtons-nous de le dire, M. Zola a laissé
dans la presse le souvenir d'une bonne et honnête réputation.
Donc les déclarations de M. Zola nous ont semblé, à ce titre,
doublement intéressantes. »

Vous connaissez la boutade cruelle de Mme de Girardin
sur le journaliste : « Un homme qui vit d'injures, de caricatures et
de calomnies. » Cette opinion a été autrefois celle du public, toujours
prêt à satisfaire ses rancunes envieuses. Elle l'est encore un peu aujourd'hui, dans une certaine classe de la bourgeoisie et du peuple.
Nous examinerons cela tout à l'heure.

C'est une vérité banale de déclarer que le vrai rôle du journalisme
est d'éclairer l'opinion publique, de préparer la voie du progrès, de
semer et de développer les idées susceptibles d'améliorer le sort des
peuples. Si le journalisme s'est parfois écarté de ce noble but, auquel
il est toujours revenu, du reste, il faut l'attribuer à l'influence d'idées
malsaines au contact de passions fortement remuées, qui lui ont fait
oublier momentanément le chemin tracé par la raison et le devoir.

Cela dit, j'aborderai immédiatement le côté de la question qui nous
intéresse plus particulièrement. Je veux parler du journalisme
contemporain. Mon opinion là-dessus se résume en ceci : « Beaucoup
de bien et de mal. »

Le journalisme contemporain, qui est une véritable force, possède,
à côté de grands avantages, de non moins grands inconvénients. La
transformation incessante des choses a créé de nouveaux besoins. Un
de ces besoins est précisément la fièvre d'informations qui fait que

nous voulons être renseignés le plus tôt possible sur un fait qui vient à peine de se produire.

À cela, le journalisme actuel répond d'une manière parfaite. Il développe la curiosité publique, si susceptible d'être développée; il renseigne rapidement, il décuple la vie; enfin, il répond aux exigences du public. Si l'on énumère ses autres qualités, ce journalisme a créé de nouvelles couches de lecteurs; la parole ou, si vous préférez, la semence a pénétré rapidement dans les masses profondes; il a démocratisé l'art, hier encore, le culte exclusif d'une classe d'élite. La puissante publicité dont il dispose a fait pénétrer le livre dans les villes, les vallées, sur les montagnes, partout où il y a trace de créature humaine.

J'ajouterai même que l'information n'a pas encore tué l'art. Cette éventualité se produira-t-elle ? Je l'ignore, ou plutôt je ne le crois point. Le journalisme actuel a modifié évidemment les formes de l'art; dans quel sens les modifiera-t-il à l'avenir ? Je ne le sais pas. Tout ce que l'on peut dire, c'est que notre journalisme est de son temps; il marche dans le sens des choses, il poursuit un but encore inconnu, comme la plupart des problèmes sociaux. Mais il va de l'avant, sans se soucier des routes à parcourir, des obstacles qui se dressent devant lui. J'aime la presse d'informations; elle est la coupe de la vie; on y puise les extases passagères, les impressions fugitives, toutes choses qui me paraissent bonnes, parce qu'elles sont courtes.

D'un autre côté, la fièvre d'informations qui nous gagne peu à peu donne du retentissement aux moindres faits. Le plus petit incident, éclos par hasard, se modifie, se transforme, revêt des proportions énormes, fait couler des flots d'encre et soulève des controverses qui dégénèrent en polémiques ardentes. Transportez cette fièvre dans un événement national, et l'on voit d'ici les résultats. Nous en avons eu des exemples récents.

Cette exaspération, cette irritabilité, qui font ressembler la presse à une femme nerveuse, voilà ce qui me frappe, voilà enfin le point noir à l'horizon. Ce n'est plus la vie, c'est une perpétuelle agitation, un entraînement, un tourbillon échevelé, un galop fantastique, étourdissant. Je pense que cet état endémique n'est pas sain pour la nation.

Le besoin d'être promptement renseigné a créé le reportage à outrance. On n'a plus le temps de réfléchir, de penser. L'actualité est là, guettant la copie et disparaissant aussitôt pour faire place à l'actualité du lendemain. Que résulte-t-il de tout cela ? Une absence parfois complète de jugement, une appréciation hâtive des choses et des hommes, et... c'est tout.

Nous n'avons plus de critique, proprement dite; elle a fait place au compte-rendu banal qui écrase l'artiste sous l'amoncellement des détails donnés pour satisfaire la curiosité du public; mais une analyse consciencieuse, mais une étude de l'œuvre, il ne faut pas y compter. Le journal a chassé la critique comme il a chassé la littérature.

Voyez Taine, voyez Bourget, obligés de se cantonner dans les revues; il n'y a pas de place pour eux dans un journal, puisque la critique a été remplacée par l'information, le reportage, les cancans politiques, le sport. La critique exerçait autrefois une très grande influence autour d'elle. Quel est son rôle aujourd'hui ? Il est nul ! Son autorité s'en est allée, sa force a disparu. Que lui reste-t-il ? l'impuissance. C'est tout au plus si cette critique exerce un semblant d'influence au théâtre. Le livre échappe à ses investigations. On n'achète plus un ouvrage sur la recommandation d'une critique, mais en raison du bruit que la publication de cette œuvre soulève dans la presse.

On a beaucoup parlé de la prétendue vénalité de la presse. Quelles calomnies n'a-t-on pas répandues inutilement ! Ce serait risible si ce n'était odieux. La presse parisienne est essentiellement honnête. Pourrait-on en dire autant dans les autres pays, notamment à Berlin ? J'en doute fort. J'ai été journaliste pendant près de huit ans[1] et, sans crainte de passer pour un innocent, je déclare que je n'y ai vu aucune des abominations que quelques esprits grincheux ont répandues à plaisir.

Le journalisme, comme toutes les carrières ouvertes, renferme des écumeurs toujours prêts à trafiquer du titre dont ils se parent impudemment. Cela est vrai. Mais dans quelle sorte de journaux ces coquins opèrent-ils ? Dans des feuilles aussi inconnues que méprisables. Et qu'est-ce que cela prouve ? Qu'il y a des gredins partout, aussi bien dans le corps des officiers ministériels que dans celui des journalistes. Mais conclure du particulier au général est un raisonnement tout à fait absurde.

C'est ce que fait quelquefois le public, qui ne peut admettre qu'un homme puisse gagner de l'argent en écrivant des articles, au lieu de vendre des draps ou du coton. Le public est trop enclin à croire que les journalistes passent leur temps dans les cafés, les tripots, les boudoirs.

C'est là une erreur aussi banale que répandue. La somme de travail fournie, tous les ans, par un journaliste est véritablement stupéfiante. Cela représente les deux tiers de son existence. Comment veut-on qu'il ait le temps de songer aux distractions, aussi variées que nombreuses, dont il est suspecté de jouir ?

Ah ! les légendes, elles subsistent indéfiniment. Il y a certainement des pauvres gens qui s'imaginent que les cabinets de rédaction sont autant de cavernes de voleurs et les réceptacles de toutes les débauches.

Le type du journaliste a souvent tenté la plume des romanciers et des écrivains dramatiques. On a décrit un être spécial, un caractère, comme l'a fait Maupassant dans *Bel Ami*[2], mais jamais on n'a fait une étude d'ensemble sur le journalisme proprement dit. Le public a considéré la plupart des journalistes comme le type représenté dans certains ouvrages, sous un jour peu flatteur, et voilà leur opinion faite. Tous les journalistes ne sont pas des voleurs, mais tous sont assurément des êtres frivoles, incapables d'une bonne action, endurcis dans le scepticisme, etc., etc.

C'est ainsi que se créent les légendes.

NOTES

1. Zola minimise ici sa contribution à la presse française. Déjà en 1865, il écrivait des chroniques pour *Le Petit Journal* et *Le Salut public* de Lyon. Sa *Campagne au Figaro* prit fin en novembre 1881.
2. Allusion à Georges Duruy, protagoniste du roman qui parut en 1885.

11 La Vie parisienne. La critique du *Rêve*
PARISIS

Le Figaro, 5 novembre 1888

« Je voudrais faire un livre qu'on n'attende pas de moi, écrivit Zola dans l'*Ébauche* du *Rêve*. Il faudrait, pour première condition, qu'il pût être mis entre toutes les mains, même les mains des jeunes filles. » Ce conte bleu, paru à moins d'un an d'intervalle de sa terrible *Terre*, prit la critique au dépourvu. Pour les défenseurs de Zola, l'histoire des amours innocentes d'Angélique fut un nouveau témoignage à son génie poétique. Ses adversaires, cependant, le considéraient d'une façon tout autre : ce fut à ce sujet qu'Émile Blavet l'interrogea.

Ce que je pense de l'attitude de la critique à l'égard du *Rêve* ? C'est bien simple : elle m'a gâté cette fois, et je l'en remercie. Il n'y a guère que cinq ou six intransigeants qui n'ont pas désarmé. Et ce sont précisément les cinq ou six universitaires devant qui mon œuvre n'a jamais trouvé grâce.

Pour ceux-là, *La Terre* et *Le Rêve*, c'est bonnet blanc, blanc bonnet. Cette persévérance dans le dénigrement me paraît être la résultante de deux courants très caractéristiques.

Le courant académique d'abord. Ces messieurs de l'Université s'imaginent que j'ai fait *Le Rêve* dans l'unique but de me frayer un chemin vers l'Académie. Et comme, dans chacun d'eux, il y a plus ou moins un candidat au fauteuil, ils s'effarent à l'idée qu'un nouveau candidat pourrait surgir, qui, le moment venu, ferait échec à leur candidature. Ce sentiment ne se dégage pas avec précision de ce qui s'écrit à mon propos. Mais tenez pour certain qu'il est *sous la cendre*.

Le second courant est d'ordre plus littéraire. Vous connaissez le procédé favori de ces bonnes gens. À chaque œuvre nouvelle, ils me trainaient dans la boue que, d'après eux, j'avais moi-même remuée; et ils partaient de là pour poser ce principe : M. Zola, c'est le chantre des saletés humaines. Il ne pourra sortir de sa plume que des variantes sur le mot du général de 1813. Son talent est là; il ne sera jamais ailleurs.

Le Rêve paraît. Patatras ! voilà l'échafaudage par terre. Je lâche mes gros souliers, je dépouille ma robe de chambre — le mot n'est pas de moi — et je revêts la tunique de soie blanche ! Grand est l'embarras. Ces messieurs ne peuvent pas se déjuger. Leur public a de la mémoire. Il faut bien se raccrocher quelque part. Alors, en phrases contournées, en habiletés maladives, en recherches puériles, ils essaient d'établir que *Le Rêve* est encore plus malsain que mes autres livres. Mon âme flétrie ne saurait se refaire une virginité. Il y a moins d'idéal dans *Le Rêve* que dans *La Terre*.

Ne riez pas. On l'a dit. Tant mieux, au surplus. Car je dois au *Rêve* d'avoir fait passer l'éponge sur *La Terre*. C'est le phénomène habituel à tous mes livres. Le dernier n'est jamais le bon. Dès qu'il apparaît, le précédent monte dans l'estime des critiques. Témoin M. Jules Lemaître qui, à propos du *Rêve*, a dit de *La Terre* : « Au moins, c'était franc et harmonieux. »

Ce sont là des faits. Passons aux personnes.

Le plus âpre de mes critiques est M. Anatole France[1]. Un futur académicien, il n'y a pas d'erreur. Peut-être ne se croit-il pas encore assez mûr, mais il y songe. C'est l'écrivain le plus doucereusement perfide qui soit. Il n'est personne, sauf Sarcey, qui se laisse prendre à sa bonhomie apparente. Chacune de ses phrases, sous couleur de miel, distille le fiel. Anatole France, c'est une burette d'huile dans laquelle une main maladroite aurait mis du vinaigre.

M. Charles Bigot, le véritable universitaire, celui-là[2]. *Le Rêve* a dû le trouver bien perplexe ! Son maudit passé d'éreintement était là...

et comment classer ma nouvelle œuvre dans la fosse à fumier qu'il avait creusée à mon intention ?... Je ne veux, d'ailleurs, rien dire de lui. C'est un homme malade, fatigué, par un labeur incessant et formidable. Il s'est contenté de dire qu'il « ne savait pas », n'ayant pas le courage de se déjuger. Mais il n'a pas eu, ce dont je lui sais gré, l'entêtement et le parti-pris de ses bons confrères.

Sarcey, lui, ne m'a jugé qu'après avoir lu France et Bigot[3]. Et, dame, il ne sait que penser. Comment ce doux France a-t-il pu montrer tant de rudesse ? Je n'ai donc rien compris au *Rêve* alors ?... Et comment, si France a dit vrai, expliquer l'indulgence relative de Bigot ?... Et Sarcey donne sa langue au chat... Ses deux tendresses se l'arrachent... Il s'y perd. Qui suivre ? Auquel entendre ?... Bah ! Satisfaisons les deux !... Et le voilà bâclant l'article tohu-bohu qu'il a toujours fait, féroce au début, tout sucre à la fin !... Comme ça, mes deux idoles seront contentes !

Que dire de M. Chantavoine, critique aux *Débats* ?[4] Il y a quelques années, M. Chantavoine prononça, dans un cercle, bien haut pour que nul n'en ignorât, cette phrase qui le juge : « Tout ce que fera M. Zola, je l'éreinterai. Je ne peux pas sentir cet homme ! » La critique de ce monsieur étant faite en dehors de toute conscience ne peut être prise au sérieux. Elle ne compte pas. M. Chantavoine est, d'ailleurs, de cette bande de naïfs qui voient dans *Le Rêve* une manœuvre académique.

Pour M. Jules Lemaître[5], il est celui de tous dont *Le Rêve* dérange le plus les théories cent fois affirmées et posées comme immuables. Il a proclamé jadis, dans *La Revue bleue*, que j'étais le « poète de l'animalité ». Ma fonction littéraire est de chanter la force et la puissance de la vie bestiale dans tout ce qu'elle a de grossier, de répugnant et d'horrible. Hors de là, je n'existe pas. Si donc M. Lemaître reconnaît que j'ai fait ce que j'ai voulu faire : un poème de l'au-delà, une envolée dans l'idéal, il se déjuge. Comme l'a prétendu son ami France, je ne sais pas et je ne puis savoir qu'il y a un ciel bleu, des mères qui aiment leurs enfants et des cœurs purs. S'ils reconnaissaient que j'ai mis cela dans mon livre, ils s'infligeraient à eux-mêmes un sanglant démenti. De là l'article dansant et papillotant de M. Jules Lemaître.

Reste M. Brunetière. Ce Sainte-Beuve au petit pied de *La Revue des deux mondes* est en train de se jeter dans les bras des Décadents par peur du naturalisme. Il n'a, du reste, dit qu'un mot de mon dernier roman. Et ce mot me prouve que, s'il en parlait, ce serait dans le sens de M. Lemaître. C'est jugé.

On n'attend pas que je réponde à ces critiques. Je leur dirai simplement qu'il est dangereux de poser des principes et de contourner un écrivain. *Le Rêve* vient à son heure. Il avait sa place marquée dans la série des *Rougon*, la place de l'au-delà, de l'insaisissable. Il répond à la philosophie générale de mon œuvre entière. La mort de l'enfant au moment où la vie va la prendre est dans la note de tous mes livres, où vous avez déjà vu combien il était difficile d'être heureux en ce monde.

Il y a des suffrages indépendants qui me consolent des cruautés voulues de la critique. En voici deux échantillons : une lettre de prêtre et une lettre de jeune fille.

La première, émanée d'un ancien professeur de théologie, prélat romain, est ainsi conçue :

> « Vous avez analysé, avec une rare finesse de touche, ces choses que nous aimons tant, nous gens d'Église. Vous avez, malgré une légère pointe d'ironie, concession au XIXᵉ siècle finissant, merveilleusement parlé des saints, de l'art chrétien, de la sainte liturgie. »

La jeune fille m'écrit :

> « Ah ! qu'il est joli, votre *Rêve* ! Je l'ai savouré, car c'est le premier de vos ouvrages que j'ai lus. Mère, qui me défendait vos livres, m'en lisait pourtant des passages, qui me donnaient encore plus envie de vous connaître... »

Ces suffrages me sont précieux, l'un, parce qu'il est le cri de convictions que je respecte; l'autre, parce qu'il me permettra de ne plus dire aux jeunes filles, comme je le leur ai dit jusqu'à ce jour : « Puissiez-vous me rêver le plus longtemps possible ! »

NOTES

1. « La Vie littéraire. *Le Rêve* par Émile Zola », *Le Temps*, 21 octobre 1888. Anatole France (1844-1924) entra à l'Académie en 1896. Ce fut lui qui prononça le discours funèbre aux obsèques de Zola.

2. « Causerie littéraire. *Le Rêve* », *La République française*, 22 octobre 1888.

3. Nous n'avons pas retrouvé le texte dont Zola parle ici.

4. « *Le Rêve*, par M. Émile Zola », *Journal des débats*, 24 octobre 1888.

5. « Causerie littéraire », *La Revue bleue*, XLII (3ᵉ série), n° 17, 27 octobre 1888, pp. 533-535.

12 Chez Émile Zola
EUGÈNE CLISSON

L'Événement, 20 février 1889

Le Théâtre Libre fut inauguré par André Antoine en 1887. Dans ses représentations, qui n'étaient accessibles qu'aux abonnés, Antoine voulait tenter un renouveau au théâtre, tant au point de vue littéraire que scénique. Dans l'interview qui suit, accordée à Eugène Clisson, Zola lui fait part de ses souvenirs et de ses impressions sur l'avenir qui lui semblait réservé à une entreprise qui promettait la renaissance théâtrale dont il avait rêvé.

Cédant aux sollicitations de M. Antoine, qui me demandait si je n'avais pas dans mes cartons une pièce qui pût être représentée sur son théâtre, j'ai consenti à lui donner *Madeleine*, en témoignage de l'intérêt que je porte à l'œuvre qu'il a entreprise. Qu'est-ce que *Madeleine* ? C'est un ouvrage que j'ai écrit il y a vingt ans, à l'époque de *Thérèse Raquin*, qui n'a jamais été représenté jusqu'ici, et qui ne l'aurait jamais été sans doute si cette occasion fortuite ne l'avait fait sortir de mes archives[1].

Mais souffrez que je ne vous parle pas de ma pièce, en ce moment. Le Théâtre Libre s'occupe à l'heure actuelle des répétitions de l'œuvre de Goncourt, *La Patrie en danger,* qui ont commencé aujourd'hui même. Directeur et acteurs rivalisent d'efforts pour monter en trois semaines cette pièce en cinq actes, qui nécessite une grande mise en scène, et qui a été successivement refusée par la Comédie Française et plusieurs autres théâtres. C'est vous dire que *Madeleine* n'est pas encore à la veille d'être représentée. J'ignore quels artistes l'interpréteront, en un mot si la pièce est faite depuis longtemps, le reste — et en matière de théâtre le « reste » est presque tout — est encore à l'état embryonnaire. Quant au sujet de *Madeleine*, je crois qu'il n'est pas temps encore d'en dévoiler l'intrigue au public.

Laissons donc ma pièce de côté; mais puisque vous m'en fournissez l'occasion, laissez-moi vous dire en toute sincérité ce que je pense du Théâtre Libre. Je me rappelle les commencements de cette tentative à laquelle j'ai indirectement collaboré. C'était, il y a deux ans, dans le « grenier » de Goncourt, un dimanche. Hennique avait tiré une pièce d'une de mes nouvelles, « Jacques Damour[2] ». Portée à l'Odéon et au Vaudeville, elle avait été impitoyablement refusée. Ce jour-là, il s'approcha de moi, m'apprit que quelques jeunes gens avaient formé le projet de donner plusieurs représentations dramatiques dans la salle de l'Élysée des Beaux Arts, et me demanda si je voulais l'autoriser à leur donner *Jacques Damour*. Si j'étais tout dans ce roman, je n'étais pour rien dans la pièce. Telle fut la réponse que je fis à Hennique. *Jacques Damour* fut représenté, vous savez avec quel succès. Le Théâtre Libre était créé[3].

C'est là, à coup sûr, une tentative intéressante, qui a eu et qui aura encore davantage, par la suite, une influence considérable sur l'art dramatique de notre époque. Cette influence ne sera pas immédiate, elle se produira lentement, mais sûrement; aujourd'hui, après deux ans écoulés, la floraison commence déjà.

Je sais bien qu'on dira, et qu'on a dit que les pièces représentées au Théâtre Libre l'étaient dans des conditions trop favorables; qu'elles n'étaient pas jugées par le vrai public, dont le verdict est souvent bien différent de celui de la critique. Il n'en est pas moins indéniable que le Théâtre Libre a commencé l'éducation du public des premières. Il a habitué ce public spécial, composé de tout ce que Paris compte d'intelligents et de lettrés, à entendre les hardiesses de la nouvelle école dramatique.

Vous rappelez-vous les accès de pudibonderie fausse ou réelle qui accueillirent jadis *Monsieur Alphonse* et *Fanny Lear* ?[4] Aujourd'hui, ces pièces passent sans qu'on s'en offusque. C'est au Théâtre Libre qu'on peut attribuer en partie ce résultat.

Si le public prend du goût pour ce genre de théâtre, les auteurs dramatiques sont à leur tour forcés de suivre le mouvement. L'un d'eux, et non des moindres, a déjà commencé. Qu'est-ce en effet que *Marquise !* de M. Sardou ?[5] Tout simplement un acheminement vers l'école naturaliste. M. Sardou a voulu montrer que, lui aussi, était capable de mettre à la scène des situations... risquées. Il l'a fait peut-être sans conviction, en homme du métier plutôt qu'en artiste. Mais enfin le branle est donné, on suivra.

En somme, s'il n'a pas cette valeur définitive qui ne peut être reconnue réelle que lorsqu'elle est sanctionnée par un succès répété venant du public, le Théâtre Libre, par une accoutumance continuelle des choses de la vie, a rendu et rendra encore de très grands services à l'art dramatique. C'est là, pour la première fois, qu'on osa porter sur la scène l'analyse psychologique. Voyez les pièces d'Hennique, voyez le *Duc d'Enghien*, voyez *Les Résignés*, de Céard[6], c'est là de l'analyse psychologique, et de la meilleure.

Aujourd'hui, on manque d'auteurs dramatiques. De là les reprises d'anciennes pièces qui encombrent depuis longtemps les affiches de divers théâtres. Après Feuillet, Dumas, Augier, Sardou et quelques autres, on rejoue les pièces de Sardou, Augier, Dumas et Feuillet, et toujours...

Il faut que cette situation prenne fin, et que la jeune génération, celle de demain, entre en scène. À ce point de vue, le travail du Théâtre Libre n'aura pas été inutile.

Cette année, il aura eu le privilège de produire devant le public des œuvres de Goncourt, de Renan — L'Abbesse de Jouarre — de Catulle Mendès, de Gramont, de Céard, d'Hennique, de Villiers de l'Isle-Adam, de Porto-Riche, de moi, d'autres encore.

Il a d'ailleurs l'avantage d'avoir comme directeur un artiste de talent, convaincu, intelligent, M. Antoine. Il convient cependant de ne pas lui attribuer à lui seul le succès de cette tentative. Le vrai, c'est qu'il est venu à l'heure propice. Hier il aurait peut-être succombé, il est permis de croire que demain il n'aurait pas réussi. Il est venu aujourd'hui. Il est porteur d'une idée et de même que tout réussit au général Boulanger, même les fautes qu'il peut commettre, de même l'étoile de M. Antoine le protège.

En ce moment, au lendemain de Germinie Lacerteux, il donne une preuve de science théâtrale et de courage en montant La Patrie en danger, ce drame qui, écrit en 1866, n'a pas encore vu le jour[7]...

En résumé, ce que je considère comme certain, c'est que, grâce au Théâtre Libre, une évolution tend à se produire en faveur de notre nouvelle école dramatique, que l'influence de cette école se fait sentir de plus en plus dans le public, et que le temps n'est pas loin où une légion de jeunes auteurs la vulgariseront sur les autres scènes parisiennes.

NOTES

1. L'unique représentation de Madeleine eut lieu au Théâtre Libre le 1er mai 1889.

2. « Jacques Damour » parut dans le Messager de l'Europe (août 1880) et dans Le Figaro (17 avril au 2 mai 1883) avant de sortir en volume chez Charpentier (dans Naïs Micoulin, 1884).

3. Jacques Damour fut une des quatre pièces qu'avait choisies Antoine pour inaugurer son théâtre le 30 mars 1887. Voir les mémoires d'Antoine, Mes souvenirs sur le Théâtre-Libre, Paris, Fayard, 1921.

4. Fanny Lear, comédie en 5 actes par Meilhac et Halévy, fut montée pour la première fois au Gymnase Dramatique le 13 août 1868. Monsieur Alphonse, comédie en 3 actes par A. Dumas fils, eut sa première au même théâtre le 26 novembre 1873.

5. Comédie en trois actes dont la première avait eu lieu au Vaudeville le 12 février 1889.

6. La Mort du duc d'Enghien, de Léon Hennique, débuta au Théâtre Libre le 10 décembre 1888. Les Résignés y fut présentée à partir du 31 janvier 1889.

7. La pièce d'Edmond et Jules de Goncourt eut sa première le 19 mars 1889.

13 Un nouveau livre d'Émile Zola
EUGÈNE CLISSON

L'Événement, 8 mars 1889

En mars 1889, Zola était en train de rassembler sa documentation pour le dix-septième volume des *Rougon-Macquart, La Bête humaine.* Voulant donner à ses lecteurs un
« avant-goût du nouveau livre », Eugène Clisson alla interviewer le romancier.

Je prépare en ce moment un roman, mais il n'est pas
encore assez « arrêté » pour que je puisse vous en donner le thème
exact.

Vous savez comment je procède. J'ai tout d'abord l'idée du monde
dans lequel mon roman doit se passer; je cherche et je trouve ensuite
une intrigue quelconque qui m'est presque toujours fournie par le
monde où je veux placer mon drame. Quand j'ai composé la maquette, le « monstre », je me préoccupe des documents;[1] je les recherche avec soin, et il arrive souvent que ces documents modifient
complètement l'idée générale du roman. Mon ouvrage n'est « arrêté » que lorsque je possède tous mes documents, et que j'ai trouvé
l'effet réflexe du sujet sur les documents et des documents sur le sujet.
Pour le livre dont j'ai l'idée aujourd'hui et dont pas une ligne n'est
écrite, je rassemble mes documents; c'est vous dire que l'échafaudage
du « monstre » peut subir encore bien des modifications.

Son titre ? J'avais pensé à *L'Homme qui tue.* Ces trois mots bien
mélodramatiques, rendaient bien l'essence du livre qui sera un gros
drame. Par malheur, le titre est déjà pris par M. Hector France, et je
ne me suis pas encore préoccupé d'en trouver un autre.

Le sujet ? C'est tout simplement l'histoire d'un crime accompli en
chemin de fer, avec instruction, descente de justice, procureur de la
République, personnel judiciaire, etc. Le drame se dénouera, s'il se
dénoue, à la cour d'assises de Rouen. En un mot, je veux faire un
roman dramatique, tragique, quelque chose de « cauchemardant »
comme *Thérèse Raquin*, une étude de ce que le crime peut amener
comme réactif dans certains tempéraments. On verra l'accomplissement et la suite du crime dans le cadre d'une grande ligne en mouvement. Voilà l'idée. Vous comprenez combien je dois travailler pour
me procurer les documents nécessaires à faire sur cette donnée un
ouvrage complet.

J'ai choisi pour théâtre de mon drame la ligne de l'Ouest, qui est
courte, qui est une bonne artère, avec deux terminus, Paris d'un côté,
le Havre de l'autre. Considérant le chemin de fer comme un être, j'ai

trouvé que la ligne de l'Ouest figurait une bonne colonne vertébrale, avec la mer au bout.

Je me suis adressé à la Compagnie de l'Ouest, à laquelle je me plais à rendre témoignage de la courtoisie et de l'affabilité avec laquelle ses chefs de service se sont mis à ma disposition. M. Marin, le directeur, M. Clérault, ingénieur en chef du matériel et de la traction, ont accueilli ma demande avec une bonne grâce parfaite. M. Clérault m'a même offert de m'accompagner, ainsi que M. Pol Lefèvre, sous-chef du mouvement, qui vient de publier un fort intéressant ouvrage sur les chemins de fer en collaboration avec M. Cerbelaud.

À Paris, j'ai visité la gare dans tous ses détails avec M. Lefèvre, qui m'a expliqué minutieusement le mouvement. Puis je suis parti ces jours derniers pour le Havre. Je me suis arrêté à Rouen, et dans quelque temps, quand la saison le permettra, je me propose d'aller à Mantes sur une locomotive, de jour et de nuit, avec le chauffeur et le mécanicien, pour me rendre compte par moi-même — un de mes héros est mécanicien — de la nature des sensations que l'on éprouve[2].

C'est dans ces différents voyages que je recueillerai mes documents. J'en ai déjà quelques-uns et de fort intéressants. Mon roman se passant à Paris, à Rouen, au Havre, et peut-être à une station intermédiaire *en 1869*, il me fallait connaître la gare du Havre. Or cette gare a été reconstruite il y a cinq ans. C'était gênant. Heureusement le chef de gare, M. Cugnot, auquel je m'adressai, me mit en rapport avec un vieil employé qui m'a fourni des renseignements qui me serviront.

J'ai fait de même à Rouen; j'y ai visité avec soin le palais de justice et la cour d'assises qui tiendra une place dans le livre; j'ai cherché aux environs une station pouvant servir au déroulement du drame.

Quant à la gare de Paris, bien qu'elle soit entièrement transformée, le souvenir que j'en ai gardé, joint aux plans que l'on a bien voulu m'en communiquer, me permettront de la reconstituer de toutes pièces.

Tout en faisant pour ce nouveau livre ce que j'ai fait pour les autres, je suis néanmoins effrayé de la grandeur de l'œuvre; je serai obligé de « ramasser » mon sujet au lieu de l'étendre. Quand on décrit le *Bonheur des dames*, on n'a affaire qu'à une maison de nouveautés; dans *Germinal*, il ne s'agit que d'une mine; mais dans un roman qui traite des chemins de fer avec ses télégraphes, ses systèmes, en un mot la *vie* d'une ligne, on est forcé de « peindre au fresque » pour être bien compris. Ayant une connaissance approfondie du sujet, je veux « en savoir plus long que je n'en dirai », sans cela je serais débordé, et je tiens à ce que mon volume, pas gros, mais bien digéré, donne la sensation de la vie vécue, sans être noyé dans les détails.

L'étude des chemins de fer sera donc le principal attrait du livre;

c'est celle qui m'a donné et me donnera encore le plus de travail. Quant au monde judiciaire, je le prendrai sur le vif — et facilement — dans des conversations avec des avocats, des juges. Il ne tient pas, d'ailleurs, une place considérable dans le roman.

Aujourd'hui, je commence à être outillé; dans un mois, tous mes documents obtenus, je commencerai à écrire, soit ici, soit à Médan[3].

NOTES

1. Sur la documentation de *La Bête humaine*, voir l'étude détaillée de Henri Mitterand dans *R.-M.*, t. IV, pp. 1728 et suivantes.
2. Le voyage prévu eut lieu le 15 avril 1889.
3. Zola se mit à la rédaction du roman le 5 mai 1889, à son domicile de Médan.

14 Une après-midi à Médan
ANGE GALDEMAR

Le Figaro (Supplément littéraire), 14 septembre 1889

En juin 1889, l'éditeur anglais de Zola, Henry Vizetelly, avait été condamné à trois mois de prison pour outrage aux bonnes mœurs. L'événement servit de prétexte à Ange Galdemar pour une visite au maître de Médan, chez qui il se rendit, accompagné du journaliste anglais, Ernest Brain.

À propos de la saisie des traductions anglaises et de l'emprisonnement de l'éditeur

Nous autres, Français, nous nous soucions bien peu de ce qu'on pense de nous à l'étranger. C'est un vice; je suis des premiers à le reconnaître. Mais, que voulez-vous ? nous sommes ainsi faits. Nous vivons dans une ignorance presque complète des langues exotiques. On s'est pourtant corrigé de ce défaut depuis quelques années. Moi qui vous parle, je ne sais guère qu'un peu d'italien. Et pour ce qui tient à l'opinion des étrangers sur mon compte, je suis demeuré malheureusement très Français. Toutes les fois qu'on m'annonce la saisie d'une traduction de mes livres, j'accueille la nouvelle avec la plus parfaite indifférence. Au reste, chez vous, en Angleterre, nos droits d'auteur ne sont pas le moindrement protégés. En tout cas, je n'avais traité que pour *La Terre*, avec l'éditeur.

L'aventure arrivée à ce malheureux est bien pénible, d'autant plus qu'il est très âgé, à ce qu'on m'a appris. Mais ces mesures arbitraires n'ont, je crois, aucune signification au point de vue artistique. La littérature n'a rien à y voir. Elle passe au-dessus. Nous avons simplement affaire, là, à des mœurs spéciales. Et cela saute aux yeux, dès l'abord, car c'est une société, une assemblée de sectaires qui a dirigé les poursuites, n'est-ce pas ?[1] À ce propos, on vient d'imaginer quelque chose de très ingénieux en Belgique. Un club de jeunes avocats a inauguré des débats fictifs où l'on fait le procès à mes œuvres ! J'en ai lu des comptes rendus. C'est très amusant.

Et maintenant, quelle a été l'influence de l'école naturaliste sur la littérature anglaise ? Je ne la vois pas trop bien. À part M. George Moore[2], qui a donné, dans le temps, de belles promesses, les auteurs anglais sont restés en dehors de tout mouvement original. À la vérité, depuis la mort de vos grands romanciers, Thackeray, Dickens, George Eliot, votre littérature d'imagination est devenue très pauvre.

Et justement, au sujet de George Eliot, on a cherché ici, en France, à créer, par la traduction et la vulgarisation de ses œuvres, une sorte de réaction en faveur du roman idéaliste, ou plutôt on a cru trouver un moyen terme entre les productions d'imagination pure et la formule naturaliste. Jugeant le réalisme du grand écrivain anglais d'une vérité moins amère et moins triste que le nôtre, on a pensé qu'il exercerait une puissance moralisatrice plus conforme à l'esthétique académique. Toute la critique des revues, les Schérer, les Brunetière, en présence de l'énorme succès des œuvres naturalistes, avaient été amenés à admettre tacitement que le public ne prenait plus plaisir aux clairs de lune de l'école romantique et demandait quelque chose de plus substantiel. C'est ainsi qu'ils firent appel à George Eliot. Mais ils ne réussirent guère dans cet essai de naturalisation. Les œuvres restèrent en librairie.

Cela se comprend aisément. Il y a dans le réalisme anglais, dans celui de George Eliot, pour ne parler que de celui-là, une philosophie grise et terne, puisée aux sources du protestantisme, qui ne convient pas aux races latines. George Eliot a des tendances évangéliques très évidentes (quoique à rebours, car elle était libre-penseuse), un tour d'esprit de prêcheur, d'apôtre. Un écrivain ayant produit sous le jeu de ces qualités dominantes ne pouvait pas plaire chez nous.

Quand on s'aperçut qu'on était battu de ce côté, on s'adressa aux romanciers russes : on recommença dans cette nouvelle voie l'entreprise qu'on n'avait pas réussi à conduire à bonne fin avec la littérature anglaise. On se montra, cette fois, un peu plus heureux. Il est certain que cette dernière tentative a rencontré quelque succès. En tout cas, elle nous a fourni l'occasion de lire deux ou trois vrais chefs-d'œuvre.

Pourquoi a-t-elle réussi plus que l'autre, me demanderez-vous ? C'est précisément parce que les Russes avaient pris chez nous certaines idées qu'ils se sont appropriées très ingénieusement et qu'ils nous ont rendues dans leurs livres avec quelque chose de l'âme slave. Cela nous a particulièrement séduits. La littérature russe a-t-elle exercé une réelle influence sur la nôtre ? Ici encore, je ne vois pas trop bien. Il n'y a guère que Bourget[3] dont on puisse dire que le talent s'en soit ressenti. Et, entre nous, est-ce très certain ? Le tempérament de Bourget ne s'affirme-t-il pas en dehors de toute influence exotique ? C'est à considérer.

Nous nous trouvons assurément, à l'heure actuelle, dans une période de transition. Après la grande trouée du naturalisme, il s'est manifesté une sorte de légère réaction qui tient un peu du découragement. L'homme veut être heureux. Il a l'impérieux et perpétuel désir du bonheur. Avec la méthode positive et scientifique, nous lui avons fait toucher le mal du doigt, voir la vie comme elle est. Mais nous ne l'avons pas consolé. Il nous est reconnaissant des conquêtes obtenues au nom de la vérité, mais il nous donne à entendre qu'il est encore triste. Donc il faut songer à cela. Vers quelle direction s'orientera-t-on ? Rien ne l'indique jusqu'ici. L'école symboliste a fait un effort évident. Mais aucune œuvre, aucune personnalité marquante n'a encore surgi. Le talent de Maupassant s'est développé, celui de Bourget aussi. Leurs livres, quoique d'une valeur et d'une originalité indéniables, n'ont apporté, pourtant, aucune formule nouvelle. Nous restons dans une période d'attente et de malaise. Tout cela est d'une observation bien intéressante.

Quant à moi, j'ai un nouveau roman sur le chantier[4]. Mais je vous avoue qu'il me tarde de terminer ma série des *Rougon-Macquart*. Il me reste à publier quatre volumes avant de la clore. Cela me prendra encore bien quelques années. Je me trouve vraiment dans une situation curieuse. Supposez qu'il nous survienne une deuxième guerre : j'aurai l'air d'écrire des romans historiques. Même à l'heure actuelle, je parais une sorte de Walter Scott, car le coup de canon de 1870 a lancé dans le lointain ce second Empire où je fais mouvoir mes personnages.

Quand j'aurai terminé ma série, j'écrirai sans doute quelques romans d'une note différente, en dehors de la méthode absolue que j'ai suivie jusqu'ici. Je me remettrai surtout, selon toute probabilité, à mon œuvre critique que j'ai abandonnée voici déjà longtemps. Il se sera alors écoulé une période de dix ans depuis la publication de mes derniers articles. J'aurai des choses nouvelles à dire, j'aurai à constater les divers efforts qui se seront manifestés durant ce laps de temps, à en dégager la philosophie.

J'avais voulu m'adresser à une revue pour cela; mais une revue, c'est presque une tombe; on n'y est lu que par un public d'élite et très

restreint. Comme je veux parler à un auditoire plus nombreux et plus
varié, je livrerai bataille sans doute dans un grand journal quotidien[5].
Il va de soi que la forme des articles subira alors une modification,
car on ne dispose pas, dans un journal, d'une place bien considérable,
et il faut souvent s'astreindre à une concision quelque peu agaçante
lorsqu'on a surtout beaucoup à dire. Enfin, je verrai. Mon plan n'est
pas définitivement arrêté. Je comptais commencer cette année même
dans *Le Figaro*; cependant, j'ai dû remettre mon projet à plus tard.
L'année de l'Exposition[6] m'avait paru très propice, à cause de l'af-
fluence des visiteurs dans Paris. Mais nous nous sommes fait d'étranges
illusions, à ce propos, au point de vue de l'art ! Nous nous imaginions
que ce nouveau public allait prendre intérêt à nos discussions littéraires, à nos divergences d'opinion. Nous nous sommes vite aperçus
qu'il ne venait à Paris que pour s'amuser, se divertir à la pittoresque
fête du Champ de Mars.

Et il a raison, car l'Exposition est tout à fait amusante. Je n'y suis
pas allé très souvent jusqu'ici. Mais je compte me rendre à Paris pour
la saison d'hiver. J'irai certainement passer de longues heures au
Champ de Mars, avant la fermeture.

Voici onze ans que j'habite Médan. J'y suis venu pour la première
fois en 1878, fuyant l'Exposition. À la place de cette maison, il n'existait qu'une cabane de paysan contenant une chambre seulement et
une cuisine. Et tenez, la cuisine était justement ce petit salon où nous
nous trouvons. Puis j'ai agrandi, bâtissant la salle ronde que vous
voyez à droite, et ensuite l'aile gauche où j'ai placé, en haut, mon
cabinet de travail. La pièce est grande et je m'y sens très à l'aise. Le
train qui passe deux cent trente-deux fois par jour devant mon jardin
ne m'incommode d'aucune façon. Au reste, le bruit ne me dérange
guère.

Depuis ces onze ans, j'ai fait tous mes livres à Médan. Je ne crois
pas avoir écrit, durant cette période, plus de deux cents pages à Paris.
J'ai vécu ici hiver comme été. Ainsi qu'il est facile de le voir, l'aménagement est très confortable. Des calorifères courent dans toute la
maison; car je suis frileux en diable. Mais c'est beaucoup trop grand.
Je ne pourrai jamais m'en défaire.

NOTES

1. Il s'agit de la « National Vigilance Association », dont les membres s'étaient
donné pour but la suppression des œuvres de Zola en Angleterre.

2. Les liens établis dans les années 80 entre Zola et le romancier irlandais s'étaient
quelque peu relâchés à la suite des *Mémoires* de Moore, très peu flatteuses pour Zola,
parues dans *La Revue indépendante* en 1888.

3. Paul Bourget (1852-1935), d'abord favorable au naturalisme, s'en détourna avec ses *Essais de psychologie contemporaine* (1882). Devenu le maître du « roman psychologique », il fut l'auteur de nombreux volumes qui furent très appréciés : *Cruelle énigme* (1885), *Mensonges* (1887), *Le Disciple* (1889), *Cosmopolis* (1892), etc.

4. *La Bête humaine*, qui parut chez Charpentier au début de mars 1890.

5. Voir l'interview n° 6, n. 4.

6. Zola parle de l'Exposition universelle de 1889, inaugurée le 6 mai et commémorant le centenaire de la Révolution de 1789.

15 Chez M. Zola
MARIO FENOUIL

Le Gaulois, 1ᵉʳ octobre 1889

« Après avoir commis un certain nombre de crimes dans ses... romans, M. Émile Zola, ô ironie du sort ! est appelé à devenir le justicier de ses... collègues, messieurs les assassins ! » Ainsi Mario Fenouil préfaça-t-il son interview avec Zola qui, le 18 septembre, avait été nommé juré aux assises de la Seine. Ce dernier y passa la première quinzaine d'octobre.

Vous ne sauriez croire la surprise désagréable que j'ai éprouvée en recevant la notification du préfet de la Seine. Un pavé tombant dans la rue sur un passant ne produit pas une sensation, comment dirai-je ? plus effarée, que cette feuille de papier.

Le jury est une institution nécessaire, je le reconnais, elle présente pour l'accusé des garanties de justice et d'impartialité que l'habitude de juger émousse chez un magistrat. Mais, on ne devrait pas forcer les gens à juger leurs semblables si ce rôle ne leur convient pas. C'est précisément mon cas.

Il y a aussi la question matérielle. Obliger un contribuable à se déranger pendant quinze jours, au détriment de ses affaires personnelles, sans que celui-ci ait le droit de décliner un tel honneur, me paraît un abus de la liberté individuelle. La distribution de la justice devrait être libre, et elle ne l'est pas. Ce recrutement de la magistrature par la force publique est tout simplement attentatoire à la liberté du travail.

Pour envisager la question de plus haut, admettons, un instant, que mes croyances philosophiques m'interdisent le droit de juger mes semblables; comment me dérober à cette lourde responsabilité ? Par l'amende ? Mais si je ne puis les payer, je dis « les », parce qu'il y en a plusieurs : le premier refus de siéger coûte cinq cents francs; le

second, mille francs, et le troisième quinze cents francs. Cela fait trois
mille francs. Il est vrai qu'à cette dernière amende s'ajoute l'interdiction des fonctions de juré pour l'avenir. C'est une compensation.

Il y a des gens que l'appréhension de condamner épouvante. Qu'on
ne dise pas que ce sont des consciences timorées. Nombre d'individus,
capables d'actions énergiques, s'effrayent à la pensée de tenir entre
leurs mains la vie ou la mort d'un homme, d'un assassin. Ces gens-
là, soyez-en certain, malgré l'intime conviction qu'ils ont de la culpa-
bilité d'un criminel, déclareront l'accusé non coupable ou lui accor-
deront toujours le bénéfice des circonstances atténuantes. La responsabilité qui leur incombe les trouble, les émeut profondément et ils
ne veulent point, plus tard, être assaillis par des souvenirs attristants.

Pour continuer l'hypothèse, mettons que j'aie des crimes moraux
à me reprocher et que l'on ignore. Voyez-vous ma situation; comprenez-vous ce qu'il y a d'immoral dans cette alternative d'acquitter un
criminel ou de le condamner ? Si je l'acquitte, je le fais par esprit de
solidarité; si je le condamne, cela devient une farce odieuse, étant
donné que ma conscience n'est pas exempte de tout remord. Il est
vrai qu'avant de nommer un juré on s'enquiert de sa moralité; mais
certains faits qui entachent l'honneur d'un homme échappent aux
investigations des enquêtes. Cela s'est peut-être déjà produit.

On objectera que le rôle du juré se borne à dire : « oui » et
« non ». Mais en disant ces deux mots, il assume une grave responsabilité, et c'est précisément pour échapper à cette grave responsabilité que l'on voit des jurys émettre des verdicts si étonnants et si
différents les uns des autres, alors que les causes appelées à être jugées
sont presque identiques.

Je ne cache pas que j'ai tout fait pour échapper à cette obligation.
Mais, comme je ne suis ni fonctionnaire, ni serviteur à gages, ni
septuagénaire, ni journaliste et que je n'ai pas subi de condamnation
politique et que je n'ai pas de délits de presse à me reprocher, je n'ai
pu me faire récuser. [...]

Cela va déranger l'ordre de mon travail et m'empêcher de terminer
[...] mon nouveau roman. J'ai l'habitude d'écrire le matin seulement,
de neuf heures à une heure de l'après-midi. Et si je vais être obligé
de me rendre tous les jours au palais de Justice, il me sera impossible
de continuer mon œuvre. Et cela me contrarie beaucoup.

Est-il partisan de la peine de mort ?

Nullement ! Je trouve monstrueux que la société
s'approprie le droit d'ôter la vie à un individu, quel qu'il soit. C'est,
chez moi, un sentiment profond et que rien ne peut extirper.

J'ai assisté à une seule exécution dans ma vie. C'était en 1851, j'avais onze ans à peine. À cette époque, on exécutait les criminels place Saint-Jacques. La guillotine était très haute, il y avait même une estrade où l'on haussait le condamné, de façon à ce que la foule vît la scène lugubre. Grimpé sur les épaules d'un parent, j'ai tout vu. Eh bien ! j'ai emporté une telle horreur de ce tableau, que, pour tout l'or du monde, je ne recommencerais la chose.

16 Augier jugé par les maîtres
ANONYME

Le Gaulois, 26 octobre 1889

Lorsque, en 1849, Émile Augier (1820-1889) présenta à la scène française sa première « comédie de mœurs », *Gabrielle*, il introduisit au théâtre un élément nouveau. Avec ses dialogues en prose, ses préoccupations sociales et politiques, il rompit avec les conventions romantiques, et ouvrit la voie au théâtre « naturaliste ». Lors de la mort d'Émile Augier, un interviewer du *Gaulois* s'adressa à ses confrères de l'Académie et à d'autres écrivains et artistes (Camille Doucet, Victor Cherbuliez, Alphonse Daudet, Sarah Bernhardt, entre autres), en leur demandant de commenter l'apport d'Augier au théâtre contemporain.

Des maîtres actuels de notre scène française, Émile Augier est celui dont l'effort a été le plus régulier, le plus constant.

Il faut se souvenir des attaques dont le poursuivaient les romantiques; ils le nommaient le « poète du bon sens »; ils plaisantaient ses vers, n'osant plaisanter ceux de Molière. La vérité était qu'il gênait les romantiques, car ils sentaient en lui un adversaire redoutable, un auteur dramatique qui renouait la tradition française par-dessus l'insurrection de 1830. La nouvelle formule grandissait avec lui; l'observation exacte, la vie réelle mise à la scène, la peinture de notre société, en une langue sobre et correcte.

Ma conviction a toujours été que notre théâtre de demain ne sera que le développement de la formule classique, élargie et adaptée à notre milieu social.

17 Chez Émile Zola.
Les poursuites contre *Sous-Offs*
EUGÈNE CLISSON

L'Événement, 16 décembre 1889

Lucien Descaves (1861-1949), un des signataires du « manifeste des cinq » (voir l'interview n° 3), avait déjà publié deux livres lorsqu'il fut appelé en 1882 à faire son service militaire. Sorti de l'armée en 1886, il devint chroniqueur au *Petit Moniteur* et écrivit *Les Misères du sabre*, ouvrage sur la vie de caserne. *Sous-Offs. Roman militaire* parut à la fin de 1889 et lui valut des poursuites. Descaves fut inculpé d'injures à l'armée et d'outrages aux bonnes mœurs. Renvoyé devant la cour d'assises de la Seine en mars 1890, il fut acquitté. Voici l'opinion de Zola sur l'affaire.

Si je m'en rapporte à ce que j'ai lu dans les journaux, le ministre de la guerre aurait sollicité son collègue le garde des sceaux d'intenter des poursuites contre l'auteur de *Sous-Offs*. Sur quel délit peut être basé une telle action ? Est-ce pour injure à l'armée qu'on fait un procès à M. Descaves ? Y a-t-il, dans l'arsenal de nos lois, comme disent les gens du palais, un article qui vise ce délit ? Y a-t-il des précédents ? Tout cela est pour moi lettre close.

Est-ce au contraire, pour outrages aux bonnes mœurs que le parquet poursuit ? Dans ce cas, je crois qu'il trouvera un élément à son action dans certains passages du livre, et qu'il obtiendra une condamnation. Et puis après ?

En principe, je suis opposé à toutes les poursuites littéraires, et je regrette celles que l'on va intenter à M. Descaves, bien qu'elles soient bien plutôt politiques que littéraires.

Il est hors de doute pour moi que M. Descaves n'a pas cherché le scandale; il est venu tout seul. Il avait déjà fait d'autres ouvrages sur l'armée; toute une génération d'auteurs avaient aussi tracé, dans un sens pessimiste également, des esquisses de nos troupiers et de nos officiers, et leurs livres n'avaient provoqué aucun bruit. Ni *Les Gaietés de l'Escadron*, de Courteline, ni *Au Port d'arme* d'Henri Fèvre, n'avaient soulevé le plus petit incident. *Le Cavalier Miserey* d'Abel Hermant, lui, n'a fait de tapage que parce qu'il portraicturait des officiers d'un régiment déterminé, qui, reconnaissant leurs silhouettes, demandèrent réparation à l'auteur. D'où deux ou trois duels qui eurent du retentissement et qui firent vendre le livre.

Tous les écrivains dont je vous parle ont voulu généraliser leurs critiques à l'armée entière; sauf Abel Hermant, tous échouèrent devant le public. Descaves, lui, homme de talent, n'a pas généralisé. Il avait passé par les rangs, il avait souffert au régiment, il en avait peut-être conservé quelque haine, et il s'est contenté d'écrire ce qu'il avait vécu. Il n'a pas attaqué l'armée, mais une catégorie, qu'il juge gangrenée, de cette armée, et il l'a nettement indiqué dans son titre : *Sous-Offs*.

Je n'ai lu du livre que des fragments; je suis donc inhabile à le critiquer dans son entier. Le style m'en a paru un peu lourd, fatigant, très travaillé; mes goûts me portent plutôt vers celui de Flaubert et de Maupassant; mais, abstraction faite du style, je crois, dans ce que j'ai lu, n'avoir pas rencontré une idée fausse.

Si le livre fait du bruit, c'est qu'il découvre une plaie, que son auteur met le doigt dessus, et que le malade crie. M. Descaves a montré sans ménagement, avec une certaine âpreté, quelle est la vie vécue du sous-officier, du bas gradé, à la caserne et dans la ville de garnison.

En agissant ainsi il a obéi à une poussée sociale, à cette volonté qui pousse notre génération à savoir tout, quoi qu'il en coûte, et dût le spectacle qu'elle découvre la dégoûter. Et voyez, Descaves a été blâmé; par qui ? par Boulanger[1], sous-off, parvenu, si vous voulez, mais sous-off tout de même. Et ce qui prouve bien qu'il s'agit dans tout cela de politique plutôt que de littérature, c'est que *Le Temps*, journal républicain, a défendu M. Descaves contre les boulangistes.

Tous ceux qui ont vécu à la caserne savent que *Sous-Offs* est une analyse scrupuleusement exacte des choses du régiment. Devait-elle être publiée, cette analyse ? En Angleterre, dans ce pays où l'on bannit des livres, mais non de la vie, les petites turpitudes humaines, où il est interdit, dans un roman, de montrer l'adultère, qui pourtant court les rues, on pourrait lui reprocher la crudité de cette étude, mais chez nous... nous devons être au-dessus de cela.

On nous signale une plaie; elle existe, il faut tâcher de la guérir, et ce n'est pas par des poursuites contre un auteur qu'on la guérira.

M. Descaves sera traduit devant la cour d'assises; les jurés, chez lesquels l'avocat général fera sans doute vibrer la fibre patriotique, le condamneront, on saisira son livre. Après ? Arrêtera-t-on le mouvement qu'il a produit ? Empêchera-t-on le public de le suivre et de demander à qui de droit d'apporter un remède au mal signalé ?

Non, je le répète, cette poursuite est intempestive, elle ne prouve rien, elle grossira seulement un peu plus le succès du livre de M. Descaves.

NOTE

1. Sur Boulanger, voir l'interview n° 7.

18 Tourguéniev
LUCIEN PUECH

Gil Blas, 14 janvier 1890

Ivan Tourguéniev (1818-1883) fut l'ami de George Sand et de Gustave Flaubert, qui, vers 1872, le mit en relation avec Zola. Tourguéniev devait souvent servir d'intermédiaire entre Zola et la presse russe, facilitant la publication de ses œuvres et le faisant accepter comme correspondant du *Messager de l'Europe* de Saint-Pétersbourg. Auteur de nombreux romans et nouvelles, Tourguéniev resta, jusqu'à sa mort en 1883, un fidèle ami de Zola.

Nous étions cinq qui nous réunissions de temps en temps, en un dîner absolument intime : Flaubert, de Goncourt, Daudet, Tourguéniev et moi. Ce dîner, nous l'avions appelé le dîner des *Auteurs sifflés*. Sifflé, *Le Candidat* de Flaubert. Sifflée, la pièce de Goncourt : *Henriette Maréchal*. Sifflée, *Lise Tavernier* d'Alphonse Daudet. Sifflées toutes mes pièces, notamment *Le Bouton de rose*, au Palais-Royal[1].

Vous n'êtes pas digne d'être des nôtres, disions-nous un jour à Tourguéniev. Nous avons tous été sifflés ! Mais vous ?

— Mais moi aussi, répliqua Tourguéniev. Et *Le Pain d'autrui*, qu'en faites-vous ? On l'a bel et bien sifflé en Russie !

— Tous nos compliments, mon cher Tourguéniev. Prenez place au festin des auteurs sifflés !

Et il nous apportait, le romancier russe, l'air de son pays, et nous l'écoutions avec recueillement, avec un plaisir ineffable. Nous n'étions plus à Paris, mais tout là-bas, dans les neiges. Oui, son *Pain d'autrui* a été sifflé, et Antoine nous l'a donné[2], et le public a ri, l'imbécile ! J'étais exaspéré, je vous l'avoue franchement, j'étais emballé, et j'ai vu le moment où j'allais traiter d'idiots les gens qui s'esclaffaient sans comprendre un mot de la pièce.

Dans son feuilleton d'aujourd'hui, Sarcey dit que l'auteur faisait assez bon marché de son théâtre et qu'il avait même rayé *Le Pain d'autrui* de ses œuvres complètes[3]. Jamais Tourguéniev n'a renié *Le Pain d'autrui*. Mais était-ce bien à lui à dire au public qui l'avait sifflé : « Mon œuvre est bonne. Vous ne l'avez pas comprise ! » Non, il n'a pas soufflé mot, et il a eu raison.

Au Théâtre Libre, la question est toute autre. Antoine donne des pièces qui n'ont pas de lendemain. Ce sont des essais littéraires. Nous devons lui savoir gré de les faire, et le public, lui, devrait le comprendre. Il n'est pas au Théâtre Libre dans un théâtre du boulevard. C'est une réunion intime, une réunion de lettrés. Il y a les abonnés qui paient. Mais ce jour-là, les abonnés, atteints d'influenza, ont dû donner leurs places à des amis qui les ont passées à d'autres amis. Car je ne sais vraiment pas à quel public *Le Pain d'autrui* a eu affaire ! Public de gommeux et de p... ! sans doute. J'ai reconnu, pour ma part, dans la salle cinq ou six catins qui riaient à pleine gorge ! Pourquoi riaient-elles ? Elles n'y ont rien compris, pas une phrase, pas un mot !

Je ne sais si je suis aveuglé par mon amitié pour mon pauvre Tourguéniev, mais cette représentation m'a laissé une pénible impression. Public de désœuvrés et public d'ignorants ne connaissant pas un mot de ce qui se passe en Russie et venant voir jouer une pièce russe ! Car elle sent bien la Russie, cette pièce, et je n'ai jamais entendu sentiments plus vrais, plus humains. Il y a des défauts, oui certes, le deuxième acte est rempli de maladresses, et ces maladresses les auteurs les ont respectées, et ils ont eu raison. La pièce n'est pas à point, sans doute, mais qu'est-ce que cela prouve ? Elle contient de réelles beautés, des scènes saisissantes. Certainement je ne dirai pas à M. Koning :[4] « Montez *Le Pain d'autrui*, vous aurez un succès d'argent. » Non, certes. Le public n'y viendrait pas, mais encore une fois, ce n'est pas le public qui vient au Théâtre Libre. Allez voir alors *Les Danicheff*,[5] cela vous plaira peut-être ! *Les Danicheff*, mais c'est la Russie des Batignolles ! A-t-on joué *Les Danicheff* en Russie ? Non. Les Russes se seraient mis à rire et auraient haussé les épaules.

Le Pain d'autrui, voilà la Russie vraie, et vous n'avez pas su le comprendre, parce que vous n'avez jamais rien lu sur ce pays-là, aucun roman, rien, et vous vous permettez de rire ! Vous voyez un parasite dans la pièce et vous vous dites : Qu'est-ce qu'il vient faire là ! Ce qu'il vient faire ? Mais en Russie, nombre de gentilshommes ruinés sont nourris, logés et finissent par servir de bouffons dans la maison.

Ainsi, quand j'ai vu, dans *Le Pain d'autrui*, ce vieillard parasite et râpé, je n'ai pas été étonné du tout. Je me suis dit que ce personnage allait jouer un rôle important dans la pièce et j'ai attendu. Et vous avez haussé les épaules, quand ce vieillard s'est révolté et a crié : « Ah ! vous me chassez ! Eh bien ! sachez-le, Olga est ma fille ! » Et vous vous êtes dit : Qu'est-ce que c'est que ça ! Ça, c'est une scène splendide que vous n'avez pas su comprendre, imbéciles que vous êtes ! Elle est d'une intensité dramatique extraordinaire, cette scène !... Je comprends qu'elle vous ait échappé, mais alors ayez le bon goût de ne rien dire, de ne pas faire montre de vos sentiments. C'est ce qu'ont fait les lettrés qui étaient dans la salle, la critique qui, elle, vient pour juger et a jugé froidement mais sincèrement la pièce. Il n'y a que Sarcey. M. Sarcey, lui, découvre Paris tous les dimanches.

Cette fois, il a suivi dans son feuilleton la théorie de Scribe. Il a écrit ceci : « Au théâtre, la vérité consiste à représenter non les choses en leur exacte réalité, mais l'idée que s'en fait le public. » Voyez-vous ça ! C'est inouï, ma parole !

Scribe écrivait :   « Nous sommes les bergères
                     Très vives et légères »

tout simplement parce que, dans l'esprit du public, les bergères représentent une idée de légèreté ! Voilà qui est à pouffer de rire ! Où irions-nous si nous adoptions ces idées au théâtre ? Pas de réalisme sur la scène, mais seulement ce que pense le public !

Laissez-moi vous dire pour terminer, que lorsque Tourguéniev nous racontait une histoire, le début était toujours très ennuyeux, il ne trouvait pas ses mots, puis petit à petit, l'action se nouait, le romancier nous tenait, nous l'écoutions le cœur serré, les larmes aux yeux. Eh bien, j'ai ressenti la même impression en écoutant *Le Pain d'autrui*. Le commencement m'a semblé pénible, la fin m'a empoigné !

NOTES

1. *Le Candidat* eut sa première au Vaudeville le 11 mars 1874; *Henriette Maréchal* au Théâtre Français le 5 décembre 1865; *Lise Tavernier* à l'Ambigu-Comique le 29 janvier 1872; et *Le Bouton de rose* au Théâtre du Palais-Royal le 6 mai 1878.
2. *Le Pain d'autrui,* comédie en 2 actes d'après Tourguéniev par Willy Schütz et Armand Ephraïm, fut montée au Théâtre Libre le 10 janvier 1890.
3. « Chronique théâtrale », *Le Temps*, 13 janvier 1890.
4. Victor Koning, directeur du Gymnase.
5. Voir l'interview n° 2, n. 5.

19 Zola et les décadents
    F. GAUTIER

Le Siècle, 14 février 1890

Il est intéressant de noter combien ces paroles, recueillies par F. Gautier, ressemblent aux assertions faites par Zola dans un discours prononcé le 18 mai 1893, lors d'un banquet de l'Association générale des étudiants[1]. Déjà, on voit s'ébaucher la tolérance envers les jeunes qui caractérisait les dernières années de la vie de Zola.

Croit-il à l'avenir des mouvements symboliste et décadent ?

Non, je ne crois pas à cet avenir. Et ma raison, c'est que le mouvement représenté par les symbolistes et les décadents ne repose sur aucun fondement solide.

Un mouvement littéraire est semblable à un fruit. Pour qu'il naisse et pour qu'il mûrisse, il faut un arbre, de la sève, du soleil. Pour qu'une école prenne corps, se développe et s'affirme, il faut qu'elle soit le fruit d'une époque, la conséquence de son esprit, de ses mœurs, de sa science, de sa philosophie. Car, voyez-vous, rien n'existe par soi-même. Il faut à toute chose sa raison d'être et, de plus, sa raison de subsister. Eh bien ! si ce mouvement littéraire des décadents et des symbolistes a une raison d'être — et il en a une puisqu'il est, — il n'a pas sa raison de subsister. C'est pourquoi je ne me cache pas de ne croire aucunement à son avenir.

Sa raison d'être ? Mon Dieu, je crois la deviner. Tous, tant que nous sommes, nous cherchons, nous attendons, nous souhaitons le bonheur. Un grand mouvement s'est produit vers la fin du siècle dernier, à la suite du mouvement social et scientifique. Tous les désirs se sont réveillés d'autant plus ardents et d'autant plus vifs, qu'on en croyait la réalisation possible désormais et peut-être prochaine. Depuis, on a toujours promis, toujours attendu.

La science qui devait nous mener au pays de cocagne n'en est encore qu'à épeler la vérité. Et l'on s'impatiente et l'on souffre. Il existe un malaise général. On voit la vie triste et laide, on la voit telle que l'enquête moderne nous la montre, sans que rien nous console de ce spectacle. Et, au lieu de regarder bien en face le mal, on détourne la vue, on ferme les yeux; un besoin d'oubli, d'illusion, s'empare de notre esprit las. Et comme tous les malheureux, nous voulons de nouveau nous réfugier dans le rêve. À mon sens, c'est de là qu'est sortie cette littérature. Lassitude, écœurement, paresse, rêverie, elle est faite de toutes ces choses.

Quant à sa raison de subsister, je ne la vois pas, et aussi bien je la nie. L'esprit de notre science, de notre philosophie, de tout ce qui préoccupe notre intelligence est resté le même et ne fait que s'endiguer de plus en plus. Il veut de la clarté, et toujours de la clarté. Il ne voit pas une chose obscure qu'aussitôt il ne veuille y porter la lumière et la lumière la plus intense. Est-ce donc cet esprit, cet esprit qui va toujours en se développant, cet impérieux besoin de clarté, que représente la littérature des décadents et des symbolistes ?

Mille fois, non ! Et c'est pour cela que je définis ce mouvement, un mouvement de réaction, un recul. Il vit de nuages, en dehors de toutes choses, subtil, mystique, insaisissable; il retourne dans les ténèbres que tous nos efforts à nous, écrivains de ces vingt dernières années, ont tendu à dissiper. Nous ne sommes plus au temps de la métaphysique pure, au temps de Descartes. Nous voulons des études sur l'homme tout entier, agissant dans le milieu où il vit. Et plus nous irons, plus nous exigerons de netteté dans ces études, plus nous les voudrons larges et fortes. Voilà pourquoi j'ai dit et je maintiens que la littérature dont nous parlons n'a pas d'avenir. Elle n'a pas de base, et partant pas de durée possible.

Quant à la langue, oh ! j'avoue n'y rien comprendre. Peut-être en l'an 2000 ou 3000 écrira-t-on comme cela. Mais, pour l'instant, c'est un peu bizarre. Et là encore, les décadents et les symbolistes sont en désaccord absolu avec l'esprit de clarté qui nous gouverne actuellement. Il faut une langue claire, simple, solide, qu'on puisse lire et comprendre.

Du reste, j'ai l'intention de faire une série d'articles, une campagne analogue à celle que j'ai menée, il y a dix ans, au *Figaro*, sur toute cette évolution littéraire en ces dernières années. Je dirai là plus amplement ma pensée.

Et quand m'y mettrai-je ? Je n'en sais rien encore. J'avais songé au moment de l'Exposition. Je l'ai laissé passer. Il eût été, du reste, mal choisi, car l'attention était ailleurs[2].

Pour l'instant, je vais m'occuper d'un ouvrage nouveau sur le monde des affaires[3]. Et cela va me prendre beaucoup de temps. Ce n'est pas une chose aisée qu'un roman « documenté » comme on dit. Cela demande six mois de préparation, d'étude, de recherches, d'observations particulières. Je ne sais ce qu'il faut croire de ce qu'on m'a conté sur George Sand. Elle travaillait de dix heures du soir à deux heures du matin. Elle termine un roman. Elle regarde la pendule. Minuit. « Minuit seulement, dit-elle. Que faire ? » Et elle commence un autre roman.

On ne fait plus ainsi maintenant. Les ouvrages d'imagination gardent un mérite que je ne conteste pas. Mais ont-ils la solidité, la portée de ceux qu'on tente de faire aujourd'hui ? En tout cas, je ne pense pas qu'on y revienne. Et n'allez pas, en tout ceci, croire que je parle pour moi. Mon œuvre est à peu près terminé. Je reste en dehors. Et le temps n'est pas très éloigné où je me contenterai de regarder, avec beaucoup d'intérêt, d'ailleurs, toutes les tentatives, tous les mouvements littéraires qui se feront.

NOTES

1. *O.C.*, t. XII, pp. 677-683.
2. Voir l'interview n° 14, n. 6.
3. Il s'agit de *L'Argent*, paru chez Charpentier en mars 1891.

20 Zola plagiaire
MARIO FENOUIL

Le Gaulois, 29 mars 1890

Un journal anglais, *The Hawk*, venait de publier un article à sensation, intitulé « Zola plagiaire[1] », dans lequel Zola fut accusé de s'être inspiré, pour *La Bête humaine*, d'une nouvelle de George Moore, *Le Sinistre de Tunbridge*, parue en mars 1887 dans *La Revue indépendante*. Désireux d'éclaircir l'histoire, Mario Fenouil alla interviewer Zola.

J'ignore absolument que M. George Moore, que j'ai connu chez Manet, ait écrit une histoire qui se rapporte aux chemins de fer. Le journal anglais dont vous me parlez l'affirme, et je n'ai aucune raison pour en douter. Mais où M. George Moore se trompe, c'est lorsqu'il ajoute qu'il m'avait parlé de sa nouvelle, *Le Sinistre de Tunbridge*. Jamais M. Moore n'a fait allusion devant moi à cette histoire, et l'accusation dont il veut me gratifier aujourd'hui est tout simplement ridicule.

M. George Moore est souvent venu me voir à Paris. C'est un garçon fort intelligent et qui ne manque certes pas de talent. J'ai été assez lié avec lui et je lui avais même promis d'écrire une préface pour la traduction de *La Femme d'un cabotin*, qui a paru chez Charpentier. Mais, à cette époque, j'ai été fort surpris en lisant, dans *La Revue indépendante*, des articles de critique intitulés, je crois, *Mémoires d'un homme de lettres*, et signés George Moore[2].

Ces articles contenaient des attaques assez violentes contre Daudet, de Goncourt et moi-même. J'en éprouvai un certain ressentiment et je dus refuser d'écrire la préface que j'avais promise. Depuis — il y a deux ans de cela — j'ai conservé d'assez bonnes relations avec M. George Moore. Voilà tout ce que je puis vous dire là-dessus.

Mais si l'accusation de plagiat que me décochent M. Moore et le journal anglais est absurde, il n'en est pas de même de celle que M. Perrin, l'auteur d'un roman, *Le Besoin du crime*[3], si mon souvenir est exact, pourrait, à la rigueur, porter contre moi.

M. Perrin a fait paraître dans *Le Figaro*, sous le titre que je viens de vous indiquer, une nouvelle assez longue, et cela au moment où je commençais d'écrire *La Bête humaine*.

Quel n'a pas été mon étonnement en m'apercevant que le roman de M. Perrin contenait une situation à peu près analogue à celle que j'ai placée dans *La Bête humaine* : celle d'un homme qui éprouve l'impérieux besoin de tuer quelqu'un ! M. Perrin, lui, mettait en scène un homme qui en suivait un autre, partout, sans se lasser, pour accomplir l'idée absorbante, inexorable, de tuer pour tuer. Au moment où cet homme va pouvoir enfin satisfaire son criminel penchant, il s'aperçoit que sa victime est morte de peur, et alors il tue une femme.

Vous voyez que c'est à peu près la situation que j'ai décrite dans mon dernier roman. J'ai été, je dois le dire, très ennuyé de cette découverte, et je fis part à quelques amis de mes appréhensions. Mais le plan général de *La Bête humaine* était entièrement arrêté et je me vis dans la nécessité de passer outre.

Je suis heureux de vous dire cela, de m'accuser moi-même de plagiat, car personne ne l'a encore fait. Vous voyez que l'histoire est assez piquante et qu'elle mérite d'être racontée.

NOTES

1. Voir aussi l'interview n° 55.
2. Les confidences de Moore parurent dans *La Revue indépendante* de mai à août 1888.
3. *Le Besoin du crime* de Jules Perrin parut dans *Le Figaro* du 18 février au 17 mars 1889.

21 Les trois derniers livres des *Rougon-Macquart*
HENRI BRYOIS

Le Figaro, 2 avril 1890

Dans son interview, Henri Bryois interrogea le romancier sur les trois derniers volumes qui devaient clore l'épopée du Second Empire : *L'Argent* (paru en mars 1891), *La Débâcle* (intitulé primitivement *La Guerre*, paru en juin 1892), et *Le Docteur Pascal* (paru en juin 1893).

Sur *L'Argent*

Voulez-vous que je vous fasse un aveu, qui, certes, ne manquera pas de vous étonner ? Eh bien, je ne sais rien encore de mon sujet. Quels seront mes personnages, je l'ignore. Ce que je puis assurer, c'est que, ces personnages une fois créés, animés, habillés, je les ferai s'agiter dans le milieu des affaires et de la Bourse.

Je connais donc mon milieu, mais j'ignore, quant à présent, l'action qui s'y déroulera. Et encore, ce milieu est-il assez mal défini en mon esprit. Car, je ne dois pas oublier un seul instant que nous sommes à la fin de l'Empire; et, depuis vingt ans, que de changements de l'organisme social ! Il me faut en reconstituer, en évoquer une

fraction et comme un rouage des plus compliqués : la société finan-
cière. Je suis convaincu, en effet, qu'entre le monde des affaires actuel,
celui qui grouille aujourd'hui sur les marches de la Bourse, et l'ancien,
celui d'avant 1870, il y a un abîme. Vous voyez, dès lors, mon embarras. Où trouver le document certain, irréfutable, indispensable à
ma logique, ce milieu qui impressionne et modifie selon la vérité les
personnages que j'y fais évoluer ? Je vous avouerai mon ignorance
crasse de tout ce qui touche, de près ou de loin, à l'argent. Actuellement encore, j'en ignore la valeur, tant dans la théorie économique
que dans son rôle pratique.

L'argent ! mot étrangement élastique et dont la multiple signification m'échappe. L'argent, titre énorme et qui doit embrasser, énu-
mérer, comprendre, expliquer, définir, analyser et synthétiser
hommes et choses de l'agio, des affaires et de la Bourse. C'est toute
une initiation pour moi, une éducation à faire, et procédant comme
pour *Germinal* ou *La Bête humaine*, je vais m'astreindre à un nouveau
régime, à une nouvelle vie provisoire. J'ai dépouillé le costume du
mineur pour la cotte du mécanicien. J'essayerai d'entrer cette fois
dans la redingote d'un agent de change ou d'un banquier.

Cette étude spéciale, je l'entrevois, sera longue et difficile — elle
est à la fois complexe et minutieuse, touchant à des professions de
toute sorte, remuant mille et une industries que je soupçonne sans
encore les connaître.

Que m'importe ! Je ne bouderai pas à la besogne. Je vais opérer en
divisant mon travail. Travail de vision d'abord, la vision particulière
du romancier qui tire en relief, de l'amas confus des objets et des faits,
ceux qui font lumière, s'adaptent aux personnages et les font mieux
saillir; travail d'assimilation ensuite, par l'étude technique, l'emploi
précis de termes, encore inconnus pour moi, l'apprentissage d'une
lexicographie nouvelle. Je ne parle pas de la composition même du
roman, avec son intrigue, dans ma tête, puis sur le papier.

L'Argent, ce sujet devait inévitablement, comme facteur capital,
et mobile puissant des faits et gestes de mes personnages, prendre
place en mon œuvre, puisque, ainsi que je prends soin de l'affirmer
en ma préface, la famille que je me suis proposé d'étudier a pour
caractéristique le débordement des appétits, « le large soulèvement
de notre âge qui se rue aux jouissances ».

Au bout de cet assaut, de cette course effrénée à la poursuite de
l'argent, de la richesse et des jouissances avec elle, il y a la catastrophe,
le cataclysme, l'écroulement. J'ai pensé m'inspirer un moment des
derniers événements financiers : l'Union Générale, les Métaux, Pa-
nama. Réflexion faite, j'y renonce. Mon action se passe sous l'Empire.

L'affaire Mirès me semble indiquée. Je veux donc l'étudier consciencieusement dès aujourd'hui[1].

Vous savez, à présent, cher monsieur, quelles sont mes intentions
générales, très vagues encore, indécises, perdues dans les nimbes de
mon cerveau. Je vais partir à la chasse du document, travailler avec
les spécialistes, m'identifier au peuple des affaires et de la Bourse, aux
gens de finance.

Et, maintenant, voulez-vous connaître la vraie raison de mon ignorance crasse en cette matière, en la question que je me propose de
développer ? J'ai toujours eu le mépris de l'argent. Jeune, j'ai connu
la misère noire : elle ne m'a pas fait peur, et je n'ai jamais eu l'envie
du riche. J'ai lutté longtemps, j'ai peiné. La fortune est venue; je l'ai
acceptée, mais je la disperse sans compter. Je pense que le mépris de
l'argent a pour corollaire inévitable le gaspillage.

Seul avec ma femme, je n'ai point les préoccupations du père de
famille qui s'applique à arrondir le patrimoine de ses enfants. Les
rentrées se font avec les sorties. Je satisfais furieusement ma passion
du bibeloteur. Je collectionne principalement tapisseries, vieilles
étoffes, tentures anciennes, draperies éclatantes. Voyez ces robes, ri-
chement damassées, si superbes en couleurs, aux fines broderies, elles
ont appartenu à de grandes dames de la Cour de Louis XIV. Cette
crasse, en couche épaisse, que vous voyez sur le revers, est un document qui justifie pleinement l'affirmation d'historiens prétendant que
princesses, duchesses, et comtesses du grand règne se négligeaient
quelque peu, relativement au soin de leur corps. La chemise était
ignorée d'elles, la doublure de leur robe en tenant lieu.

Mais revenons à la question. Je mène grande vie, et mon caissier,
qui est ma femme, me laisse largement puiser en mon coffre pour me
permettre de satisfaire à toutes mes fantaisies dépensières. Je gagne
beaucoup, je dépense beaucoup, et j'ignore ce qu'on appelle « le pla-
cement de son argent ».

Le livre qui viendra ensuite aura pour titre : *La Guerre. La Guerre.*
Énorme sujet sur lequel on a écrit mille et mille volumes. J'ai à cœur,
moi aussi, de le traiter, mais non en romancier, en historien et en
philosophe. Ma famille, mes héros ne tiendront, en ce livre, qu'une
place épisodique, et l'action en sera très diminuée.

D'autant que le cadre qui l'enferme, le milieu ambiant seront pré-
pondérants. Je réduirai mes personnages de roman, ceux que je fabrique, pour laisser la place à d'autres qui ont vécu, qui ont préparé
les événements de 1870, qui y ont participé; rien de ce qui fut saillant
en faits et en hommes à cette époque de désastre, ne sera omis. *La
Guerre* est l'épilogue naturel de mon œuvre.

Quant au vingtième volume et dernier, *Le Docteur Pascal,* il ne se rattache qu'indirectement à ceux qui le précèdent. Mon *Docteur Pascal* sera bien plutôt, à peine déguisée, très transparente, une monographie de l'illustre savant Claude Bernard, dont j'ai essayé d'appliquer, en tous mes romans, la méthode scientifique. Ce grand homme fut un malheureux de l'existence, vous le savez. Et ce sont les angoisses de la vie privée, les déboires, les découragements, toutes ces misères du ménage qui viennent traverser les préoccupations du savant et mélanger étrangement les joies tranquilles du laboratoire, que je me propose de traduire. Claude Bernard fut un martyre de la vie conjugale.

Voilà ce qu'il me reste à faire. Après, je prendrai le repos que je crois avoir bien gagné. J'ai hâte d'avoir achevé ma carrière d'écrivain. Il faut que j'aille vite. Songez que je touche à la cinquantaine. Dans un mois ou deux, j'aurai accompli mon demi-siècle. Il me reste quelque virilité. Je vais en profiter et me hâter, car le gâtisme n'est pas loin...

NOTE

1. Jules-Isaac Mirès (1809-1871), banquier français, s'occupa d'opérations de bourse, fut propriétaire de journaux, et fonda la Caisse des actions réunies. En 1854, il se lança dans les chemins de fer. Arrêté pour des irrégularités de gestion, il fut condamné à cinq ans de prison. Il fut libéré après plusieurs appels, mais sa carrière était finie. Sur les recherches documentaires entreprises par Zola, voir *R.-M.,* t. V, pp. 1236 et suivantes.

22 Zola prophète
CIVIS MASSILIAE

Le Gaulois, 25 avril 1890

« Il semblerait, en lisant certaines pages de *Germinal* et de *La Terre,* écrivit le reporter du *Gaulois,* que M. Émile Zola ait, en quelque sorte, prédit le mouvement socialiste qui se manifeste, en ce moment, un peu partout et qui se traduit soit par des grèves générales, soit par de bruyantes revendications dans le genre de celles que les révolutionnaires nous promettent pour le mois prochain. » Ce fut à ce propos qu'il alla interviewer le romancier.

J'ai toujours consacré, dans mes ouvrages, une part au socialisme. Je n'ai pas fait un livre sans parler de cette question, sans la faire intervenir dans le drame, dans l'étude, dans l'observation. J'ai considéré et je considère aujourd'hui plus que jamais que tout l'avenir est contenu dans ce mot de socialisme. C'est la pierre d'achoppement où viendra se heurter brusquement la société actuelle. J'ai fait pressentir les grandes grèves qui ont éclaté en Europe, notamment en Allemagne, et j'ai dit que le mouvement révolutionnaire partirait de ce pays et s'étendrait un peu partout, suivant la culture des terrains et la prédisposition des peuples.

Il est impossible aujourd'hui de méconnaître, de nier le mouvement social. C'est une chose fatale, indéniable, qui doit éclater soudainement, au moment où l'on s'y attendra le moins. La France peut éviter une collision et je suis même persuadé que la question sociale s'y résoudra pacifiquement.

En sera-t-il ainsi chez les autres nations ?

Il est permis d'en douter !

Je n'ai pas besoin de vous dire que je ne suis nullement révolutionnaire. Je l'ai peut-être été, en art. Mais je suis un socialiste, dans l'acceptation juste, honnête du mot, comme le sont MM. Jules Simon, le comte de Mun, et comme peuvent l'être ces deux esprits distingués, ces deux académiciens de marque qui s'appellent MM. d'Audiffret-Pasquier et d'Haussonville. Seulement, c'est un genre de socialisme qui répugne à la violence et répudie les moyens illégaux.

Il ne faut pas se dissimuler qu'il y a aujourd'hui, comme autrefois, toute une classe de la société, la plus nombreuse, qui n'a pas sa part de bonheur social. Les charges et les bénéfices ne sont pas répartis d'une façon équitable. Eh bien ! il est nécessaire que cette situation sociale soit modifiée en faveur des pauvres, des malheureux, de tous ceux, enfin, qui souffrent et attendent vainement la lueur d'espoir qui doit surgir à l'horizon.

Je ne crois pas à une révolution imminente. Ceux qui parlent de la faire à Paris le 1er mai sont des fanfarons ou des naïfs. On ne fait pas une révolution à date fixe, en donnant rendez-vous à la police. Ceux qui redoutent cette journée peuvent être tranquilles. Ce sera un avortement. Notez que je trouve ce mouvement populaire généreux et humain. C'est la marche d'un peuple vers l'idéal. C'est le rêve prenant le pas sur la réalité. On parle trop de cette journée et des conséquences graves qu'elle peut avoir.

Rien de tout cela, je le répète, n'est à craindre. Peut-être, se trouvera-t-il dans la foule quelques mécontents trop... contents à la suite de libations prolongées, mais la grande majorité, mais le peuple tout entier sera calme, et pour l'excellente raison qu'il n'a rien à gagner, sinon tout à perdre en usant de violences. Toute la France serait contre ce mouvement populaire si celui-ci dégénérait en émeute.

Le parti socialiste en France est très divisé. Les chefs qui en dirigent les nombreuses fractions rêvent tous de diriger l'ensemble du parti révolutionnaire et ne parviennent qu'à y introduire le désarroi. Les troupes ne sont pas disciplinées et manquent de cohésion. C'est ce qui fait que rien n'est à craindre pour le moment. J'ai souvent parlé avec Guesde[1], qui m'a fourni, pour *La Terre*, des notes sur le socialisme. Il me disait toujours : « La révolution éclatera dans six mois ! » Les années se sont écoulées et tout est parfaitement calme. Les révolutions arrivent à une heure fatale, au moment où, comme dit l'expression populaire, les fusils partent tout seuls. On n'en parle pas, on la sent, on l'entend venir, approcher et éclater soudain. Mais on ne dit pas à tel jour, à tel endroit, dans tel pays, je bouleverserai la population, je créerai une émeute formidable et qui emportera tout.

Je vous ai dit que j'étais du côté des souffrants. Oui, je me rallie à leur cause; mais je vais vous dire une chose qui va vous étonner et qui fait partie intégrante du programme socialiste : je ne crois pas à l'égalité. Ce mot, que l'on voit gravé au fronton de nos monuments, je le trouve faux, irréalisable dans son entité. L'égalité n'existe pas. Elle ne peut exister, car les hommes ne sont pas égaux dans la nature, pas plus que les intelligences ne sont au même niveau, pas plus que la force, la santé, le courage n'ont le même étiage, chez l'un comme chez l'autre. L'égalité n'existant pas, il me paraît dangereux d'établir une société égalitaire.

Le suffrage universel, qui est une loi égalitaire, est l'arme la plus bête, la plus stupide, la plus abominable qu'il soit possible de rêver. Avec cette arme, les gouvernants font ce qu'ils veulent, ils la dirigent au gré de leur désir et de leurs intérêts politiques. Toute voix étant une unité, il se trouve que la voix d'une brute vaut celle d'un homme éclairé. L'épicier, le marchand de charbons sont les égaux, devant le suffrage universel, de M. Renan et du duc de Broglie. Le suffrage universel est aussi barbare, aussi imbécile que le jury. J'ai eu l'occasion de m'expliquer sur ce dernier sujet et je n'y reviendrai pas[2]. Je ne suis pas partisan, aussi, des théories communistes que je trouve injustes et absurdes; ce serait la revanche du paresseux qui ne possède rien contre le laborieux qui s'est acquis, par son travail, une fortune ou une modeste aisance.

Croit-il à l'influence du livre dans les milieux ouvriers ?

Je ne crois pas que cette influence, si elle existe, soit bien grande. Les agitateurs socialistes affichent généralement un vif dédain de la littérature. *La Terre* et *Germinal*, qui sont des œuvres socialistes, ont été un peu plus lues que les précédentes, dans les centres industriels et miniers. Mais véritablement, je persiste à croire que l'influence que ces deux ouvrages peut avoir eue sur l'esprit des ouvriers est bien minime. La curiosité seule a poussé ces derniers à lire ces œuvres, et l'enseignement qu'ils peuvent en avoir retiré est nul. Beaucoup de journaux socialistes, cependant, m'ont demandé l'autorisation de reproduire gratuitement *L'Assommoir*. Mais c'est plutôt pour attirer le lecteur, l'ouvrier, que dans toute autre prévision.

Maintenant, si vous me demandez de conclure et de rechercher les remèdes propres à guérir le mal social, je vous répondrai que je ne suis pas un économiste, encore moins un guérisseur. Je n'ai malheureusement pas de système infaillible, ni de solutions efficaces à proposer. Une sage règlementation du travail et du capital s'impose à bref délai. Comment doit-on la faire ? C'est ce que j'ignore.

NOTES

1. Jules Guesde (1845-1922) s'exila en Italie en 1871 et retourna six ans après à Paris, où il devint rédacteur en chef de *L'Égalité*. Orateur éloquent, il établit, avec Marx et Lafargue, le programme collectiviste révolutionnaire, qui fut adopté par le parti ouvrier au Congrès du Havre en 1880. Devenu chef du parti ouvrier, il fut nommé en 1893 député de Lille.
2. Voir l'interview nº 15.

23 Le grisou et *Germinal*. Les idées de M. Zola
MARIO FENOUIL

Le Gaulois, 6 août 1890

Une catastrophe récemment survenue dans les mines de Villebœuf fut le prétexte d'une conversation entre Zola et quelques amis, rapportée par Mario Fenouil dans *Le Gaulois* du 6 août 1890.

J'ai beaucoup étudié le monde des mineurs, vous le savez, et je crois avoir rendu, dans *Germinal*, un peu de cette grandeur farouche qui est la caractéristique de la population minière.

Le mépris du danger, poussé dans ses limites les plus extrêmes, semble être le trait moral de l'ouvrier mineur. N'est-ce pas un peu à cette forfanterie du courage, si je puis m'exprimer ainsi, qu'il faut attribuer ces retours de catastrophes ? Je crois que, si le mineur avait la peur du danger, ou plutôt la prudence nécessaire dans un tel métier, moins de victimes seraient remontées, tous les ans, des souterraines galeries.

Sait-on exactement à quelles causes sont dues les explosions de grisou ? Un ingénieur des mines me contait que beaucoup d'accidents sont dus à l'imprudence des ouvriers. Il y a des fumeurs enragés, qui, malgré les règlements les plus sévères, n'hésitent pas à risquer leur vie et celle de leurs semblables pour pouvoir fumer. Quelques-uns même ouvrent leur lampe fermée à clef ou soudée pour allumer la pipe. Et ce même ingénieur m'affirmait que sur dix accidents de grisou, huit au moins doivent être attribués à l'imprudence des mineurs.

Il serait injuste pourtant d'accuser les ouvriers d'être la cause de leurs accidents. Le grisou n'est pas le seul danger de la mine. Il en est d'autres; par exemple, la rupture des cuvelages, autrement dit : les « coups d'eau ». Je me rappelle, étant allé visiter les mines d'Anzin, à l'époque des grandes grèves, qu'un accident de ce genre s'était produit quelque temps auparavant. Un puits entier avait été noyé. Vous savez qu'on a l'habitude, dans les galeries, de faire des revêtements de bois pour maintenir les terres. Lorsque ces revêtements ne sont pas rigoureusement conditionnés, ils cèdent à la pression des terres, l'eau s'échappe avec violence et en quelques minutes la galerie se trouve complètement inondée.

C'est un accident de ce genre que j'ai décrit dans *Germinal*. Je n'avais pas voulu, par un sentiment d'artiste et d'écrivain, décrire une explosion de grisou. La chose était trop banale, et elle avait été racontée trop souvent dans les romans, notamment dans le livre remarquable de Talmeyr, *Le Grisou*[1]. C'est pourquoi j'avais préféré décrire une rupture de cuvelage.

Les éboulements sont assez fréquents dans les puits. Il y a trois ou quatre ans, dans le Pas-de-Calais, toute une fosse a été engloutie à la suite d'un accident de ce genre. La cheminée, qui avait quarante mètres de hauteur, avait littéralement disparu sous terre.

N'est-il pas descendu dans une mine ?

Parfaitement. J'avoue même que cela a été une des impressions les plus pénibles que j'aie jamais ressenties. C'est dans le puits Renard, à côté d'Anzin, que j'ai fait cette descente. Il y avait déjà plus d'un mois que je vivais au milieu de la population minière dont j'étudiais et notais les mœurs : lorsque je me suis décidé, un beau jour, accompagné de MM. Basly et Giard, anciens députés, à revêtir le costume de mineur. Je suis resté cinq heures dans le puits, profond de sept cents mètres et qui est une des plus belles fosses, paraît-il, qui existent. Elle a des galeries de deux mille mètres de longueur : quelques-unes ont à peine soixante centimètres de hauteur et de largeur.

Ce sont de véritables boyaux, où les ouvriers sont obligés de ramper. C'est ce qu'ils appellent travailler *à col tordu*. J'ai voulu faire comme eux : je me suis aplati, et j'ai rampé comme une couleuvre. Jamais je n'oublierai la sensation d'épouvante et d'horreur que j'ai ressentie à ce moment. Il me semblait que j'étais irrémédiablement enfoui, enterré vivant. L'air était rare, la chaleur atroce. Songez qu'il y a des galeries où la température atteint, parfois, quarante-cinq degrés de chaleur ! Les hommes, nus jusqu'au ventre et couverts de sueur, travaillent sans relâche, taillant le roc, éventrant les galeries. Je le répète : c'est atroce.

Et le feu, il y a aussi le feu. Vous ne vous doutez pas qu'il est des fosses qui brûlent depuis cent ans et qu'on ne parvient pas à éteindre. Les ingénieurs doivent se contenter de faire boucher les galeries en feu et laisser la nature faire son œuvre de destruction. Le feu éclate sans cause déterminée, par la simple fermentation du charbon accumulé. C'est pourquoi les galeries sont journellement balayées et les poussières, les débris de charbon soigneusement enlevés. À Saint-Étienne, les couches de charbon sont extrêmement épaisses. Le charbon y est très gras; or il est pleinement démontré aujourd'hui que le grisou se forme surtout dans les charbons gras. De là, la fréquence des accidents dans les puits de Saint-Étienne.

> **Alors ces malheureux ouvriers passent toute leur vie dans l'attente d'une catastrophe presque inévitable ?**

Hélas ! oui, et jusqu'à ce que les savants aient trouvé les moyens d'installer de plus puissants ventilateurs et d'aérer les galeries à outrance pour chasser le mauvais air; puis d'inventer des appareils à éclairage plus perfectionnés, soit électriques, soit à la flamme. C'est aux mineurs, ensuite, à prendre les précautions qu'un pareil métier exige.

NOTE

1. Maurice Talmeyr (1850-1931), journaliste et auteur de nombreux romans et études, avait publié *Le Grisou* chez Dentu en 1880.

24 ## La critique d'aujourd'hui
ANONYME

Le Gaulois, 30 décembre 1890

Octave Feuillet, auteur dramatique et romancier, avait été surnommé le « Musset des familles », car la vertu et l'honnêteté triomphaient sans faute dans ses ouvrages. Membre de l'Académie française, Feuillet connut un succès de vente énorme pendant sa vie. Lors de sa mort, survenue le 28 décembre 1890, un reporter du *Gaulois* demanda à Zola une appréciation de l'œuvre de Feuillet.

J'ai toujours conservé un coin d'admiration pour le talent d'Octave Feuillet. C'est un des écrivains que je ne me rappelle pas avoir malmené à l'époque où je menais la campagne littéraire en faveur du roman réaliste.

Certes, je n'aime pas beaucoup le roman romanesque, autrement appelé le roman idéaliste, dont Feuillet était le chef incontestable et incontesté. Mais à côté du littérateur idéaliste qu'était l'auteur de *M. de Camors*[1], il y avait aussi l'écrivain épris de vérité et hardi dans ses descriptions et ses études du milieu mondain où se déroule l'action de tous ses romans. Il a créé des personnages qui resteront, surtout les types de ses héroïnes, dont les portraits, il faut le reconnaître, ne sont pas toujours des plus flattés. Je n'hésite pas à proclamer que *M. de Camors* est une œuvre très forte. Vous voyez que je garde un rôle impartial en ce qui concerne le talent, à quelque genre qu'il appartienne. De tous les romanciers qui ont appartenu à l'école idéaliste, Octave Feuillet est le seul qui reste debout et qui pourrait subsister dans l'avenir si les littérateurs, comme le livre, n'avaient pas, hélas ! leur destinée.

NOTE

1. *M. de Camors*, roman, parut en 1867.

25 Enquête sur l'évolution littéraire. Les naturalistes

JULES HURET

L'Écho de Paris, 31 mars 1891

L'Enquête sur l'évolution littéraire de Jules Huret est trop bien connue pour qu'on en retrace ici l'histoire. Rappelons simplement que l'enquête consistait en 64 interviews d'écrivains de toutes les écoles; les déclarations furent publiées dans *L'Écho de Paris* du 3 mars au 5 juillet 1891, avant de paraître en volume chez Charpentier.

Ah ! ah ! vous venez voir si je suis mort ! Eh bien ! vous voyez, au contraire ! Ma santé est excellente, je me sens dans un équilibre parfait, jamais je n'ai été plus tranquille; mes livres se vendent mieux que jamais, et mon dernier, *L'Argent*, va tout seul ! Pourtant, on peut causer, causons.

Il a suivi attentivement l'enquête depuis le début et a été bien aise de voir comment les jeunes parlaient du passé, du présent et de l'avenir de la littérature[1].

Ils sentent bien quelque chose, mais ils errent lamentablement autour de la formule qu'il faudrait trouver. Le naturalisme est fini ! Qu'est-ce à dire ? Que le mouvement commencé avec Balzac, Flaubert et Goncourt, continué ensuite par Daudet et moi, et d'autres que je ne nomme pas, tire à sa fin ? C'est possible. Nous avons tenu un gros morceau du siècle, nous n'avons pas à nous plaindre; et nous représentons un moment assez splendide dans l'évolution des idées au dix-neuvième siècle pour ne pas craindre d'envisager l'avenir. Mais pas un ne nous a dit encore, et j'en suis étonné : « Vous avez abusé du fait positif, de la réalité apparente des choses, du document palpable; de complicité avec la science et la philosophie, vous avez promis aux êtres le bonheur dans la vérité tangible, dans l'anatomie, dans la négation de l'idéal et vous les avez trompés ! Voyez, déjà l'ouvrier regrette presque les jurandes et maudit les machines, l'artiste remonte aux balbutiements de l'art, le poète rêve au moyen âge... Donc, sectaires, vous avez fini, il faut autre chose, et nous, voilà ce que nous faisons ! »

On pourrait à la vérité répondre : Cette impatience est légitime, mais la science marche à pas lents et peut-être conviendrait-il de lui faire crédit. Pourtant cette réaction est logique, et, pendant dix ans, pendant quinze ans, elle peut triompher, si un homme paraît, qui résume puissamment en lui cette plainte du siècle, ce recul devant la science. Voilà comment le naturalisme peut être mort; mais ce qui ne peut pas mourir, c'est la forme de l'esprit humain qui, fatalement, le pousse à l'enquête universelle, c'est ce besoin de rechercher la vérité où qu'elle soit, que le naturalisme a satisfait pour sa part.

Mais que vient-on offrir pour nous remplacer ? Pour faire contre-poids à l'immense labeur positiviste de ces cinquante dernières an-nées, on nous montre une vague étiquette « symboliste », recouvrant quelques vers de pacotille. Pour clore l'étonnante fin de ce siècle énorme, pour formuler cette angoisse universelle du doute, cet ébran-lement des esprits assoiffés de certitude, voici le ramage obscur, voici les quatre sous de vers de mirliton de quelques assidus de brasserie. Car enfin, qu'ont-ils fait, ceux qui prétendent nous tuer si vite, ceux qui vont bouleverser demain toute la littérature ? Je ne les connais pas d'hier. Je les suis depuis dix ans avec beaucoup de sympathie et d'intérêt; ils sont très gentils, je les aime beaucoup, d'autant plus qu'il n'y en a pas un qui puisse nous déloger ! Je reçois leurs volumes, quand il en paraît, je lis leurs petites revues tant qu'elle vivent, mais j'en suis encore à me demander où se fond le boulet qui doit nous écrabouiller. Il y a bientôt dix ans que des amis communs me disent : « Le plus grand poète de ces temps-ci, c'est Charles Morice !² Vous verrez, vous verrez. » Eh bien ! J'ai attendu, je n'ai rien vu; j'ai lu de lui un volume de critique, la *Littérature de tout à l'heure*, qui est une œuvre de rhéteur ingénieuse, mais pleine de parti-pris ridicules. Et c'est tout. Vous me dites qu'il va, sous peu, publier de ses vers; c'est toujours la même histoire ! Comme les socialistes; écoutez Guesde³, dans six mois il gouvernera, et rien ne bouge. À présent on parle de Moréas⁴. De temps en temps, comme cela, la presse, qui est bonne fille, se paie le luxe d'en lancer un pour se distraire et pour embêter des gens. Qu'est-ce que c'est que Moréas ? Qu'est-ce qu'il a donc fait, mon Dieu ! pour avoir un toupet aussi énorme ? Victor Hugo et moi, moi et Victor Hugo ! A-t-on idée de cela ? N'est-ce pas de la démence ! Il a écrit trois ou quatre petites chansons quel-conques, à la Béranger, ni plus ni moins; le reste est l'œuvre d'un grammairien affolé, — tortillée, inepte, sans rien de jeune. C'est de la poésie de bocal !

En s'attardant à des bêtises, à des niaiseries pareilles, à ce moment si grave de l'évolution des idées, ils me font l'effet, tous ces *jeunes* gens, qui ont tous de trente à quarante ans, de coquilles de noisette qui danseraient sur la chute du Niagara ! C'est qu'ils n'ont rien sous eux, qu'une prétention gigantesque et vide ! À une époque où la production doit être si grande, si vivante, ils ne trouvent à nous servir que de la littérature poussant dans des bocks; on ne peut même pas appeler cela de la littérature; ce sont des tentatives, des essais, des balbutiements, mais rien autre chose ! Et remarquez que j'en suis navré; car ils ne me gêneraient pas du tout, moi personnellement, puisqu'il n'y a pas un romancier parmi eux; et je verrais volontiers ma vieillesse égayée par des chefs-d'œuvre; mais où est-il, le beau livre ? Sont-ils d'accord pour en nommer un seulement ? Non, chacun le leur ! Ils en arrivent même à renier leurs ancêtres. Car, quand je parle ainsi, je n'entends viser ni Mallarmé, qui est un esprit distingué, qui a écrit de fort beaux vers et dont on peut attendre l'œuvre définitive, ni Verlaine, qui est incontestablement un très grand poète.

Qui prendra donc la place ?

L'avenir appartiendra à celui ou à ceux qui auront saisi l'âme de la société moderne, qui, se dégageant des théories trop rigoureuses, consentiront à une acceptation plus logique, plus attendrie de la vie. Je crois à une peinture de la vérité plus large, plus complexe, à une ouverture plus grande sur l'humanité : une sorte de classicisme du naturalisme.

Mais les symbolistes sont loin de cette conception ! Tout est réaction dans leur système; ils se figurent qu'on bouleverse ainsi, de fond en comble, un état littéraire, sans plus de préambule et sans plus d'utilité. Ils croient qu'on peut rompre aussi brusquement avec la science et le progrès ! Ils parlent du romantisme ! Mais quelle différence ! Le romantisme s'expliquait, socialement, par les secousses de la Révolution et les guerres de l'Empire; après ces massacres les âmes tendres se consolaient dans le rêve. Littérairement, il est le début de l'évolution naturaliste. La langue, épuisée par trois cents ans d'usage classique, avait besoin d'être retrempée dans le lyrisme, il fallait refondre les moules à images, inventer de nouveaux panaches. Mais, ici, quel besoin de changer la langue enrichie et épurée par les générations romantiques, parnassiennes, naturalistes ? Et quel mouvement social traduit le symbolisme, avec son obscurité de bazar à dix-neuf sous ? Ils ont, au contraire, tout contre eux : le progrès, puisqu'ils prétendent reculer; la bourgeoisie, la démocratie, puisqu'ils sont obscurs.

Si encore, malgré cela, ils avaient le courage, eux qui n'aiment pas leur siècle, de lui dire : Merde ! au siècle, mais de le lui dire carrément ! Alors, bien. Cela s'admettrait ! C'est une opinion comme une autre. Mais non, rien ne sort, rien, de leur galimatias. Tenez, il y en a un, d'écrivain, qui ne l'aime pas, le siècle, et qui le vomit d'une façon superbe, c'est Huysmans, dans *Là-Bas*, son feuilleton de *L'Écho de Paris*[5]. Et il est clair, au moins, celui-là, et c'est avec cela un peintre d'une couleur et d'une intensité extraordinaires.

Donc, c'est entendu, le naturalisme finira quand ceux qui l'incarnent auront disparu. On ne revient pas sur un mouvement, et ce qui lui succèdera sera différent, je vous l'ai dit. La matière du roman est un peu épuisée, et pour le ranimer il faudrait un bonhomme ! Mais, encore une fois, où est-il ? Voilà toute la question...

D'ailleurs, si j'ai le temps, je le ferai, moi, ce qu'ils veulent !

Et les psychologues ?

Hé oui ! Bourget[6], qui, avec beaucoup de talent, a le parti-pris de ne s'inquiéter que des mobiles intérieurs de l'être, et qui tombe, de cette façon, dans l'excès contraire au naturalisme.

Barrès ?[7]

Oh ! un malin ! Pendant que ses autres camarades se donnent un mal de chien pour n'arriver à rien, lui va son chemin avec infiniment d'adresse !

Ses livres, je les lis avec intérêt, mais c'est tellement ténu, tellement spécial ! Cela me fait l'effet d'une horlogerie très amusante, mais qui ne marquerait pas l'heure, mais qui ne monterait pas l'eau; cela cesse vite d'intéresser, et on s'en fatigue.

Quel avenir accorde-t-il au théâtre naturaliste ?

Rien ne s'est fait du jour au lendemain. On arrive à mettre peu à peu sur la scène des œuvres de vérité de plus en plus grande. Attendons. Le théâtre est toujours en retard sur le reste de la littérature.

Sur Moréas

Il est Grec, oui ! mais il ne faut pas qu'il en abuse ! Moi aussi je suis Grec ! Ma grand'mère est de Corfou; ce qui ne m'empêche pas d'avoir la folie de la clarté !

Surtout, réunissez toute cette enquête en volume. Je tiens absolument à avoir cela dans ma bibliothèque; quand ce ne serait que pour conserver le souvenir de cette bande de requins, qui, ne pouvant pas nous manger, se mangent entre eux !

NOTES

1. Sur Zola et la jeunesse, voir l'interview n° 41.
2. Charles Morice (1861-1919) fut l'auteur de poésies, de drames, de romans et de traductions. Sa *Littérature de tout à l'heure* (1889) était censée à l'époque contenir la théorie du symbolisme.
3. Sur Jules Guesde, voir l'interview n° 22, n. 1.
4. Jean Moréas (1856-1910), l'auteur de nombreux recueils de poèmes, fut, avec Du Plessys, Raynaud et Maurras, le fondateur de l'école romane.
5. *Là-Bas*, de Joris-Karl Huysmans, parut dans *L'Écho de Paris* du 17 février au 20 avril 1891.
6. Sur Paul Bourget, voir l'interview n° 14, n. 3.
7. Sur Maurice Barrès, voir l'interview n° 6, n. 3.

26 Pas de femmes. Chez Émile Zola
ANONYME

Le XIXᵉ Siècle, 11 avril 1891

Comme l'interview qui suit en témoigne, la préparation de *La Débâcle* était déjà bien avancée avant le départ de Zola en avril 1891 pour les champs de bataille de Sedan. Zola avait prévu dès 1868 un « roman militaire » dans sa série des *Rougon-Macquart*. Le 18 juillet 1891, il se mit à la rédaction de son roman, qui parut dans *La Vie populaire* du 21 février au 21 juillet 1892. Le volume fut publié chez Charpentier le 24 juin 1892.

Mon prochain livre ? D'abord, il ne s'appellera pas *La Guerre*, comme on l'a dit ; j'avais songé à ce titre-là, mais il est trop large ; le titre que je veux donner à mon ouvrage, c'est *La Débâcle*.

Mon livre montrera, en effet, l'effondrement d'un empire et d'une société ; ce dernier titre s'applique donc bien au sujet traité. Jamais sujet ne m'a autant empoigné que celui que j'ai choisi ; je suis en train de le travailler avec ardeur ; cette chute d'un empereur, ces désastres de nos armées, les malheurs de l'année terrible, les calamités fondant sans nombre sur Paris en proie à un double siège, cette ruine d'une société gangrenée par le luxe, sombrant dans l'incendie et les massacres, tout cela m'émeut et m'attire. Mais c'est justement à cause de l'enthousiasme qu'excite en moi le spectacle de cette époque sanglante et triste, qu'il m'est difficile de bien classer mes idées, de mettre dans mon œuvre l'ordre si nécessaire à la beauté de l'ensemble.

Tout d'abord, j'ai l'intention de diviser mon sujet en trois parties, comme dans *La Faute de l'abbé Mouret*. Le centre de mon ouvrage sera pris par un gros récit de bataille, celui de la bataille de Sedan qui dura deux jours. Comme toutes les batailles modernes se ressemblent un peu, et comme je ne veux ni me répéter ni faire de mon livre une nouvelle *Iliade*, je ne dépeindrai que la seule bataille de Sedan, mais je consacrerai à cette description le tiers de mon ouvrage.

Ainsi, mon livre débutera en plein bivouac. La première partie ne contiendra pas de récit de bataille. Je m'attacherai, par exemple, à raconter les marches du 7ᵉ corps d'armée de Châlons sur Sedan. Quel récit que celui de ces troupes marchant dans la boue, sans distribution de vivres, harassées, jouet de contre-ordres incessants, embarrassées par mille impédiments ! Ce sera la première partie de mon livre.

La seconde sera consacrée à la bataille de Sedan, bataille d'artillerie et charges de cavalerie du côté d'Illy, combat du côté de Bazeilles, massacre de nos troupes dans Sedan même par les canons prussiens. Puis, la captivité : plus de soixante mille hommes parqués dans la presqu'île d'Iges, demeurant huit jours dans la boue, sous des torrents de pluie, sans vivres, humiliés et prisonniers ! Sur ce spectacle se terminera la deuxième partie.

La troisième nous fera voir Paris en flammes, assister aux horreurs de la guerre civile; ce sera l'effondrement de la société impériale dans des flots de sang et une apothéose d'incendie.

J'ai l'intention de ne donner qu'une très faible importance à la fable; mon récit ne contiendra presque rien de fictif. Je raconterai des événements, je ferai agir, penser, mouvoir des masses d'hommes, le peuple à Paris, des armées en marche vers Sedan; j'esquisserai les figures de quelques grands personnages qui traverseront la scène; mais je ne puis pas broder sur cette page d'histoire une intrigue romanesque. Pas de femmes. Comment mettre une femme dans les récits d'une armée en marche, d'une bataille, d'une guerre civile ? C'est impossible.

Faire de mon héroïne une cantinière ? Non. Imaginer qu'une Parisienne se serait déguisée en homme pour suivre son amant à l'armée, c'est vieux jeu ! Aussi le seul côté fictif de mon prochain livre consistera dans la peinture de l'amitié profonde, inaltérable, de deux hommes. Non point une amitié comme certains écrivains la prônent, une amitié *fin de siècle*, mais une amitié antique, telle celle d'Oreste et de Pylade.

Cette amitié s'établira entre deux jeunes hommes : l'un instruit, ayant fait ses études, non pas écrivain, mais ce qu'on appelle aujour-d'hui un « cérébral »; l'autre, une demi-brute, fils de la terre, sachant lire et écrire, mais ne voyant pas plus loin que l'A B C D. Ce dernier sera mon « Jean » de *La Terre*; l'autre, je ne sais qui, un inconnu peut-être. Ils se connaîtront à l'arrivée au corps; une haine profonde les divisera, née de traitements trop durs appliqués par le « céré-bral », qui sera sergent, au soldat qui sera Jean, ou vice-versa; puis cette haine, par suite d'un incident que je détaillerai, fera place à une amitié sans bornes, inébranlable. Jean se dévouera à son supérieur comme une bête et tous deux se témoigneront mutuellement la plus vive affection. Et pour bien montrer combien impie est la guerre civile, ces deux amis, ces deux frères, qui auront échappé aux mas-sacres de Sedan, se fusilleront sans se connaître dans Paris en flammes !

Certes, il faudra bien aussi que j'esquisse quelques figures : l'em-pereur Napoléon[1] d'abord, cet homme poursuivi par la fatalité, ce roi Lear qui passe dans les événements avec sa tristesse résignée, son ac-cablement stupide, cet homme qui ne peut monter à cheval, se fait traîner en calèche, suit son armée comme un colis vivant et encom-brant, avec ses équipages, ses cent-gardes qui gênent la circulation des troupes.

Je ne le chargerai pas trop, car la fatalité le menait à son sort, victime résignée, et ce qu'on lui a reproché, sa calèche, ses bagages, ses caisses de champagne, lui était imposé par sa maladie de vessie et par ses habitudes fastueuses. Mais ce champagne enfin, voyez-vous, ce champagne faisant explosion, mettant des rayons de soleil dans les verres en cas de victoire, comme il devenait ridicule, grotesque, vé-ritable contre-sens en cas de défaite !

J'esquisserai aussi d'autres figures de généraux, d'officiers : je ne puis pas non plus ne pas parler de Guillaume 1er, de Bismarck, de de Moltke. Je le ferai, mais en général, les Allemands seront le fond de mon tableau, ils resteront noyés dans la pénombre. Aussi vais-je aller passer quinze jours à Sedan pour faire une enquête sur les lieux, mais je n'irai pas en Allemagne.

Je tâcherai de faire qu'un enseignement très grand sorte de mon livre; mais je ne serai pas trop pessimiste. Je montrerai la France vaincue par la malchance, par la fatalité, nos soldats mal nourris, exécutant des ordres et des contre-ordres à chaque instant, nos offi-ciers indécis, nos généraux hésitants, personne n'osant, ne voulant donner des ordres, nos troupes toujours surprises, nos soldats se fai-sant tuer, les chefs à leur tête, sans pouvoir réparer les erreurs commises, et, sur tout cela, une désorganisation immense, une in-curie absolue ! Et toujours contre nous la fortune adverse, déjouant les plans de nos soldats, aidant, favorisant l'ennemi par tous les moyens.

Mais je n'omettrai pas de faire planer sur ce tableau de deuil et de désolation l'image resplendissante de la patrie, de la France abattue, vaincue, mais non morte, de la France qui est sortie plus forte, plus grande, plus riche de cette désastreuse guerre !

Je crois que notre brillante situation actuelle me permet bien de mettre un rayon d'espérance parmi les sombres clartés de l'année terrible.

NOTE

1. À propos de l'empereur, voir aussi l'interview n° 34.

27 La statue de Balzac. Chez M. Émile Zola
EUGÈNE CLISSON

L'Événement, 17 mai 1891

Admirateur fervent de Balzac, Zola avait en 1877 parlé pour la première fois d'une statue dans *Le Bien public*. Tout en renouvellant sa demande de temps à autre, il n'agit que plus tard, en sa qualité de président de la Société des Gens de lettres. Comme Zola l'indique dans l'interview, le premier sculpteur choisi, Henri Chapu, mourut sans avoir terminé son œuvre. Après de très grands efforts, Zola réussit à faire nommer Auguste Rodin; cependant, la statue de Rodin, terminée en 1898, suscita de violentes réactions. Elle ne fut inaugurée qu'en 1939, à l'angle des boulevards Montparnasse et Raspail.

J'aurais préféré que l'on ne sût rien des démarches que je vais faire. L'indiscrétion des journaux, loin de me servir, peut nuire au dessein que j'ai formé. Aussi bien, puisqu'il est connu maintenant de tout le monde, je m'accommoderai de la situation qui m'est faite et je tâcherai de sortir à mon honneur de la tâche que je me suis imposée.

Vous savez l'état de la question : il y a quelques années, la Société des Gens de lettres fut saisie d'un certain nombre de projets de statue à élever à Balzac, soumis par différents artistes. Elle donna la préférence à Chapu. Celui-ci se mit à l'œuvre et prépara une esquisse qu'il

Zola et Balzac

proposa à l'approbation d'une commission spéciale nommée par la Société. La commission demanda quelques modifications que le statuaire accomplit dans une seconde esquisse, qui fut approuvée.

Il n'existait encore que cette esquisse, toute petite, moulée en plâtre, lorsque Chapu vint à mourir. Je pensais, et plusieurs de mes collègues avec moi, que ce douloureux événement nous rendait notre liberté. Mme Chapu, poussée par un pieux sentiment, demanda à trois grands artistes, MM. Falguière, Mercié et Dubois, de venir voir dans l'atelier de son mari défunt les œuvres qui pouvaient être considérées comme terminées.

Ces messieurs déclarèrent que l'esquisse de Balzac l'était. Pour eux, en effet, du moment que le mouvement de l'œuvre est indiqué, et qu'il y a des creux et des reliefs suffisants, tout est bien. Pas moins vrai que le visage de Balzac est représenté par une petite boule informe, de même que celui de la femme qui se tient debout à ses côtés — elle figure, dit-on, l'Humanité — et celui d'un petit Amour dont on cherche en vain à expliquer la présence. Du moment que l'esquisse était jugée terminée, il n'y avait plus qu'à mettre la statue elle-même en œuvre. C'est ce que ces messieurs ont décidé de faire, sous le contrôle de l'un d'eux, et avec le concours de quelques artistes que je ne puis pas nommer.

Nous avons discuté, au comité des Gens de lettres, sur la question de la statue; cette question a été réservée, car elle est intimement liée à celle de l'emplacement. C'est Chapu, paraît-il, qui avait demandé que son Balzac fût édifié dans la galerie d'Orléans. Il voulait faire un travail très fin, en marbre, et craignait pour lui les intempéries des saisons. Il avait peur que la statue ne fût dégradée par les pluies. Or, des artistes, et notamment Mercié, m'ont déclaré qu'il y avait des marbres durs qui supportaient très aisément, sans en souffrir, d'être en plein air.

D'ailleurs, je ne vois pas très bien, pour ma part, un Balzac très fin. Je me le figure plutôt debout, puissamment traité par la main de l'artiste, et non pas assis, « très fin », avec une femme allégorique et un Amour qui ne l'est pas moins autour de lui. Mais passons… L'esquisse a reçu l'approbation de la Société, il n'y a pas de raison pour que je ne lui donne pas la mienne. Je le ferai d'autant plus volontiers qu'après tout Chapu était un artiste de talent.

Quant à la question de l'emplacement, je serai intraitable. Je préférerais déléguer mes pouvoirs à l'un des vice-présidents plutôt que de prononcer un discours d'inauguration devant la statue de Balzac à la galerie d'Orléans. Ce choix m'est odieux; outre que la galerie est une nécropole, elle est, de réputation, assez mal fréquentée. Elle est, par-dessus tout, indigne du grand génie que fut Balzac. Comment ! Dumas aurait sa statue sur l'admirable place que vous savez[1], et Balzac serait relégué dans ce trou ! C'est inadmissible.

Le comité des Gens de lettres a bien voulu me laisser carte blanche et m'autoriser à faire toutes les démarches nécessaires, en vue d'obtenir des pouvoirs publics un autre emplacement. Je les ferai dès la semaine prochaine. J'irai voir M. Bourgeois, le ministre des beaux-arts. Je ferai une visite au président du conseil municipal, et aussi à M. Alphand[2]. Réussirai-je ? Je l'espère, bien que de nombreuses difficultés puissent surgir. Je souhaiterais, et tout le monde souhaiterait avec moi que la statue fût élevée sur le terre-plein de l'Opéra, ou bien place du Palais-Royal, sur un terre-plein que l'on pourrait y établir.

Voudra-t-on nous donner un de ces deux emplacements ? Ou bien, à défaut de ceux-là, voudra-t-on nous en donner un autre ? N'importe lequel vaudra mieux que celui qui est attribué aujourd'hui à l'œuvre de Chapu.

Quand l'administration aura accueilli notre requête, le comité votera sur la question de la statue, et on l'édifiera tout de suite. Si nous n'avons pas assez d'argent, nous prierons les journaux d'ouvrir dans leurs colonnes des souscriptions; nous donnerons une représentation à l'Opéra, ou dans d'autres théâtres, au profit de la statue, et nous arriverons rapidement, j'espère, à glorifier comme il le mérite, le plus illustre écrivain de ce siècle.

NOTES

1. Le monument érigé en l'honneur d'Alexandre Dumas père se trouvait place Malesherbes, à Paris.
2. Adolphe Alphand (1817-1891), ingénieur et administrateur, était à l'époque membre libre de l'Académie des beaux-arts.

28 Autour des théâtres
GEORGES BERTAL

Le Rappel, 18 juin 1891

Le Rêve, drame lyrique, fut tiré du roman de Zola par Alfred Bruneau (1857-1934) et Louis Gallet (1835-1898). À la veille de la première à l'Opéra-Comique, Georges Bertal se présenta rue de Bruxelles, afin de questionner le romancier sur le théâtre en général, et sur *Le Rêve* en particulier.

Est-il satisfait du livret tiré de son roman ?

Très satisfait. M. Louis Gallet a divisé son adaptation en quatre actes et huit tableaux qui me paraissent fort habilement faits : il montre successivement l'atelier des brodeurs (décor de Lavastre et Carpezat); le Clos-Marie (Rubé et Chaperon); la salle du Chapitre (Jambon); la Chambre blanche d'Angélique (Rubé et Chaperon); l'Oratoire (Rubé); la Sacristie de la cathédrale, au lieu du porche auquel on avait d'abord pensé. Louis Gallet a su mettre en relief le côté sentimental et dramatique du livre, sans s'arrêter à des détails qui peuvent plaire dans un volume, mais qui seraient monotones au théâtre.

Ne croit-il donc pas, comme le prétendent certains jeunes auteurs de la nouvelle école, qu'on puisse intéresser le public avec des pièces d'analyse dialoguée, sans sujet proprement dit et presque sans sujet ?

Non, le premier devoir d'un auteur dramatique est de remuer le public. Or, il est impossible qu'il y arrive avec des petits faits de la vie courante exposés froidement. Les spectateurs veulent s'amuser ou frissonner, rire ou pleurer, être enfin pris à la rate ou pris au cœur. Si, au lieu de situations habilement préparées et scéniquement développées, vous leur donnez des détails plus ou moins ingénieux et trop menus pour passer la rampe, ils vous écouteront sans plaisir, avec des mouvements bien naturels d'impatience. Dans une pièce, les détails sont condamnés à rester au deuxième plan; le premier plan doit être réservé à l'action, car diminuer l'action, c'est diminuer l'intérêt; et sans intérêt, pas de succès possible au théâtre.

Ne craint-il pas qu'on ne le traite de « vieille perruque » ?

Je ne crains rien. Je sais parfaitement que cette épithète de « vieille perruque » va m'être lancée à la tête : mais, ça m'est égal, j'en ai entendu bien d'autres. Vous pouvez donc carrément répéter ce que je viens de vous dire. Vieille perruque ou non, je n'admets pas que, sous prétexte de faire *vrai*, on fasse *ennuyeux*. Je sais bien que beaucoup de mes jeunes confrères prétendent se soucier fort peu de la masse des spectateurs. Ils mettent toute leur ambition à satisfaire un petit groupe d'écrivains, soit ! mais, alors, pourquoi travaillent-ils en vue du théâtre ? Comme lettré, je les applaudis; comme *public*, je les désapprouve, car dans une salle de spectacle il ne suffit pas de parler à notre intelligence. Il faut aussi, il faut surtout parler à notre cœur. Évidemment, je ne suis pas pour le *personnage sympathique quand même* de Victorien Sardou, ni pour la *pièce bien faite* de Francisque Sarcey, mais je suis pour le drame ou la comédie qui, par sa forme rapide et son action mouvementée, tient le public en haleine. En somme, le personnage sympathique quand même n'est guère plus conventionnel que certains personnages soi-disant réels. Bref, je crois qu'il faut dans une pièce de théâtre de la vérité et beaucoup d'humanité. D'ailleurs, être humain, n'est-ce pas être vrai ? Quant à mes drames et à mes comédies, — je ne parle que de celles que j'ai signées de mon nom — vous pouvez le dire encore, je trouve qu'elles ont eu le sort qu'elles méritaient. Elles sont incomplètes. *Thérèse Raquin*[1],

par exemple, que je préfère à toutes, est une œuvre beaucoup trop noire. Dans deux ou trois ans, la série des *Rougon-Macquart* terminée, je ferai peut-être des pièces d'une façon sérieuse et suivie. Alors, je modifierai ma manière, car, je ne saurais trop vous le répéter, si le roman a surtout besoin d'analyse, le théâtre a surtout besoin d'action.

Est-ce que le poème de M. Louis Gallet suit exactement le volume ?

Dans le roman, l'évêque désire faire épouser son fils Félicien à une jeune fille riche; dans le livret, il n'est pas question de cette jeune fille qu'il eût fallu mêler à l'action sans qu'elle y apportât un élément d'intérêt suffisant. L'évêque du poème veut que Félicien soit prêtre. À part cela, les scènes de l'Opéra-Comique reproduisent exactement les chapitres du volume.

Sur la partition de M. Bruneau

La partition est curieuse et je crois sincèrement qu'elle fera parler d'elle. L'auteur, qui est le fils de l'éditeur connu, n'a encore que trente-quatre ans, mais il a beaucoup travaillé. C'est un élève de Massenet; après avoir remporté le premier prix de violoncelle au Conservatoire de Paris, après avoir obtenu le prix de Rome, il alla faire sa partie dans un orchestre de province pour étudier de près son métier. *Le Rêve* est son deuxième ouvrage; il a déjà fait représenter *Kérim*, mais dans des conditions déplorables. Cette fois, du moins, il n'aura pas à se plaindre du théâtre et des artistes.

Quelles sont les pages de la partition sur lesquelles il compte le plus ?

Elles se tiennent toutes. Elles forment un ensemble dont il est difficile de détacher une partie. Pas un seul de ces morceaux qu'on appelle romance, finale, air de bravoure et grand air; pas de chœurs non plus. C'est d'un bout à l'autre un dialogue musical qui n'est arrêté par rien.

Sur les artistes

Nous avons contracté une véritable dette de reconnaissance à l'égard de Mme Deschamps-Jehin, qui a consenti, de la façon la plus modeste et la plus gracieuse, à prêter sa belle voix et sa grande autorité au rôle très effacé d'Hubertine. M. Bouvet, qui nous arrive de Bruxelles, déploie des qualités de premier ordre; après lui, il faut citer ces deux précieux chanteurs, MM. Engel et Lorrain. Quant à Mlle Simonnet, elle pourrait bien étonner jusqu'à ses admirateurs. Elle n'est pas seulement charmante, elle joue et chante les parties dramatiques de l'œuvre de manière à conquérir tous les suffrages. Ma conviction est qu'elle obtiendra un succès personnel considérable. Elle est le rêve de mon *Rêve*[2].

NOTES

1. L'adaptation théâtrale du roman fut jouée le 11 juillet 1873 au Théâtre de la Renaissance (9 représentations).
2. En effet, *Le Rêve* fut accueilli comme un moment important dans l'évolution de l'opéra en France.

29 Chez M. Émile Zola
FERNAND XAU

L'Écho de Paris, 24 juin 1891

Ce fut par une lettre en date du 24 mai 1891, signée de MM. Clément-Janin et Bougenot, que Zola avait été invité à se porter candidat au siège de député de la 2e circonscription du 5e arrondissement. Dans une interview avec Fernand Xau, il expliqua les motifs de son refus.

C'est parfaitement vrai. J'ai reçu, voilà près d'un mois, une lettre, signée par un jeune avocat et par une autre personnalité — dont le nom m'échappe — de la jeunesse du Quartier Latin, dans laquelle m'était offerte la candidature à l'élection législative de dimanche prochain, et où il était dit, entre autres choses, que, le cinquième arrondissement étant surtout un arrondissement littéraire et qu'avait représenté Louis Blanc[1], la pensée de m'engager, actuellement, à soutenir ses intérêts n'avait pu manquer de se présenter à l'esprit de sa population électorale. Je vous prie de croire que je n'ai pas eu à réfléchir, même une seconde, pour prendre la plume et jeter tout d'un trait sur le papier la courte et décisive réponse que vous connaissez et que votre journal a reproduite hier[2]. Si quelques-uns de vos confrères, feignant d'ignorer ce petit document, font mine de prendre au sérieux une candidature que je n'ai point sollicitée et devant l'offre de laquelle je me suis récusé, et veulent paraître l'admettre sérieusement, je trouve que votre visite est opportune, en ce sens qu'à son issue, vous pourrez d'autorité couper les ailes à ce canard.

Il se peut, d'autre part, qu'en causant, j'aie pu déclarer que je ne répugnerais pas, dans un avenir éloigné, à accepter un mandat législatif; et, à des reporters qui me demandaient si, en principe, j'estimais que les littérateurs sont déplacés à la Chambre, j'ai répondu que telle n'était pas ma façon de voir, et que, pourvu que l'œuvre qu'il poursuit ne doive point en être diminuée, c'est, pour l'homme de lettres, un droit, aussi revendicable qu'il l'est pour tout autre, que celui de porter à la tribune politique ses conceptions humanitaires et de s'y faire l'avocat dévoué de toutes les revendications possibles.

Pour ma part, tout au monde me déconseillait d'accepter une charge telle, et je crois bien qu'à l'heure où je consentirai à l'assumer, mes cheveux seront blancs, et c'est avec deux cannes pour m'étayer que je me vois gagnant mon fauteuil sous la coupole du Sénat, — si c'est écrit.

Certes, il n'y a pas, à mon sens, de raisons pour qu'un homme qui a fait trente romans, doive se croire dans l'obligation fatale d'en faire quarante, et, mon trentième achevé, il se peut que l'envie me prenne de m'en tenir là; et, peut-être alors, ne verrai-je nul inconvénient à finir par la parole ce que j'aurai commencé et continué par la plume. Peut-être, mais seulement peut-être…

Ah ! j'entends bien qu'on me prête des programmes, un tas de programmes ! Réellement, je n'en ai aucun, — en dehors, naturellement, de celui que je me suis imposé pour le développement large et logique de ma série des *Rougon-Macquart*. Et, surtout, je n'ai point de programme politique. Le programme politique de Zola, ça, par exemple, c'est de la fantaisie pure ! Je vous avouerai encore une fois que je n'ai jamais songé à pareille chose. Non pas que je ne sache, d'avance, quelles questions me fixeraient, avant toutes autres, si je faisais, quelque jour, nombre au Parlement : on pourrait, évidemment, m'y commettre les intérêts de la littérature; le problème de la censure m'y préoccuperait, et aussi celui des multiples objets sociologiques; ce qui touche au mariage éveillerait mon attention. On ne s'en soucie pas, en ce moment… Je crois pourtant me rappeler qu'on s'est occupé, dernièrement, des droits des époux… Mais, passons, et établissons bien fermement que, pour le quart d'heure, la politique me laisse froid, car j'ai tant d'autres soucis en tête !

Ah ! oui, les programmes !… Laissez-moi donc écrire *La Débâcle*, et, après, *Le Docteur Pascal*. Et puis, close la série des *Rougon*, de grâce, laissez-moi souffler. Après ! Après ! Que sais-je ? Ferai-je encore du roman ? Ou ferai-je du théâtre, ou de l'histoire ? Ne me le demandez donc pas, puisque je n'en sais rien, je vous dis !

Maintenant, vous le voyez, je fais mes paquets, je file à Médan, et je m'y enferme. Depuis quelque temps, ma maison, ici, est envahie. Et je fuis, je fuis !

La Débâcle, est-ce déjà entrepris ?

Non, rien d'écrit, mais la documentation toute prête. De Sedan j'ai rapporté une malle pleine de papiers qu'il me faut classer, colliger, et dont quelques-uns apporteront des choses curieuses.

Ah ! oui, je file, il le faut... J'étais resté pour soutenir un peu Bruneau, qui a les timidités et toutes les craintes d'un véritable débutant[3]. Mais Bruneau est solide maintenant, et je pars très rassuré...

Rassuré sur la fortune du Rêve ?

Absolument. Je sens que cette œuvre vivra, parce que sa grâce en est souveraine et son charme vainqueur. J'ai assisté à la répétition générale et aux deux premières représentations. Je n'assisterai pas à la troisième, puisque je m'en vais ce soir. Eh bien ! ma religion est édifiée : d'acte en acte, l'attrait de l'œuvre se dégage lentement et sûrement, et la musique de Bruneau vous enveloppe savamment peu à peu et finit par vous captiver tout entier. On lui reproche quelques dissonnances, et certains wagnériens grognent dans leur coin sous prétexte que, seule, la Légende peut s'adapter à la pensée musicale dont la puissante formule est à Bayreuth. Que Bruneau ne s'embarrasse point de tout ceci : Le Rêve, opéra, vivra. Je vous le répète : sa grâce est souveraine; son charme, vainqueur. Et je m'en vais bien tranquille à son sujet.

Quant à la suppression, à l'Opéra-Comique, du dénouement du livre, j'en suis content. Carvalho, lui, ne demandait pas mieux que de le mettre au théâtre. Mais nous avons préféré terminer sur le tableau de l'Extrême-Onction[4]. Je crois que, pour le succès bourgeois de l'œuvre, cette détermination a été excellente; et, sans ce tableau final — qui l'eût vraisemblablement alourdi, — l'opéra laisse jusqu'au bout l'impression d'immatériel et de flou délicieux que suggère son titre : Le Rêve !

NOTES

1. Louis Blanc (1811-1882), publiciste, historien et homme politique, fut élu membre de l'Assemblée nationale à son retour d'exil en 1871 et y siégea parmi l'extrême-gauche.

2. *Corr. Bern.*, p. 732.

3. Voir l'interview précédente.

4. Dans le roman, Angélique meurt au moment de quitter l'église après son mariage.

30 Le centenaire de Busnach
FERNAND XAU

L'Écho de Paris, 7 novembre 1891

Le 6 novembre 1891 fut le centenaire de William Busnach,
c'est-à-dire le jour de la première de sa centième pièce, *Le
Crime d'une mère*, au Château d'Eau. L'occasion servit de prétexte à Fernand Xau pour rendre visite à Zola, qui raconta sa
longue collaboration avec l'auteur dramatique.

C'est en mars de l'année 1877 que j'ai fait la connaissance
de Busnach[1]. Si je sais compter, cela fera bientôt quatorze ans
d'un excellent ménage avec lui. À cette époque, il voulut, d'accord
avec Gastineau, tirer un drame de mon roman *L'Assommoir*, et il vint
m'en demander l'autorisation. Cette idée me surprit fort, tout de
suite. Rappelez-vous qu'en 1877, *L'Assommoir* était honni, conspué.
J'autorisai, cependant. Je partis pour Marseille, et c'est là que Busnach et Gastineau me firent parvenir le plan de la pièce. Dès mon
retour à Paris, Chabrillat, directeur de l'Ambigu, fut mis en rapports
avec nous, et il désira jouer le drame. Un instant, il fut question de
mettre Dennery[2] dans l'affaire. Mais Dennery, consulté, dit qu'on
pourrait fort bien se passer de lui dans la circonstance. Avant la première, le pauvre Gastineau mourut. Vous savez le succès de la pièce.
Je crois bien que c'est avec *L'Assommoir* que Busnach, qui, jusque là,
n'avait, il me semble, donné que du vaudeville, de l'opérette et de la
revue, entra dans « le grand art » ! Oui, je crois bien que ce fut là
son premier grand drame.
   Depuis, nous ne nous sommes plus trouvés que deux, en collaboration, pour tirer des drames de mes livres. Après *L'Assommoir*, ç'a
a été *Nana*, puis *Pot-Bouille*. Ces trois drames ont paru en un volume
chez Charpentier[3]. *Le Ventre de Paris* et *Germinal* sont venus après, et
ne sont pas encore imprimés. Ils paraîtront quand aura été jouée *La
Bête humaine*[4], dont nous avons arrêté tout le plan, et que Busnach a
probablement déjà écrite en son entier.

Quel sera l'avenir de ce drame ?

Oh ! je ne saurais dire !… Je ne sais pas ce que ça donnera dans l'ensemble. Ce sera si difficile à monter ! Mais il y aura des
parties extrêmement remarquables.

Sur la collaboration en général

Je la blâme absolument, en principe. Jamais je n'ai collaboré d'une façon authentique. Ma collaboration a toujours été ce que j'appelerai une collaboration de coulisses, collaboration dont on ne sait rien... Oui, la collaboration est une chose tout à fait mauvaise. Je ne l'admets pas. Dans la collaboration, vous m'entendez bien ? il y en a toujours un qui est mangé par l'autre. Une collaboration, mais c'est un ménage ! ça se compose invariablement d'un grand et d'un petit, d'un fort et d'un faible : le grand absorbe le petit. C'est fatal... Autre définition, à laquelle je me fixerais plus volontiers : la collaboration est une association de deux personnes : la première travaille, l'autre fait travailler la première. Les gens qui ne manquent pas de paresse se passent rarement de collaborateurs. C'est charmant, en somme, la collaboration : ça force à travailler, et surtout, ça force à causer en dégustant quelques cigares. De toute cette fumée sort, à la fin de la séance, quelque chose, qu'on fixe sur du papier. Et, allez donc ! c'est toujours ça !

Je reconnais, cependant, qu'il peut se faire, par grand hasard, que deux tempéraments spéciaux se rencontrent et puissent arriver à parfaitement se compléter l'un par l'autre. Le premier est doué d'un talent de premier jet, exubérant, débordant. Il produit sans ratures et se développe avec la fougue du midi. Le second est froid, il est sobre et pondéré. Ces deux-là feront d'utile et bonne collaboration. Deux fournisseurs distingués d'un théâtre du boulevard sont à eux deux un exemple de cette collaboration-là.

Sur sa collaboration avec Busnach

Notre collaboration a toujours été surtout une collaboration de plan. Nous nous réunissons, pour chaque pièce, dix ou quinze fois, et, le livre en main, nous discutons très longuement entre nous. Là, il y a véritablement collaboration, collaboration tellement étroite et fondue qu'il serait en vérité bien malaise d'établir, le travail achevé, quelle est la part de celui-ci et quelle est la part de l'autre... Généralement, Busnach fait un premier jet, et nous partons de là.

Busnach est le collaborateur le plus vivant, le plus gentil qui se puisse rêver. Nous n'avons jamais eu, ensemble, la plus petite discussion.

On m'a souvent blâmé de laisser tirer des pièces de mes livres. Mais, Busnach sait si bien prendre la responsabilité de tout ! Et il m'a ainsi aidé à faire de curieuses expériences. Et puis, on résiste mal à la tentation de voir vivre sur la scène des personnages que l'on a créés, et qui n'ont encore vécu que la vie morte des livres. D'ailleurs, les livres ne vont pas partout... Et, vous me croirez si vous voulez, mais *L'Assommoir*, par exemple, est bien plus connu par la pièce que par le roman dans le peuple, qui ne connaît pas le Mes-Bottes long et maigre que j'avais conçu, et ne connaît que celui que Dailly incarna, gros, petit et débordant.

NOTES

1. Sur William Busnach, voir aussi l'interview n° 2, n. 1.
2. Adolphe Dennery (1811-1899), de son vrai nom Adolphe Philippe, fut l'auteur de très nombreuses pièces de théâtre, de féeries, et de livrets d'opéra.
3. Les *Trois pièces*, signées par William Busnach et préfacées par Zola, parurent chez Charpentier en 1885.
4. Ce volume ne vit jamais le jour. À propos du *Ventre de Paris* et de *Germinal*, voir les interviews n°ˢ 2 et 5. *La Bête humaine*, drame en 5 actes, ne fut jamais monté.

31   Du roman historique. À propos d'*Ermeline*
ROBERT CHARVAY

L'Écho de Paris, 13 mars 1892

Abel Hermant (1862-1950), romancier et ami de Zola, venait de publier *Ermeline*, une étude de mœurs franco-italiennes sous le Directoire. S'inscrivant dans le cadre du « roman historique », *Ermeline* y apportait, selon Charvay, un élément nouveau. Pour lui, le roman était une « tentative curieuse de renouvellement du roman historique, en remplaçant le bibelotage et les aventures vieux jeu par de la couleur et de la psychologie ultra-modernes ».

A-t-il lu *Ermeline* ?

Certes, et j'y ai pris plaisir. L'œuvre déborde de talent, elle dénote un effort d'art considérable et comporte certains passages de premier ordre. Je citerai notamment le voyage des deux femmes, le séjour à Milan où la vie de l'époque est reconstituée avec une vérité saisissante, et enfin la mise en scène de la bataille d'Arcole, avec cette carriole qui porte une femme et un enfant, et se heurte, à chaque détour de route, à un épisode du combat. C'est simple et poignant. Pour tout cela, je n'ai que des éloges.

A-t-il des critiques à faire ?

Ma foi... voici... Vous entendez bien que je juge avec mes idées, qui n'ont pas bronché depuis trente ans et qui, bonnes ou mauvaises, sont ce qu'elles sont. Je ne suis pas très partisan, pour mon compte, de l'observation ultra minutieuse à la Stendhal. Je la trouve fatigante parfois, souvent inutile. Cette étude des radicelles cérébrales, cette analyse microscopique de l'âme, cet examen à la loupe du mécanisme psychique me laissent, en réalité, assez froid. Ces procédés de dissection fragmentaire, à l'infini, sont en dehors de mon tempérament. Moi, je peins à la fresque, par larges touches et je néglige la mosaïque des détails pour l'effet de masse, d'ensemble. Ai-je raison, ai-je tort ? C'est une autre affaire. En tout cas, je le dis bien haut, ces jeunes gens sont à louer quand ils cherchent du nouveau. Autre chose. Quand ils tentent de se frayer une voie encore inexplorée, en dehors des routes par nous battues, où se retrouve à chaque pas l'empreinte de nos talons, ah ! bigre, pour eux la situation n'est pas gaie ! Il en est aujourd'hui du roman ce qu'il en fut autrefois de la poésie. Après Hugo, Lamartine, Musset, la source semblait tarie et pourtant, il fallait abreuver les âmes. Vinrent les Parnassiens qui chaussèrent les souliers des morts et achevèrent d'user leurs défroques, puis apparurent les symbolistes, que je ne comprends pas, mais qui m'intéressent tout de même en cherchant à faire *neuf*. De même pour le roman actuel, Goncourt, Daudet, Maupassant, le pauvre bougre !![1], et moi-même nous barrons terriblement la route. Les jeunes de talent étouffent dans cette tour d'ivoire littéraire dont nous gardons solidement les issues. Bourget lui-même obstrue un petit escalier dérobé[2]. Bref, ils ont soif de liberté et cherchent à s'évader par dessus les murs. Comme je les comprends ! Or, donc, Abel Hermant, qui a de l'originalité et à qui le servage intellectuel pèse, après avoir tâtonné, sondé, fureté, a fini par trouver la brèche. Il a imaginé d'écrire le *roman historique*, non pas l'aventure de brigands à la Dumas qui partait d'un fait-divers du temps et le développait au hasard, avec sa belle imagination débridée, mais bien l'étude attentive, consciencieuse, d'une époque et des caractères qu'elle comporte. Abel Hermant s'entoure de documents, compulse les archives, scrute les chroniques, prend des notes, voyage, et, le milieu une fois reconstitué, procède à la reconstitution des âmes. Je crie bravo ! J'ai horreur des copistes, des ravaudeurs littéraires. J'aime les chercheurs, les novateurs. Chacun son tour ici-bas. *Hier* était à d'autres, *aujourd'hui* nous appartient, *demain* sera à qui le saura prendre. Je n'y vois, moi, aucun inconvénient, au contraire. Il en est du monde littéraire, comme du monde social dont écrivait Paul-Louis : « Que de chemin il a fait depuis cinq ou six siècles ! À cette heure, en plaine roulant, rien ne le peut plus arrêter ! » Tant mieux, morbleu ! L'Humanité n'a qu'à y gagner.

NOTES

1. Guy de Maupassant était interné depuis le 7 janvier 1892 à l'asile du docteur Blanche à Passy. Il y mourut le 6 juillet 1893.
2. Au sujet de Paul Bourget, voir l'interview n° 14, n. 3.

32 Le discours de Loti. Chez M. Zola
EDMOND LE ROY

Gil Blas, 9 avril 1892

Lors de son discours de réception à l'Académie française, le romancier Pierre Loti (1850-1923), qui avait remporté la victoire sur Zola (18 voix contre 8 pour Zola), se livra à une condamnation du naturalisme. Le discours prononcé, Edmond Le Roy se rendit chez Zola afin de recueillir ses impressions.

Voyons, il faudrait s'entendre et se montrer logiques. M. Pierre Loti, tout à l'heure, avouait, se vantait même, de ne jamais rien lire, de n'avoir jamais rien lu. D'où vient alors son audace de porter un jugement pareil sur une école qui, de son propre aveu, lui est totalement inconnue ? Il n'a pas lu les œuvres dont il parle et cela ne l'empêche pas de marquer son mépris, de déclarer avec une assurance, une naïveté sans égales « que le naturalisme est destiné à passer, quand la curiosité malsaine qui le soutient se sera lassée ».

Je ne veux pas demander à M. Pierre Loti si le public témoigne à ses écrits une curiosité semblable, je veux seulement relever une autre contradiction : M. Pierre Loti passe sa vie dans des pays lointains, dans des campagnes perdues[1], il arrive tout droit « du grand air du dehors » pour recueillir les applaudissements de ses nouveaux collègues. Où a-t-il pu se livrer à ces observations qu'il nous accuse d'avoir généralisées sans mesure ? Qui lui dit que la flaque de boue dont il parle est si spéciale et si restreinte ?[2] Ah ! je ne veux pas renouveler les anciennes polémiques et recommencer à combattre ceux qui nous dénient le droit de peindre les mœurs modernes telles qu'elles sont, telles que nous les voyons chaque jour. Je ne veux pas rechercher si M. Pierre Loti, « pour qui l'idéal est éternel », ne s'est pas montré dans ses œuvres plus athée et plus désespérant que moi dans les miennes. Je ne veux pas discuter ses idées philosophiques. Je veux seulement rappeler au nouvel académicien cette parole du sage qui conseille de ne parler que de ce que l'on connaît.

Quel accueil l'Académie a-t-elle fait à cette déclaration de M. Pierre Loti ?

Un accueil des plus chaleureux. Le naturalisme est comme le fameux spectre rouge que M. Rouher agitait, jadis, toutes les fois qu'il voyait faiblir son auditoire. Trois ou quatre phrases toujours les mêmes suffisaient à M. Rouher pour retrouver sa majorité[3]. De même, à l'Académie, on est toujours sûr d'être applaudi lorsqu'on charge à fond le naturalisme. Le nouvel académicien savait cela, et comme il n'était pas sûr de trouver un autre moyen de se faire acclamer, il a usé du vieux procédé, qui réussit toujours. Ah ! c'est un roublard !

Un roublard, mais aussi un ingrat et un... vilain. Lorsqu'on s'est battu la veille, on doit éviter de s'injurier le lendemain. M. Loti qui fut mon concurrent et qui l'emporta sur moi, ne devait pas user de son triomphe pour me donner... le coup de pied. Ah fi, M. Loti, vraiment ce n'est pas bien ! Vous que l'on dit un homme si correct ! Et c'est aussi de l'ingratitude, oui, de l'ingratitude. Vous me devez votre fauteuil. Si je n'avais pas été votre concurrent vous n'eussiez pas été élu.

En effet, vous le savez, mon cher Le Roy, à l'Académie, on vote bien plutôt *contre* quelqu'un que *pour* quelqu'un. Je me suis présenté à un moment où, M. de Freycinet venant d'être élu, il fallait absolument nommer un littérateur. Bourget, Maupassant, pressentis, avaient formellement refusé de se porter contre moi. Et je faisais grand'peur. Enfin la concentration se fit, contre moi sur le nom de M. Pierre Loti.

Ah ! si vous saviez la façon dont le nom de Loti fut accueilli la première fois qu'il fut mis en avant par M. d'Haussonville ! Les académiciens se roulaient sur les canapés. Mais, comme je vous le disais tout à l'heure, je faisais une telle peur qu'on préféra Loti, faute d'un candidat plus... présentable. Et Loti fut élu. Vous voyez aujourd'hui qu'il n'a pas le triomphe modeste.

NOTES

1. Julien Viaud, dit Pierre Loti, fut pendant toute sa vie officier de marine en même temps que romancier.

2. « La condamnation du naturalisme est d'ailleurs en ceci, affirma Loti, c'est qu'il prend ses sujets uniquement dans cette lie du peuple des grandes villes où des auteurs se complaisent. N'ayant jamais regardé que cette flaque de boue, qui est très spéciale et très restreinte, ils généralisent, sans mesure, les observations qu'ils y ont faites, — et alors ils se trompent outrageusement. »

3. Eugène Rouher (1814-1884), homme d'état bonapartiste, était connu pour son éloquence.

33 Entretiens sur l'anarchie. Chez M. Émile Zola
JEAN CARRÈRE

Le Figaro, 25 avril 1892

Le printemps de 1892 à Paris fut marqué par plusieurs at-tentats anarchistes. Dans les mois qui s'ensuivirent, une série d'agitations terroristes devait mettre tout Paris dans un état de peur, état aggravé par la presse anarchiste et par tout un climat d'hystérie de la part de la bourgeoisie. Les propos sur l'anarchisme, recueillis par Jean Carrère, ressemblent fort aux idées mises en avant dans deux des derniers romans de Zola, *Paris* (1898) et *Travail* (1901).

Les anarchistes, je parle bien entendu des anarchistes sincères, il n'est qu'un mot pour les qualifier : ce sont des poètes. C'est l'éternelle *poésie noire*, vieille comme l'humanité, comme le mal, comme la douleur. Ce sont des êtres de cœur, au cerveau de voyants, impatients du rêve. Ne croyez pas qu'ils datent d'hier. Ils ont commencé avec l'existence même des sociétés. Devant les maux iné-vitables, engendrés par tout ordre social, il a toujours existé des hommes simples, épris du songe d'un bonheur sans mélange, qui, sincèrement convaincus de la possibilité d'un paradis terrestre, ont cru qu'il suffisait de revenir à la nature, et, partant, de détruire l'état de choses conventionnellement établi. Et plus leur rêve était beau, plus leur désir de bonheur humain était intense, plus ardemment ils proclamaient la nécessité de démolir.

La théorie anarchiste s'est continuée toujours, tantôt silencieuse, idyllique presque, réfugiée dans l'âme des rêveurs; tantôt bruyante, exaltée, menaçante, dans le cerveau des hommes d'action. C'est sur-tout à la fin des civilisations, au moment où un monde à son déclin va faire place à un monde nouveau, qu'elle éclate brusquement.

Car, à ce moment-là, les erreurs sociales se dévoilent aux yeux des plus indifférents, les conventions apparaissent artificielles, l'inégalité n'est plus que l'injustice. Alors, ces êtres dont nous parlons, blessés, dans leur âme véritablement bonne, de tous les maux qu'en rêve ils ont si souvent guéris, n'ont plus qu'un désir : tuer l'effet en tuant la cause, c'est-à-dire supprimer le mal en supprimant la société qui l'engendre.

Croit-il à leur entière sincérité ?

En ces matières-là on n'est pas sincère à moitié. Il est fort probable qu'il y a parmi eux des gens [...] intéressés à fomenter des troubles. Mais ceux-là, ne nous en occupons pas; c'est affaire de police et d'actualité pure; je n'ai souci que de l'idée, et vous aussi, je crois. Ce ne sont pourtant pas, ces sincères, des déséquilibrés. Car, à ce compte, tous les rêveurs, tous les chercheurs de mieux seraient des déséquilibrés. M. Guesde lui-même[1], pour qui j'ai d'ailleurs la plus grande estime, qui est un caractère loyal, un homme de trempe et un travailleur énergique, M. Guesde, dis-je, est aussi un rêveur dans son genre, un sectaire épris d'un idéal, parfait à son sens. Serait-il donc un déséquilibré ? Non, assurément. Il est vrai que sa conception est plus scientifique, plus pratique et plus réalisable que celle de l'anarchic. Car, justement, ce reproche, le grand reproche que nous pouvons faire aux théoriciens anarchistes, c'est de ne pas être des esprits scientifiques. Ils veulent impatiemment ce qu'ils désirent, comme des enfants, des femmes — des poètes, j'y reviens. Nous croyons, nous, à l'évolution; eux croient à la possibilité de la réalisation immédiate.

A-t-il lu le livre de Kropotkine ?

À la conquête du pain ?[2] Non, pas encore. Je suis très occupé maintenant. Mais je connais les idées de Kropotkine. Le voilà justement le poète dont je vous parle, toujours exalté, réellement bon, généreux par-dessus tout. Et ils sont tous comme lui, même les plus obscurs.

NOTES

1. Sur Jules Guesde, voir l'interview n° 22, n. 1.
2. *La Conquête du pain*, de l'anarchiste russe Pierre Kropotkine, venait de paraître chez Tresse et Stock.

34 La critique de la critique.
La *Débâcle* racontée par M. Zola
FLY

Le Gaulois, 20 juillet 1892

Dans le numéro du 15 juillet 1892 de la *Revue des deux mondes*, le chef du mouvement néo-chrétien, Eugène-Melchior de Vogüé, consacra un article à *La Débâcle*, qui venait de sortir chez Charpentier-Fasquelle le 24 juin. « L'éminent et charmant académicien, qui exerce une si puissante et si heureuse influence sur notre jeune génération, admire, avec quelques restrictions cependant, le côté purement littéraire de l'œuvre nouvelle de M. Zola », affirmait l'interviewer du *Gaulois*. « Mais, au point de vue moral et patriotique, M. de Vogüé se montre beaucoup plus réservé. Il reproche à M. Zola, notamment, de n'avoir pas expliqué les raisons de la victoire de l'Allemagne en 1870. Il lui en veut surtout de n'avoir pas montré et décrit la résistance désespérée de la France, luttant héroïquement contre l'ennemi envahisseur. »

La lecture de l'article de M. de Vogüé m'a laissé une grande tristesse. Les griefs dont il m'accable et que rien, selon moi, dans mon œuvre, ne justifie, m'ont permis de constater que M. de Vogüé s'est mépris sur le sens général et la portée philosophique de *La Débâcle*. Je n'incrimine pas sa bonne foi, je l'accuse simplement de m'avoir jugé à travers ses idées de parti et ses croyances néo-chrétiennes. Je passe les éloges littéraires dont il assaisonne ses appréciations, et qui ne sont là que pour mieux faire ressortir les duretés et les reproches de sa critique passionnée, je maintiens le mot. Il s'effarouche parce que, à l'exemple du vaillant général de Sonis, dont il veut bien m'entretenir incidemment, mes héros, qui sont pourtant des héros dans l'acception du terme, ne montrent pas le ciel en tombant sur le champ de bataille. Au fond de sa critique, il y a surtout une querelle d'idées morales et religieuses. C'est ce que je tiens à faire apprécier de tous ceux qui auront lu mon livre et l'étude qu'en a faite l'érudit critique de la *Revue des deux mondes*.

Cela dit, je vais faire à mon tour la critique de la critique de M. de Vogüé. En écrivant *La Débâcle*, j'ai voulu, non pas seulement donner la monographie d'une de nos armées et faire la description de la bataille de Sedan; j'ai visé plus haut et d'une manière plus large. J'ai prétendu raconter toute la guerre, donner la vision héroïque de nos armées, de nos soldats, luttant pour la France et pour le territoire menacé, envahi. J'ai voulu, enfin, montrer aux prises deux grandes nations. Y suis-je parvenu ? La grande quantité de lettres que j'ai reçues depuis l'apparition de *La Débâcle* me l'indique suffisamment.

M. de Vogüé se demande où est l'Allemagne dans mon livre ? Mais elle rôde autour de nous comme une fatalité. J'ai cru plus grand de la montrer à l'horizon, sans la faire entrer en scène. On la devine ou, plutôt, on la voit. C'est sa présence rapprochée qui détermine les mouvements stratégiques de nos armées. Non, certes, « la victime n'a pas été égorgée par une main anonyme », quoi que M. de Vogüé en veuille dire. C'est là un procédé littéraire, une idée de conception d'épopée que j'ai suivie jusqu'à la fin de l'ouvrage.

M. de Vogüé s'ingénie, le long de sa route qui n'est pas fleurie pour moi, à soulever objections sur objections, critiques sur critiques. Ne me reproche-t-il pas, d'un ton amer, de n'avoir pas su dégager et mettre en lumière les causes réelles de nos échecs successifs, de l'écrasement complet de la France ? Ici, je commence à croire que M. de Vogüé n'a pas pris la peine de lire attentivement *La Débâcle.* « Mais cela y est en toutes lettres, monsieur, vous vous en convaincrez aisément pour peu que vous le vouliez. » Ces raisons, je les indique dès les premières pages du livre. J'explique pourquoi l'Allemagne qui, depuis longtemps, préparait la guerre, nous a vaincus : la Prusse grandie après Sadowa, le mouvement national qui la plaçait à la tête des autres États allemands, tout ce vaste empire en formation, rajeuni, ayant l'enthousiasme et l'irrésistible élan de son unité à conquérir; le système du service militaire obligatoire qui mettait debout la nation en armes, instruite, disciplinée, pourvue d'un matériel puissant, rompue à la grande guerre, encore glorieuse de son triomphe foudroyant sur l'Autriche; l'intelligence, la force morale de cette armée, commandée par des chefs presque tous jeunes, obéissant à un généralissime qui semblait devoir renouveler l'art de se battre, d'une prudence et d'une prévoyance parfaites, d'une netteté de vue merveilleuse. Tout cela y est décrit, expliqué. N'ai-je pas eu le courage, aussi, de comparer à cette armée disciplinée, animée d'un élan généreux, notre armée à nous, certes d'une admirable bravoure de race, mais gâtée par le remplacement à prix d'argent, trop certaine de la victoire pour tenter le grand effort de la science nouvelle, commandée par des généraux insuffisants pour la plupart et dévorés de rivalité, se jetant en aveugles, sans préparation sérieuse, au milieu d'un effarement, dans l'effroyable aventure qui commençait.

Mais il est une accusation, ou quelque chose qui y ressemble, que je n'accepte pas. M. de Vogüé prétend que j'ai diminué et rapetissé la France. « À part quelques Vineuils impuissants, dit-il, tous furent ignorants, frivoles, corrompus, vantards et brutes ! Tous Rougon, tous Macquart ! » Voilà jusqu'où peut mener le parti pris. Ce coup de massue asséné, M. de Vogüé s'imagine qu'il a dit vrai. Non pas ! Mes soldats s'égaient, plaisantent; mais ce ne sont pas des brutes. À côté des Chouteau et des Lapoulle, il y a des personnages en qui l'âme héroïque et fière de la patrie s'est incarnée sublimement. Citerai-je leurs noms ? Weiss, Jean, Mme Delaherche, le colonel Vineuil, le lieutenant Rochas, le docteur Dalicamp, Henriette, Prosper et d'autres que j'oublie. Après avoir peint la prostration, la démoralisation d'une partie de l'armée, j'ai mis la flamme farouche du devoir dans le cœur de nos humbles petits soldats, si vaillants et si malheureux.

Ce n'est pas tout : l'écrivain de la *Revue des deux mondes* me reproche aussi d'avoir amoindri le sentiment de la résistance en France. Que dis-je ? Il affirme que *La Débâcle* ne reflète pas un instant « la physionomie vraie de cette résistance, follement conduite, sans doute, maudite alors par les gens à courte vue, mais infiniment sage dans son principe et à jamais bénie, car tout ce que nous sommes, aujourd'hui, dans le monde, nous le devons à cette heure, à l'opinion que nous avons prise de nous-mêmes et donnée aux autres ». Il ajoute que je semble ne pas tenir compte de ces efforts multiples, incoercibles, qui soutinrent, pendant six mois, une résistance unique dans les annales des guerres récentes. Voulez-vous que je vous dise nettement ce que je pense des lignes ci-dessus ? C'est que M. de Vogüé a sauté une quarantaine de pages qui se trouvent dans la troisième partie de mon ouvrage — cette troisième partie qu'il me blâme d'avoir écrite — et où la résistance et l'agonie de la France sont dépeintes. Je ne pouvais pas m'étendre davantage sur ce sujet attristant. J'ai fait tout cela en raccourci et j'estime que, dans un roman, c'est assez. Il y aurait là un autre livre à écrire. Que M. de Vogüé le fasse lui-même. Je serai un des premiers à le lire.

Mais admirez jusqu'où l'esprit critique de M. de Vogüé peut aller. Il traite d'invention fantaisiste le fard de l'Empereur. Or ce fait est historique : il m'a été raconté par une grande dame qui touche de très près à la famille impériale. Cet Empereur malade, torturé par d'atroces souffrances, cette victime du Destin, cherchant vainement la mort, et qui se met du rose sur la joue, je le trouve grand comme du Shakespeare.

Je ne m'étendrai pas autrement sur les autres critiques de M. de Vogüé, qui me reproche, entre autres choses, de n'avoir pas même fait figurer le nom de Gambetta, « l'homme, dit-il, qui incarna l'âme de la France, qui fut et demeure le vrai, le principal fondateur de notre puissance présente », alors que ce nom et cette page sont dans la troisième partie de *La Débâcle*.

En écrivant ce livre, je crois avoir fait œuvre de moraliste et de patriote. J'ai étalé les plaies et les défaillances de notre cher pays. J'ai montré les fautes qui ont été commises au cours de cette terrible guerre de 1870, afin qu'elles nous servent de leçon. J'ai mis dans cette épopée militaire une grande pitié pour les pauvres petits soldats. M. de Vogüé pense, non sans tristesse, aux « exemplaires graisseux qui vont courir les casernes et les chambrées ». Moi, je suis plus rassuré. J'ai la satisfaction et la conviction d'avoir écrit un livre fait pour hausser l'âme de nos soldats; c'est un livre de courage et de relèvement, un livre maintenant la nécessité de la revanche. J'ai envisagé la guerre telle qu'elle est, avec ses cruautés, ses hideurs, ses charniers ensanglantés, ses épouvantes, ses privations, et je crie aux peuples : « Voyez la guerre, la voilà ! » C'est une leçon philosophique en même temps qu'un secret encouragement pour l'avenir. Ceux qui ne l'ont pas compris ne l'ont pas voulu comprendre, peut-être.

Je n'ai qu'un regret, c'est d'avoir épuisé en une trentaine de pages un sujet aussi vaste que celui de la Commune. Il y aurait là un volume nouveau à écrire; mais je me suis promis de ne pas faire entrer plus de vingt volumes dans ma série des *Rougon-Macquart*. Le dernier, dont j'ai déjà rassemblé les matériaux, s'appellera, comme vous savez, *Le Docteur Pascal*[1].

NOTE

1. Voir l'interview suivante.

35 Le prochain roman d'Émile Zola
G. STIEGLER

L'Écho de Paris, 20 août 1892

L'interviewer de *L'Écho de Paris* profita d'un bref séjour de Zola à Paris — entre ses vacances en Normandie et son voyage à Lourdes — pour l'interroger sur son prochain roman.

Il n'y a aucun rapport entre mon voyage à Lourdes et mon prochain roman, *Le Docteur Pascal*. Je vais à Lourdes assister à ce qu'on appelle le pèlerinage national : il comprend, je crois, les fidèles du centre et de Paris : car, là-bas, c'est un peu comme dans les villes d'eaux, la saison dure trois ou quatre mois; seulement les organisateurs, gens pratiques, font venir les pèlerins par séries : il y a la fournée de Bretagne et de Vendée, celle de l'Est, celle du Nord, etc. Et ne vous y trompez pas, on réalise là de vrais miracles : on guérit effectivement certaines maladies nerveuses, aussi bien qu'ici, dans nos hôpitaux. J'ai vu cela déjà une fois et je vous assure que c'est merveilleux. Les gens du pays ont un mélange de mysticisme et d'esprit de lucre très remarquable. Une fois, mon cocher — car la première chose que je fais dans une ville, c'est de prendre une voiture; je ne sais pas si je la visite aussi minutieusement ainsi, mais la fatigue me prend vite dans les chambres d'hôtel où l'on est si mal à l'aise et puis, aujourd'hui, je ne bouge plus, la marche m'éreinte; — donc mon cocher, un croyant, me disait avec la plus grande naïveté, comme s'il se fût agi d'une station balnéaire quelconque : « Ça a bien pris, Lourdes; savoir si ça durera. »

Mais je ne devrais pas parler de Lourdes, puisque je ne commencerai mon roman sur ce pays que dans huit ou neuf mois. Je m'expose à dérouter le public, car, vers mars ou avril, je dois lui livrer *Le Docteur Pascal*[1], dont le plan est déjà composé, et qui est tout autre chose qu'une étude religieuse.

Le Docteur Pascal aura un caractère scientifique et sera comme une sorte de coup d'œil jeté sur les ouvrages de la série des *Rougon-Macquart*, dont il constituera le dernier terme. Vous rappelez-vous ce Pascal ? Je l'ai présenté dans *La Fortune des Rougon* et dans *La Faute de l'abbé Mouret*, mais je vous avoue qu'il est un peu sorti de ma mémoire. Cela se conçoit : il m'est impossible de relire mes livres; c'est une douleur pour moi. De chaque page qui me tombe sous les yeux, il n'y a pas une seule phrase que je ne voulusse récrire. Quelle torture ! rien ne me semble bien; il faudrait tout changer. Il n'y a que les poètes qui puissent revoir avec plaisir ce qu'ils ont buriné jadis : le moule du vers imprime à leur œuvre une forme précise et définitive, qui ne permet pas de souhaiter même le déplacement d'un seul mot.

Donc je ne sais presque rien de mon Pascal, que je n'ai pas revu depuis vingt ans, et j'emporte les volumes où il est question de lui, afin de me rafraîchir la mémoire. Il me souvient qu'il a recueilli une enfant, une certaine Clotilde : c'est entre elle et lui que se déroulera le drame, oh ! un drame très simple qui ne comprendra pas plus de cinq ou six personnages, dont deux principaux seulement. Après cette large fresque de *La Débâcle*, après cette immense machine à tapage, il m'a paru extrêmement distingué de publier une œuvre discrète et simple, vraie antithèse de la précédente.

Pascal sera un médecin très bon, un homme de génie, mais avec des lacunes, soumis, comme les siens, à la fatalité de l'hérédité, mais avec une grande part laissée à l'innéité. Vous savez qu'on appelle ainsi une case dans laquelle les savants rangent certaines facultés constatées par eux chez un individu, lorsqu'ils sont embarrassés pour en découvrir la source dans le tempérament de ses parents ou de ses ancêtres. L'innéité est une certaine réserve personnelle, produisant, chez chacun, des aptitudes spéciales qu'il ne doit qu'à lui-même. Pascal en aura une forte dose et, dans ses recherches relatives à l'hérédité, il expérimentera sur les membres de sa propre famille. Nous verrons ainsi l'arbre généalogique des Rougon et les observations, les appréciations de Pascal sur les personnages de la série que vous connaissez déjà, les Coupeau, les Mouret, les Lantier, les Nana, etc. Toutes ces figures reparaîtront ainsi, non plus en action, parlantes et vivantes, comme je les ai montrées jadis; mais analysées et disséquées par un savant.

Et le lieu de l'action ?

Plassans, l'imaginaire Plassans, qui, dans mon esprit, est Aix, la ville où j'ai été élevé, mais Aix un peu rapetissé. L'époque sera 1872.

Et le procédé ?

Toujours le même : faire parler et agir les gens. La psychologie, je la respecte et je m'en sers. Mais enfin pour arriver à vous montrer ce qu'il y a dans un homme, je puis procéder de deux façons. Cet homme, je ne le connais jamais que par ses manifestations extérieures, paroles et actes; c'est par là que je le juge. Eh bien, pour le peindre à vos yeux, je puis me contenter d'enregistrer ses actes et ses paroles, de le faire marcher, aller, venir, aimer, parler devant vous, et montrer tout cela avec assez d'intensité, de vie et d'énergie pour que le lecteur ait de suite l'idée intuitive du personnage, sans que j'ajoute de réflexion. C'est le procédé de Balzac.

Pas toujours, car dans les *Scènes de la vie privée*, il a usé beaucoup de réflexions personnelles.

Peut-être, mais en général c'est sa manière de peindre. Vous connaissez mieux M. Hulot par un seul mot de lui que par toutes les dissertations.

L'autre manière de faire consiste à soulever, pour ainsi dire, le crâne du personnage et à dire longuement et doctement : « Je vois ceci dans son cerveau, j'y vois cela, et non autre chose : donc mon sujet est ainsi fait et se comporte de telle façon. » Hugo a disserté ainsi, et fort à propos, dans un admirable chapitre : *Une tempête sous un crâne*. Mais en général je préfère le premier procédé, qui a toujours été le mien, et qui est plus vivant, plus brillant, plus saisissant.

Et la philosophie du livre ?

Je ne dis pas qu'il sera consolant, car ce mot serait bête. Mais il sera humain, sympathique à la vie, dont j'ai dit beaucoup de mal, c'est vrai, mais que j'aime au fond. J'ai injurié la vie, comme on gourmande quelqu'un que l'on aime beaucoup, mais dont on connaît trop les défauts et que l'on rêve meilleur. Je dirai la grandeur de la nature, je vanterai la beauté de l'effort pour l'effort lui-même, je célébrerai le goût de l'action, sans trop croire, d'ailleurs, à la valeur et à l'intérêt du but poursuivi. Et l'ouvrage se terminera sur une vaste vision de l'avenir, avec une mère tenant son enfant sur son sein, une vision vague et incertaine, mais grandiose.

Germinal s'achevait déjà ainsi; les derniers mots du livre et le titre même indiquaient au moins un espoir.

Oui, et dans *Le Docteur Pascal*, comme dans *Germinal*, il y aura l'expression d'un espoir désillusionné, une croyance à l'évolution, mais non pas au progrès, ni au bonheur possible.

Estime-t-il donc qu'il n'y ait eu jamais aucune amélioration dans l'humanité, que les hommes n'aient pas été heureux ou malheureux à certaines époques plutôt qu'à d'autres dans le cours des âges, sous toutes les diverses latitudes, et que tout soit indifférent ?

Non, je ne crois pas à la perfectibilité ni au progrès. Ce contentement intime qu'on appelle le bonheur est purement relatif et n'existe guère pour personne. Il se produit une sorte d'équilibre par lequel tout se compense. Je l'ai dit aux socialistes : vous supprimerez la misère; ce n'est pas impossible. Et puis après ? Vous aurez toujours les autres maux, et l'homme ne sera pas plus satisfait. Souvenez-vous, dans *Germinal*, de l'ingénieur qui entend passer sous sa fenêtre les affamés demandant du pain et qui apprend, au même moment, son infortune conjugale; il s'écrie : « Je suis plus à plaindre qu'eux ! » Il est riche pourtant !

Cependant la pauvreté n'empêche pas les décep-
tions amoureuses.

Oui, sans doute, mais mes souvenirs de pauvreté ne sont
pas les plus cruels. La mort de ceux qu'on aime est bien plus terrible
et voilà ce qu'on ne peut empêcher !

NOTE

1. *Le Docteur Pascal* parut en juin 1893.

36 Au jour le jour.
M. Zola et le pèlerinage de Lourdes
ANONYME

Le Temps, 26 août 1892

Un rédacteur du *Temps*, qui se trouvait à Lourdes, interrogea
Zola sur la ville, voulant connaître ses impressions.

J'ai traversé Lourdes l'année dernière, en septembre.
Frappé du spectacle dont j'étais le témoin, je résolus de revenir cette
année, à l'époque du « pèlerinage national » pour en étudier le mécanisme. Les deux premiers jours, j'ai pu garder l'incognito. J'ai assisté à l'arrivée des malades à la gare. Quel Cour des Miracles, bon
Dieu ! J'ai vu débarquer les douleurs humaines les plus épouvantables. Les larmes me sont venues aux yeux devant ce grand déballage
de souffrances. Quiconque ne l'a pas vu ne saurait le soupçonner.
Souvent, les médecins défendent le voyage aux malades, vu leur état
de faiblesse, mais ils l'accomplissent malgré cette interdiction, et
quelquefois ils meurent en route. C'est ce qui vient d'arriver : dans
le trajet de Paris à Lourdes on a perdu deux malades.
Je n'ai pas tardé à être reconnu. Je suis allé alors trouver le père
Picard, des pères de l'Assomption, qui dirigent chaque année le pèlerinage. J'ai vu également le père Bordedebat, supérieur des pères
de la Grotte, et je leur ai dit ce que je venais faire. Ils m'ont reçu avec
la plus grande courtoisie. Nous n'avons rien de caché ici, m'ont-ils
dit. Nous agissons au grand jour; vous pourrez tout voir. Le docteur
Boissarie, médecin de la Grotte, s'est mis à ma disposition, et le
président de l'hospitalité du Salut, M. de Raymond-Cahusac, m'a
délivré un laissez-passer au moyen duquel j'ai pu circuler partout.

Après avoir visité le sanctuaire, je suis allé au bureau des constatations, où les guérisons sont enregistrées.

En a-t-il constaté ?

Non, aucune, pendant les deux heures que j'y suis resté. Il est vrai que je n'ai ni la foi qui pourrait me les faire voir ni la science médicale qui pourrait me les faire reconnaître. Je ne suis ni croyant ni médecin. Mais, au surplus, comment voulez-vous qu'on puisse se rendre compte de la guérison d'une maladie organique comme une lésion au cœur ou une phtisie, par exemple ? Dans ces sortes d'affections, les diagnostics sont toujours incertains. Tel médecin atteste une cavité dans le poumon droit, qu'un autre ne distinguera jamais, s'il ne la place pas dans le poumon gauche. Dans ces conditions, il est à peu près impossible d'établir la guérison d'une maladie organique. Elle pourra, d'ailleurs, toujours être contestée. Il n'en serait pas de même de la guérison de plaies apparentes, telle qu'une carie des os, par exemple. Si vraiment un bain d'eau claire guérit ces maladies-là, que tout le monde peut constater, il faut crier au miracle.

À ce propos, on m'a cité le cas d'une jeune fille nommée Clémentine Trouvé, de Rouille. Cette jeune personne, qui m'a été présentée, avait une carie des os du talon gauche avec un commencement de nécrose. Avant son départ pour Lourdes, un médecin avait certifié son état; une résection de l'os, qui était à moitié rongé, avait été jugée indispensable. Elle arrive à Lourdes. Que se passe-t-il ? On la trempe dans une des piscines, où elle reste deux minutes (c'est la durée ordinaire de ces sortes de bains); on l'en retire; la plaie suppurante a subitement séché; les os se sont refaits; elle est guérie sur-le-champ.

L'a-t-il vu ?

Ah ! non pas. On me l'a dit. Ceci s'est passé l'année dernière. J'ai vu la personne cette année-ci : je l'ai vue guérie, mais je ne l'ai pas vue malade. Elle m'a montré son pied, qui est sain; mais comment était-il l'année dernière ? Je n'en sais rien. J'aurais voulu le voir avant le bain. Mlle Clémentine Trouvé est une personne fort délurée qui conte son cas avec la facilité de quelqu'un qui n'en est pas à son premier récit.

« Monsieur Zola, me disait-elle, vous ne croyez pas aux miracles. Vous êtes un incrédule. Je prierai Dieu pour vous. »

« Comme vous voudrez, mon enfant, lui ai-je répondu en riant; ça ne peut pas me faire du mal. »

À propos de ces plaies apparentes, j'ai soulevé une question qui a quelque importance. Il faut vous dire que ces plaies préoccupent beau-

coup les médecins attachés au sanctuaire et que ce sont celles-là surtout que l'on entend guérir. « Eh bien, disais-je au docteur Boissarie,
vous avez un moyen de convaincre tout le monde de leur guérison.
Vous devriez avoir dans vos hôpitaux une salle de plaies apparentes.
Quand une personne atteinte d'une de ces affections vous est présentée, il faudrait la faire examiner par une commission. Un procès-
verbal de constat serait rédigé. On pourrait même faire une photo-
graphie instantanée de la plaie. Ces précautions prises, si la guérison
intervenait, personne ne pourrait la révoquer en doute. Mais, au fait,
pourquoi diable vouloir guérir ces plaies compliquées ? Si un croyant
qui a une écorchure au doigt trempe ce doigt dans l'eau de Lourdes,
et si, après le bain, toute trace d'écorchure a disparu, le miracle sera
tout aussi grand. »

Ah ! ces piscines où l'on immerge les malades, quel spectacle douloureux elles offrent ! L'eau est à une température de 10°; on ne la
change que deux fois par jour; et, comme il y passe des bataillons de
malades dans la journée, on y voit la sanie sortie des plaies qu'on a
baignées, des restes de charpies, que sais-je ? C'est un bain de bacilles,
une quintessence de microbes, un horrible bouillon de culture. Ce
qui est surprenant, en vérité, ce n'est pas qu'on en sorte guéri, c'est
qu'on n'en sorte pas plus malade qu'auparavant; c'est que cette eau
contaminée ne soit pas le vésicule de maladies contagieuses. Ah ! les
théories de Pasteur reçoivent ici un bien singulier démenti !

Quel spectacle ! Je ne puis m'empêcher d'y revenir. J'ai vu plonger
dans ces piscines un ataxique et un paralytique qu'on tenait suspendus
au moyen de courroies. Au contact de l'eau froide, ils ont eu un spasme
douloureux, je les ai vus rejeter violemment en arrière leur tête
convulsée; leur visage exprimait l'angoisse; un long frémissement
agitait leur corps. Mais on ne tient compte de rien, et les malades
restent plongés le laps de temps nécessaire. Souvent les médecins
s'opposent à ces immersions, mais les malades passent outre.

Il n'y a donc point de guérison ?

Aux piscines, je n'en ai pas remarqué, ni au bureau des
constatations; mais devant la Grotte, c'est autre chose. Hier, j'ai suivi
la procession, je me tenais juste derrière le saint-sacrement. Sur le
passage du cortège, devant la Grotte, les pèlerins se tenaient pros-
ternés, la tête dans la poussière ou les bras en croix. Les malades,
couchés sur des civières, tendaient vers le saint-sacrement des mains
suppliantes. Il y en avait qui éclataient en sanglots, d'autres faisaient
entendre des cris : « O Marie ! O Vierge ! guérissez-moi ! » Ou bien
encore : « Guérissez-les ! » s'écriait-on de toutes parts. C'était un

immense cri de foi, mais un cri de foi demandant la vie. Car les malades ne s'adressent pas à la Vierge pour qu'elle leur assure une autre vie, mais pour qu'elle leur conserve celle-ci; ça n'est pas le ciel qu'ils demandent, c'est la terre. Devant la Grotte, l'élan de la foule est extraordinaire, l'exaltation des pèlerins, malades ou bien portants, est, là, à son comble. Eh bien, j'ai vu des gens qui ne pouvaient remuer se lever tout à coup et marcher. Mais de pareils résultats sont obtenus dans les hôpitaux par la suggestion. Aucun médecin ne nie que des guérisons de cette nature se produisent devant la Grotte, et Charcot[1] envoie à Lourdes ceux de ses malades qui sont croyants. Certainement, des maladies nerveuses sont guéries à Lourdes; mais les médecins du sanctuaire ne s'arrêtent pas à ces guérisons-là. Ce sont les plaies apparentes qui fixent leur attention. Je leur ai indiqué le moyen d'attester publiquement leur guérison. Le suivront-ils ? Je n'en sais rien, mais il est curieux qui je sois d'accord là-dessus avec le pape Léon XIII, si toutefois ce qu'on me rapporte est exact.

« Est-il vrai, disait un jour le pape, qu'il y ait des miracles à Lourdes ? » Comme on lui répondait affirmativement : « Eh bien, ajouta-t-il, aussitôt, il faut les faire constater scientifiquement, afin que personne n'en doute. »

Zola a donc été très intéressé par le spectacle qu'il a vu ?

Très intéressé et très ému. Il règne parmi tous ces malades une confraternité touchante et il est fréquent de voir un malade prier pour la guérison de son voisin, non pour la sienne propre. Mon Dieu ! au fond, c'est un appel au bonheur qu'ils viennent faire ici. Ils demandent une meilleure répartition de la santé, comme les anarchistes demandent une meilleure répartition de la richesse. Ces croyants ressemblent aux anarchistes par ce désir du mieux qu'ils expriment. Les anarchistes font appel à la violence : les croyants font appel à des puissances supérieures; mais ceux-ci ne menacent pas l'ordre social, et leur moralité est bien au-dessus de celle des anarchistes, car tous ces croyants sont de très bonne foi et ce n'est pas une comédie qu'ils jouent. Chrétiens et anarchistes ont un grand besoin d'illusions, de rêve. Les religions, les formes politiques, peuvent passer; ce qui demeure, c'est cette poursuite du rêve.

Croit-il à l'éternité de ces manifestations religieuses ?

Je crois à l'éternité de l'illusion. Il est certain qu'il y a en ce moment un retour marqué vers le mysticisme, et cet accès de foi est assez surprenant dans cette fin de siècle mouvementée, où nous voyons la débâcle de tout. Pourquoi ce recul inattendu ? Parce que la science n'a pas tenu ses promesses (pourra-t-elle les tenir toutes ?), et alors les foules déçues se retournent vers la religion. La science ne peut pas donner l'égalité ni cet idéal de justice que l'humanité poursuit sans relâche. Au reste, des manifestations comme celles de Lourdes ne font courir aucun danger à la société. Tout au plus le philosophe peut y trouver à redire parce qu'elles ne constituent pas précisément un triomphe pour la raison.

Va-t-il donc écrire un livre sur ce sujet religieux ?

Oui, pour moi, c'est un sujet merveilleux, aussi beau que celui de *La Débâcle*. Je vais faire entrer dans ce nouveau livre le mouvement néo-catholique que préconisent M. de Vogüé[2] et la nouvelle attitude politique de Léon XIII. Je suis séduit par cette œuvre et j'y pense toujours, mais je ne commencerai pas à écrire ce livre avant l'an prochain. Il faut que j'achève celui auquel je travaille en ce moment. L'an prochain je reviendrai peut-être à Lourdes, et peut-être aussi m'établirai-je dans une solitude au bord de la mer pour travailler à mon ouvrage sur Lourdes[3].

NOTES

1. Le célèbre médecin Jean-Martin Charcot (1825-1903) fut connu pour ses nombreux ouvrages sur la pathologie nerveuse et l'anatomie pathologique, ainsi que pour ses cours, auxquels Sigmund Freud assista.
2. Sur Eugène-Melchior de Vogüé, voir l'interview n° 34.
3. Zola ne retourna pas à Lourdes. Le roman parut chez Charpentier en août 1894.

37 La politique de Zola
A.S.

L'Écho de Paris, 7 octobre 1892

En revenant de son voyage à Lourdes, Zola passa par Aix, Marseille, Toulon, Cannes et Monte-Carlo. De là, il poussa jusqu'à Gênes, où il fut interviewé par un reporter du journal italien, *Caffaro*, sur les rapports entre la France et l'Italie.

Vous le savez bien, je ne m'occupe pas de politique, mais il me semble qu'entre l'Italie et la France, proverbialement sœurs, il

existe encore des malentendus que, dans l'intérêt de tous, devraient écarter les populations elles-mêmes, unies par tant de liens de sang, d'affinité d'origine, de traditions, de races, par la latinité du caractère, de la fibre, et indissolublement liées par l'histoire du passé et les aspirations de l'avenir.

Je ne prends cure ni de ce que peuvent faire les gouvernements, ni de ces petites et mesquines raisons qui constituent les éventuelles opportunités de la politique destinées à être détruites par le premier souffle de vent, je considère les choses à un point de vue un peu plus haut, *en poète, en philosophe*, et je vois combien la raison philosophique, la raison historique s'opposent à la consistance effective de ces scissions entre peuples liés non seulement par le sang, mais par les sentiments.

Je ne suis pas catholique pratiquant, mais je suis catholique et mon instinct artistique, de poète et de romancier, se révolte absolument devant le protestantisme. Je crois que de même se révoltent les instincts des peuples latins romantiques, lyriques par nature.

Vous voyez donc que, même par ce côté, disons spirituel, une alliance entre le peuple italien et le peuple allemand constitue une véritable absurdité.

Je pense que l'Italie courrait à une ruine certaine en y persistant. Je ne pourrais vraiment pas en croire mes yeux, le jour où je verrais dans une guerre européenne les Italiens tourner leurs armes contre les Français. Certes, les fêtes de Colomb et la réunion des escadres dans le port de Gênes a été un grand pas vers l'ère de la pacification universelle. Les peuples commencent à se convaincre que le voulant, le voulant fortement, on atteindrait cet idéal qu'on dit utopie aujourd'hui et qui demain peut être réalité. Mais il faut employer encore beaucoup de force de volonté pour s'entendre et cheminer, d'un pas égal, sur la même voie.

38 Le prochain livre de M. Émile Zola
ANGE GALDEMAR

Le Gaulois, 26 novembre 1892

Sachant que Zola était sur le point de commencer le dernier roman des *Rougon-Macquart*, Ange Galdemar alla se renseigner sur la façon de travailler du romancier et recueillit en outre un bref historique des vingt romans qui composaient la série.

Vous avez bien fait de venir aujourd'hui, car à partir de demain, je serai moins accessible. C'est demain que le martyre commence ! Oui, je vais écrire *Le Docteur Pascal*, le dernier volume de cette série qui me tient depuis plus de vingt ans. Oh ! la joie que je ressentirai en mettant le mot « fin » au bas du dernier feuillet ! Mais je n'y suis pas encore, hélas ! C'est demain seulement que je prends la plume. J'en frémis d'avance, car cela va être pour moi un douloureux martyre, qui durera jusqu'au mois de mai, époque à laquelle j'espère terminer *Le Docteur Pascal*.

La période de production est pénible chez moi. D'abord, je suis très lent à me mettre en mouvement. Aussi, rien n'égale l'état de nervosité dans lequel je vis pendant les deux ou trois premiers mois de l'enfantement. Je ne suis satisfait de rien, répondant invariablement à tous ceux qui me demandent des détails au sujet du livre : « Oh ! ne m'en parlez pas, c'est mauvais comme tout. » L'éditeur Charpentier, lui, sachant à quoi s'en tenir là-dessus, se contente de sourire, car il y a vingt ans qu'il entend le même refrain.

En effet, au deuxième tiers du livre, je commence à prendre confiance, le travail me paraissant moins lourd, moins accablant et, surtout moins absorbant. Et, à la dernière partie, je me ressaisis, ramassant, à ce qu'il semble, tout le souffle de l'œuvre pour le répandre dans les chapitres de la fin. On doit s'en apercevoir à la lecture de mes livres.

Mais, à la vérité, je ne suis jamais content de moi. Je puis dire, d'ailleurs, que je n'ai jamais enfanté dans la joie. Cela tient, je crois, à la méthode de travail que je me suis prescrite dès mon entrée dans les lettres, bien plus qu'à la nature de mon esprit. En effet, ma route est tracée à l'avance. Dès les premiers feuillets, je sais où je vais et quels sont les chemins de traverse que je rencontrerai avant d'arriver au but final. Rien n'est donc laissé à l'imprévu. Je ne connais pas, ainsi, la joie que l'artiste éprouve devant une trouvaille, le jet de lumière inattendu qui éclaire l'œuvre d'un éclat nouveau et la fait dévier quelquefois vers une orientation plus originale.

Partant, pas d'enthousiasme pour moi, aucun de ces cris d'allégresse qui sont comme la récompense du travail. Tout est réglé, déterminé, arrêté. Cela ne m'empêche pas cependant de revenir sans cesse sur l'œuvre en préparation. C'est ainsi que, si ma copie ne porte pas toujours beaucoup de ratures, mes épreuves, par contre, en sont criblées. Aussi, mes manuscrits ne doivent-ils pas êtres considérés comme étant les manuscrits réels de mes livres, puisqu'il m'arrive parfois d'apporter des changements considérables sur les épreuves.

Je n'ai gardé, d'ailleurs, aucun de mes premiers manuscrits, qui ont été distribués par petites feuilles volantes aux typographes, comme cela a lieu pour les articles de journaux. C'est seulement après le succès de *L'Assommoir* que Charpentier s'est mis à prendre soin de ma copie. Grâce à lui, je possède les manuscrits des livres que j'ai écrits depuis quinze ans. Mais je n'y attache guère d'importance, car, comme je vous l'ai dit, je corrige beaucoup sur épreuves.

Germinal, L'Argent et *La Débâcle* sont certainement les trois ouvrages qui m'ont donné le plus de mal. L'exécution de mon nouveau livre, *Le Docteur Pascal*, sera bien autrement facile. Je n'aurai pas à remuer des masses, ici. *Le Docteur Pascal* sera un roman passionnel assez court, avec très peu de personnages, très simple d'allure, dans la note de *La Joie de vivre*, par exemple; apportant, si vous le voulez, une sorte de conclusion à la série des *Rougon-Macquart*, mais une conclusion qui n'est pas... comment dirai-je ?... définitive dans le sens précis du mot, car rien ne finit véritablement ici-bas.

Il m'a fallu relire quelques-uns de mes ouvrages, tels que *La Fortune des Rougon, La Curée, La Conquête de Plassans, La Faute de l'abbé Mouret*, et cela pour certains personnages dont je n'avais fait qu'esquisser la figure, et que je reprends dans ce nouveau livre. Ainsi, l'ancêtre, la folle, tante Dide — diminutif d'Adélaïde, chez nous, en Provence — reparaîtra dans le roman, à l'âge de cent quatre ans. Le docteur Pascal, qui donne son nom au livre, possède, comme vous pensez, le dossier de tous les membres de la famille.

Je reproduirai, ainsi, l'arbre généalogique des *Rougon-Macquart* dans son entier, augmenté des membres de la famille qu'il m'a fallu ajouter au cours de mon œuvre. Logiquement, cet arbre généalogique n'aurait dû paraître qu'à la fin de ce dernier volume, qui relie tous les fils épars dans les autres ouvrages. Mais j'ai dû le donner, il y a quinze ans, dans la préface d'*Une page d'amour*, ne voulant pas qu'on pût croire que je l'avais fait après coup. La vérité est que je l'ai établi en 1868, il y a juste vingt-quatre ans. À cette époque, j'étais fort épris de la question de l'hérédité que j'avais déjà traitée, à deux reprises, dans *Thérèse Raquin*, et surtout dans *Madeleine Férat*, où j'étudiais un cas d'hérédité très curieux : un enfant né du mariage d'une femme avec son deuxième amant et ressemblant au premier.

C'est ce qu'il est convenu d'appeler « l'influence dans l'hérédité ». Le cas est connu. J'avais, d'ailleurs, étudié, avec une curiosité extrême, les diverses formes sous lesquelles l'hérédité se manifeste : l'hérédité directe, normale, s'exerçant sur la génération immédiate et l'atavisme ou l'hérédité remontant à deux ou trois générations. La question me passionna si fort, que l'idée me vint d'écrire une série de romans — ma première idée était de faire tenir la série en douze volumes — qui comprendraient l'histoire de toute une famille, vivant dans une époque déterminée et montrant, par des manifestations diverses, ce qu'une lésion organique survenue chez un ancêtre peut produire chez les descendants.

Je choisis, comme époque, celle dans laquelle je vivais. Le second Empire était, à ce moment, dans tout son éclat. Je croyais donc avoir devant moi un champ très vaste pour faire mouvoir mes personnages. J'étais loin, comme vous pensez, de prévoir sa fin prochaine.

Mais, brusquement, la guerre éclata et l'Empire sombra. Tout de suite, mon cadre se resserrait. Ainsi, la fille de Gervaise, par exemple, Nana, que j'avais fait naître en 1848, et qui, à la guerre de 1870, n'avait que vingt-deux ans, menait, à cette époque — et cela forcément, vu les assises établies — la vie d'une femme de quarante ans. Mieux que cela, mon cadre était devenu, au cours de la série, tellement étroit, que j'ai dû le faire éclater pour mon dernier livre. L'action du *Docteur Pascal* se passe, en effet, après la Commune, en 1872.

D'ailleurs, tout ce que je vous dis là, je l'expliquerai tout au long dans la préface d'une édition in-8° que je ferai de mes œuvres et qui sera l'édition définitive[1]. J'y expliquerai également les causes qui m'ont amené à ajouter d'autres membres de la famille des Rougon-Macquart à mon arbre généalogique tel qu'il est établi dans *Une page d'amour*. À cette occasion, je reprendrai quelques-uns de mes livres, les cinq ou six premiers surtout, dont certaines parties ne me plaisent pas tout à fait, au point de vue du style. Il y a là des phrases qu'il faut atténuer, modifier, refondre. Je m'y étais mis, cet été. J'avais même récrit tout le premier chapitre de *La Fortune des Rougon*. Mais je me suis aperçu que cela demandait trop de temps. J'aime mieux terminer ma série.

Mais, cette série, sera-t-elle vraiment la dernière ?

Je crains fort que je ne me laisse aller à en entreprendre d'autres, plus tard, car mes romans me viennent toujours sous la forme de séries. Je ne sais pas imaginer des œuvres de courte haleine. C'est ainsi que j'ai déjà l'idée d'une trilogie sur Lourdes, Rome et Paris. Mais on a trop parlé de ce projet, ces temps derniers, projet qui ne pourra pas, dites-le-vous bien, recevoir un commencement d'exécution avant deux ans.

L'œuvre importante pour moi, à l'heure actuelle, c'est *Le Docteur Pascal*. Et comme je vous l'ai dit, j'en aurai, là, à partir de demain, pour six grands mois de travail.

NOTE

1. Zola ne réalisa jamais ce projet.

39 M. Émile Zola interviewé sur l'interview
HENRY LEYRET

Le Figaro, 12 janvier 1893

« Vous savez que je suis une victime de l'interview moi ! [...] Sur quoi n'est-on pas venu m'interroger et que ne m'a-t-on pas fait dire ? Les choses les plus bizarres, les plus folles. » Henry Leyret alla rappeler ces paroles à Zola, « l'homme le plus interviewé de France », et le pria d'élaborer sur cette nouvelle forme du journalisme.

Sur les avantages et les inconvénients de l'interview

Vous me prenez à l'improviste. Mais peu importe ! Vous tenez à savoir ce que je pense de l'interview et des interviewers ? Je vais vous le dire. Seulement, ce ne sera là qu'une causerie familière, une conversation à bâtons rompus. Il faudra arranger tout cela.

L'interview, je suis assez pour cela dans les journaux. Générale-ment, quand on fonde un journal, le directeur vient me demander des conseils. Je recommande toujours de soigner particulièrement les interviews. On les confie d'habitude à de jeunes reporters sans ins-truction, à des faits-diversiers. Un événement arrive, la nouvelle en parvient au bureau de rédaction, le rédacteur en chef ou le secrétaire avise le rédacteur préposé aux chiens écrasés : « Un Tel, allez donc chez un Tel, tâchez de lui faire dire quelque chose là-dessus, et revenez vite ! » Eh bien ! les directeurs de journaux ont tort de traiter l'in-terview par-dessous la jambe.

Au contraire, c'est une chose excessivement grave qui, pour être bien faite, exige d'énormes connaissances. Il faut avoir l'usage de la vie, savoir où l'on va, connaître — au moins par ses œuvres — l'homme chez qui l'on se rend, approfondir la question qu'on doit lui soumettre, savoir écouter, prendre tout ce que l'on vous dit, mais dans le sens où on le dit, interpréter avec sagacité et ne pas se contenter de reproduire textuellement. Que sert de répéter des paroles, si l'on ne sait les mettre en leur place et leur donner le sens exact dans lequel elles ont été prononcées ? Non, l'interviewer ne doit pas être un vul-gaire perroquet, il lui faut tout rétablir, le milieu, les circonstances, la physionomie de son interlocuteur, enfin faire œuvre d'homme de talent, tout en respectant la pensée d'autrui.

Or, quels sont nos interviewers actuels ? De braves garçons — sans savoir, et des fantaisistes — sans scrupules ! (Naturellement, je fais une ou deux exceptions, oh ! pas davantage.) Les premiers, les braves garçons, sont pavés de bonnes intentions; ce sont de pauvres diables

Sept heures. — J'ai pensé qu'à cette heure, il me serait plus facile de connaître votre opinion sur la question de l'accaparement des sardines…

Midi. — Cher maître, ne vous dérangez pas, deux mots seulement : que pensez-vous de la division du Parlement finlandais ?

Deux heures, sur le pont des Arts. — Tiens, un aveugle… Si je lui donnais un sou, ça me portera peut-être veine… pour la prochaine élection.

— Pardon, cher maître, vous ne pourriez pas me dire quelle sera la prochaine vacance à l'Académie ? Car, je m'occupe un peu de reportage…

Cinq heures. — J'ai un de mes amis qui serait très heureux de savoir ce que vous pensez sur l'instantané comme document littéraire…

Minuit. — La vie ou votre opinion sur les bacilles de la tuberculose.

Un homme du jour interviewé

qui ne demandent pas mieux que de bien faire, seulement ils n'y entendent rien : ils ne sont pas capables ! Leur ignorance est telle que, malgré leur bonne volonté, ils vous font dire les choses les plus monstrueuses et ils sont la cause de véritables scandales. J'en sais qui ont causé des malheurs. Tenez, récemment, au lendemain de la mort d'un académicien, l'un d'eux se présenta chez un écrivain connu, un romancier pour qui j'ai beaucoup d'affection. Il le prit, je crois, au saut du lit, et mon confrère, oubliant qu'il parlait devant un inter-viewer, c'est-à-dire pour le public, dit franchement tout ce qu'il avait sur le cœur. Quand, ayant laissé couler toute sa bile, il pensa à retenir sa langue, il était trop tard : le malheureux avait tant et si bien parlé que le lendemain le journal lui faisait porter les jugements les plus durs sur plusieurs académiciens. Or, il était candidat à l'Académie !

Aussi il en a fait une véritable maladie. Il dut s'aliter et son état inquiéta même les médecins à un tel point que l'on pria les acadé-miciens mis en cause de se rendre à son chevet pour le rassurer. Le plus beau, c'est qu'il avait bien dit ce dont il se défendait. Que voulez-vous ? Il s'était emballé, il était allé plus loin que sa pensée. C'est un accident qui arrive tous les jours aux gens qui se grisent de leur salive. Ils parlent, ils parlent, puis ils veulent démentir, ce qui est une sot-tise.

Sur les fantaisistes

Ils sont extraordinaires. Vous ne leur avez rien dit, vous ne les avez même pas vus; cela ne les empêche pas de vous prêter les propos les plus insensés ! Et ne protestez pas : ils donneraient leur parole d'honneur que c'est vous qui mentez. Le type parfait de ces interviewers, c'est, par exemple, ce journaliste que je rencontrai cet été à Lourdes[1]. Dès mon arrivée, il me demanda mon opinion, mes idées, etc., une véritable interview. Je me fis tirer l'oreille. Enfin, c'était un aimable petit garçon, il me promit de respecter ma pensée; je me laissai donc aller... Quand je reçus son journal, je fus bien surpris : mon aimable petit garçon avait absolument travesti la vé-rité. Quelques instants après, je l'abordais : « Dites donc, vous, c'est comme ça que vous respectez ma pensée ? » Alors lui, très calme, de me répondre : « Qu'est-ce que ça vous fait ?... C'est beaucoup mieux comme cela... Je vous assure, ça fait plaisir au public; il préfère que ce soit arrangé ainsi ! » Et voilà comment durant mon voyage ce journaliste télégraphiait tous les jours à son journal des interviews qui, paraît-il, flattaient extrêmement les sentiments de ses lecteurs, mais qui dénaturaient absolument les miens !

Sur sa « conversion »

Grâce à ces interviews dépourvues de toute valeur, il s'est produit dans la presse un courant extraordinaire au sujet de ce que l'on a appelé ma « conversion ». Des journalistes sérieux m'ont attaqué avec la dernière violence, bâtissant leur polémique... sur quoi ?... Sur les racontars, sur les inventions d'un fantaisiste en villégiature ! Vraiment, c'est honteux, cela ! Des écrivains de valeur venir me jeter à la figure les inepties des interviewers ! Pourquoi ne pas me reprocher aussi leurs fautes de français, les erreurs de composition ? Allons ! qu'on attende mon livre pour me juger, et l'on verra !

Pourquoi ne pas démentir ?

Démentir ? Rectifier ? Jamais de la vie ! Non, non ! Je n'ai jamais démenti. C'est un principe. Je le dis toujours à mes amis : « Ne démentez jamais ! »

Et puis, ça me fait tout de même plaisir, ces interviews. Moi, j'aime le journalisme vivant. Or, les interviews, ça anime un journal, ça le rend plus agréable à lire. C'est une chose fort intéressante pour le public, il considère cela comme un joujou extrêmement amusant. Après tout, il a raison ! Tout n'est pas faux dans l'interview, il s'y trouve une part de vérité. Mais ce qui est faux, archifaux, c'est de croire que c'est nous qui provoquons les interviews. Oui, une légende s'établit dans le public, cette idée tient à s'accréditer que nous attirons les interviewers, que nous sollicitons d'être interviewés, que dis-je ? déjà l'on prétend que c'est nous-mêmes qui rédigeons à l'avance nos interviews ! C'est l'idée la plus absurde, la plus folle...

Mais non : nous sommes au contraire la victime, la pâture des interviews, notre travail est organisé, tout notre temps est pris, nous avons bien autre chose à faire ! Or, au moindre fait qui se produit, les interviewers se pendent à notre sonnette. Chez moi, en une heure, il en vient dix, quinze... Je vois défiler tout le personnel de l'interview.

Mes interviews, pour m'en tenir à moi, ne sont qu'un énorme monument de bêtises ! Je ne parle pas des phrases sans liaison, heurtées, ne signifiant rien, produisant les effets les plus drôlatiques. Mais les erreurs !!! Si je faisais un livre intitulé : *Les Erreurs de mes interviews* on y verrait jusqu'à des erreurs matérielles colossales. Celle dont j'ai le plus ri est sans contredit l'erreur commise, involontairement d'ailleurs, par le grand écrivain italien De Amicis. Venu à Paris en 1878, il se rendit chez plusieurs de nos romanciers. J'habitais alors rue Ballu. De sa visite chez moi, il fit une grande interview qu'il publia en Italie dans un livre intitulé : *Souvenirs de Paris*[2]. Je l'avais reçu dans mon cabinet de travail. À côté, dans une pièce voisine, se trouvaient deux petits chiens qui s'amusaient, qui aboyaient. Vous ne savez pas ce que dit De Amicis ?... Il prit ces jappements pour des cris d'enfants et il écrivit bravement que j'avais deux ravissants bébés ! [...]

L'interview est une chose très compliquée, extrêmement délicate, pas facile du tout. Pour éviter les trahisons inévitables dans ce genre d'articles, où précisément la sincérité est la première qualité, il y aurait bien la sténographie. Mais la sténographie est froide, sèche, elle ne rend ni les circonstances, ni les jeux de physionomie, la moquerie, l'ironie. Les journaux devraient donc confier les interviews à des têtes de ligne, à des écrivains de première ordre, des romanciers extrêmement habiles, qui, eux, sauraient tout remettre au point. Mais voilà : les hommes de grand talent sont employés à autre chose... Heureusement pour eux !

Si l'interview, telle qu'elle est pratiquée par ce temps de journalisme à la vapeur, bâclée en vingt minutes, rédigée à la va-comme-je-te-pousse, écrite au galop sur une table de café, à côté d'un vermout ou d'une absinthe, si elle est le plus souvent un fleuve d'erreurs, elle n'en reste pas moins l'un des principaux éléments du journalisme contemporain : d'abord parce qu'elle en est la partie la plus vivante, ensuite parce qu'elle est le joujou préféré du public !

J'ai une déclaration à faire. Ah ! mais très nette : je vous en prie, insistez là-dessus...

Eh bien ! je déclare que tout ce qu'un interviewer peut me prêter est comme non avenu. Oui, je l'ai déjà dit, je ne reconnais pour mon opinion que celle que j'ai moi-même exprimée par ma plume. Par conséquent, je déclare refuser tout caractère d'authenticité à toute interview de moi, quelle qu'elle soit !

NOTES

1. Voir les interviews n°s 36 et 46.
2. *Ricordi di Parigi* parut en 1879 chez les frères Treves et la traduction française l'année suivante chez Hachette.

40 Une page de critique théâtrale. À propos d'*Une page d'amour*

CHARLES BAUCHERY

Gil Blas, 21 février 1893

La première d'*Une page d'amour*, pièce tirée du roman de Zola par Charles Samson[1], eut lieu le 11 mars 1893 au Théâtre de l'Odéon. Charles Bauchery rendit visite à Zola afin de s'informer sur la genèse de sa pièce.

Sur la genèse de la pièce

Elle est simple. Depuis quatre ans, j'avais donné à M. Samson l'autorisation de transposer ainsi mon roman. C'était Garnier[2], vous savez, l'acteur qui composa — médiocrement du reste, — Étienne dans *Germinal*, qui m'avait dit grand bien de la *Marie Stuart* que celui-ci avait donnée au Château-d'Eau. Enfin je consentis. Depuis, je ne m'en occupais plus. On va la mettre en répétition; j'irai la voir.

On me l'a lue. Je l'ai trouvée bien menée... C'était pourtant besogne difficile. Vous savez en quelle intimité évoluent dans le roman le décor et l'action.

Zola fera-t-il un jour une pièce d'où sera bannie toute convention, une manifestation du naturalisme dramatique ?

Oui, j'y ai pensé. Il ne me paraissait pas que, *Les Rougon* menés à bout d'analyse, il me plût encore d'écrire des romans. Le théâtre m'attirait donc. Puis, j'avais des ardeurs de polémiste : les claironnées de bataille me secouaient. Depuis... je suis à présent paresseux. J'ai ma clientèle — je ne dirai pas mon École — à qui agréent mes œuvres. Or, qui sait quel échec me pourrait guetter derrière les portants ? [...]

J'ai une autre excuse, et plus sérieuse que mon amour du succès facile. C'est peut-être même le vrai motif qui m'empêche de donner mes soins à quelque œuvre dramatique, l'idée qui m'est venue de la trilogie : *Lourdes, Rome, Paris*. De ce triptyque, plutôt !

Quand j'aurai fini ces trois tableaux, qui vous dit que je n'écrirai pas enfin une pièce ? J'aurai alors cinquante-sept ans; je ne serai pas trop vieux, ce me semble ! [...]

Ma génération littéraire a fait faillite au théâtre. Les jeunes qui cherchent, qui ont trouvé, qui appliquent la formule nouvelle se

plaignent qu'on ne va pas voir leurs pièces. Le motif en est bien facile
à comprendre : c'est que nous n'avons ni notre Sardou ni notre
Alexandre Dumas. Nous avons des auteurs de mérite... qui n'intéressent pas leur public.

Or, tout est là, au théâtre. Il faut faire vivant, et vivant ne veut
pas dire seulement naturel : vivant implique l'action. Prenez les
pièces à succès du théâtre contemporain. Et c'est des pièces véritables,
non des drames comme la *Porteuse de pain*[3], que je veux parler; prenez
donc les pièces d'Augier[4] : pourquoi les écoute-t-on avec plaisir ?
Parce qu'elles donnent une note de vie, une note de passion. Je ne
réclame pas d'œuvres à intrigues, d'œuvres charpentées, — non que
je juge mauvais ce souci d'une contexture robuste, — mais je les veux
avant tout intéressantes. Qu'on me campe devant les yeux quelque
chose qui me prenne aux entrailles, qui me fasse rire ou pleurer...
mais non bâiller !

Je ne tomberai pas aux querelles de personnalités, mais pas plus
que je ne comprends les énormes évocations de l'ancien mélodrame,
les personnages synthétiques des machines romantiques, je ne vois
l'intérêt des bonshommes ennuyeux qu'on nous sert sous prétexte
d'analyse psychologique. On nous expose des caractères, argue-
t-on... grand merci ! Mais il me semble qu'au théâtre ces caractères
doivent agir et non disserter ou discuter. Et encore faut-il que l'action
vaille qu'on nous y fasse assister. Tout n'est pas également intéressant
dans l'existence, et nombre de petites combinaisons de petites gens,
pour arriver à de petits résultats ne sont pas matière à pièces de théâtre.

Il ne suffit pas qu'une fripouille soit exactement vêtue en fripouille,
agisse exactement en fripouille, pour qu'il me dise d'examiner ses
manèges; encore faut-il que son action me retienne ou par l'angoisse
ou par la gaieté. Voilà bien longtemps que je l'ai dit, cela. Revenons
à la vieille manière de Molière : il nous montrait des caractères, lui,
et cependant il nous intéressait !

Pourquoi Zola se montre-t-il si réactionnaire au théâtre ?

Si on comprend ainsi mes théories, on se trompera. Tout
ce que je veux dire, c'est que la façon de procéder pour la réforme
dramatique n'est pas la même que pour la réforme que nous avons
accomplie dans la littérature.

L'évolution du roman a été de la convention imaginative à la vie
réelle : l'évolution dramatique doit être la même, mais différente tactique doivent employer romanciers et dramaturges. Le livre permet,
exige même, des développements explicatifs sans lesquels il risquerait

d'être inintelligible. Puis, si certaines pages déplaisent, qui les rencontre néglige de les lire.

Au théâtre, il n'en est pas de même : on ne doit donner que des actes clairs par eux-mêmes, et qui ne montrent que le développement des caractères, sans en exposer l'analyse. D'autre part, un volume se lit en plusieurs séances, — pour certains esprits c'est un sujet de méditations et d'études, — tandis qu'une pièce est entendue en une seule soirée, en quelques heures. Il n'y a pas de temps pour les hors-d'œuvre, et toute conversation qui ne tend pas à l'accession plus rapide du but est un hors-d'œuvre.

Donc, nos Jeunes, qui mettent leur orgueil à se vanter d'avoir composé des pièces où il n'y a rien... « Pas d'action, mon cher, pas ça d'action ! » — se trompent.

N'y a-t-il pas dans ce vieux terme d'« acte », que les novateurs, du reste, comprennent puisqu'ils le remplacent par celui de tableau, le secret de bien faire au théâtre ?... Le théâtre, c'est la mise en spectacle des actes intéressants de la vie.

Le Théâtre Libre a débarrassé le théâtre d'une foule de conventions; il a habitué le spectateur à y voir de la vie; malheureusement, comme je vous le disais, à peu d'exceptions près, les auteurs n'ont pas encore su montrer de la vie intéressante.

Et, pour moi, la vraie réforme serait de rendre plus considérable encore l'intérêt dans la pièce; renoncer à l'ancien système du personnage principal tirant tout à lui, haine, amour, pitié ou gaieté, pour semer sur la pièce entière l'émotion ou le rire. Et si vous avez à transposer quelque scène banale de la vie réelle, ce ne doit pas être dans la seule intention d'en faire une exacte peinture : ce doit être, je le répète, pour concourir à l'intérêt.

En un mot, il ne faut pas que le théâtre soit une galerie de tableaux, un musée d'impressionnistes, mais un panorama dont les fresques déroulent sans interruption l'action choisie comme sujet de la pièce. Des faits ou des hommes intéressants, voilà ce que les jeunes doivent chercher.

De ce que Samson fait la pièce de *Page d'amour*, cela ne dit pas que j'aie renoncé à donner quelque œuvre de moi à la scène. On me sifflera si l'on veut : l'Académie m'habitue à ces menus plaisirs.

NOTES

1. Auteur de nombreuses pièces de théâtre, Charles Samson (1859-1913) avait collaboré avec Lucien Cressonnois sur *Marie-Stuart, reine d'Écosse*, drame en cinq actes et huit tableaux, qui eut sa première au Théâtre du Château d'Eau le 8 octobre

1890. En avril 1888, il avait demandé à Zola l'autorisation de tirer une pièce d'*Une page d'amour*.
    2. Le rôle d'Étienne Lantier fut joué par Philippe Garnier.
    3. Drame en cinq actes par Xavier de Montépin et J. Dornay, qui eut sa première au Théâtre de l'Ambigu-Comique le 11 janvier 1889.
    4. Voir l'interview n° 16.

41   L'évolution sociale et la jeunesse. M. Émile Zola

HENRY SPONT

Gil Blas, 12 mai 1893

« Comment [la jeunesse] conçoit-elle la vie, quelle idée se fait-elle du monde, qu'espère-t-elle, que regrette-t-elle ? » Telles étaient les questions posées par le rédacteur du *Gil Blas* dans le premier article de sa série sur la jeunesse et l'évolution sociale (28 mars 1893). Le texte de l'interview de Zola sert de préface au discours qu'il prononça le 18 mai devant l'Association générale des étudiants et publié dans *Le Figaro* du 19 mai sous le titre « À la jeunesse ».

La jeunesse, mais il y en a trente-six, écoles, ateliers, études… il y a la province aussi; elle est très divisée, très incertaine et je la connais peu. Pour l'instant, le groupe qui fait le plus de bruit, c'est le groupe mystique : il n'est pas le plus nombreux, mais il a des porte-parole plus retentissants, il tient le milieu de la scène. Il est la réaction et à ce titre on s'occupe de lui; sous l'Empire, ils étaient cinq à la Chambre, ils parlaient plus que les autres.

[Cette réaction vient] du besoin d'illusion. La science, dit-on, a fait faillite, elle a promis aux hommes le bonheur et ne l'a pas donné. C'est faux, la science n'a pas promis le bonheur, mais la vérité. Maintenant, la vérité mènera-t-elle au bonheur ? Elle y mènera les sages absolus, certes, mais pour la majorité des humains, l'illusion, le mensonge valent mieux que la vérité, le bonheur vient en somme du parfait équilibre des facultés, de la paix intellectuelle et morale. Depuis le commencement de ce siècle, nous vivons dans et par la science, un appétit de précision, une soif de connaître a poussé nos pères haletants aux conquêtes des vérités, et nous, les enfants gâtés, nous nous arrêtons devant les résultats, frissonnants et inquiets, nous demandant si la science a bien tenu ces promesses, avec au bout des lèvres le « à quoi bon » de ceux qui doutent. Serons-nous plus heureux et le mensonge n'est-il pas plus charmeur que la vérité ? Nous avons dompté la vapeur, élevé des palais, construit des basiliques insolentes; la prière ne monte-t-elle pas mieux dans l'église au blanc badigeon qui dresse au bord des routes l'index de son fin clocher ? La science, la vérité ne suffisent pas pour épuiser le goût d'au-delà qui dort en nous. Voilà qui explique la renaissance du mysticisme, l'ardeur avec laquelle les incertains se jettent dans la folie des troublantes théories, des dissolvants systèmes. [...]

Il y a [à Lourdes] des malades, des désespérés et non pas des simples, mais des gens intelligents, des athées, des libre-penseurs même. On a essayé tout, on s'adresse alors au bon Dieu, qu'on a un peu négligé... Il fera peut-être un miracle, qui sait ? On attend, on espère... Les malades de Lourdes, c'est l'humanité, la pauvre, la souffrante humanité. Dieu, pour elle, c'est l'inconnu, l'irrévélé, le sublime refuge de ceux qui n'espèrent plus, la dernière porte où frappe le voyageur attardé avant de se coucher dans la neige, pour mourir... La vie, en somme, est faite d'action et de réaction; après l'action prépondérante de la science, la réaction du mystère élève la voix au nom de la poésie, voix faible, mais qui s'entend dans le concert des appétits... mais la petite flûte des néo-chrétiens, même tenue par M. de Vogüé, sera étouffée par les cuivres sonores des sciences conquises. Le terrain est solide, fait d'infrangible granit, la route est droite, bien tracée, et c'est d'elle qu'on s'élancera à l'assaut des conquêtes nouvelles.

On ne reviendra donc plus sur les conquêtes de la science ?

Croyez-le bien, et d'ailleurs l'illusion avec tout son charme est dure aux esprits clairs... De plus, que veulent exactement les docteurs, M. de Vogüé et ses amis ? Sauver la foi ancienne, la replâtrer, ou créer une nouvelle foi adéquate à nos aspirations ? On ne crée pas du jour au lendemain une religion, et les croyances mortes ne peuvent être galvanisées. Au reste, ces théories-là sont troubles, effraient mon intelligence de raisonneur précis. L'histoire n'offre pas d'exemples de religions ressuscitées, aujourd'hui les unes sont mortes, les autres végètent... L'humanité, de plus en plus, se contentera de la science, le travail sera la loi universelle, le taux de l'effort; il existe une thérapeutique dynamique, vous savez... L'homme qui s'est créé une tâche à accomplir possède un balancier, marchera sans écart sur la corde tendue. Je ne le crois pas tourmenté d'au-delà, demandant au mystère la clé du rébus, il prendra la vie comme une fonction

naturelle qu'on accomplit sans le savoir, parce qu'elle est la loi suprême, sans l'expliquer, parce qu'elle est la règle qu'on ne discute
pas. La vie est bien plus simple qu'on le dit, elle est l'instinct sûr,
imperfectible et éternel; voyez l'acharnement avec lequel on rit, le
malade à son lit de mort, le paralytique, l'incurable abandonné de
tous, c'est la Vie et non le Ciel qu'ils réclament, la Vie mauvaise et
leurs pauvres corps douloureux, la Vie injuste à leurs cœurs pleins
d'amour, c'est la Vie toujours, la Lumière si douce à voir, le Printemps
fleuri, l'Hiver même avec les brumes et, du grand au petit, la Vie
veut être vécue et vécue quand même... Ma métaphysique est bien
bornée, direz-vous, mais j'estime que si la jeunesse s'imposait une
tâche quotidienne, elle aurait la santé physique et intellectuelle qui
seule produit les œuvres saines et durables. J'en ai avalé des crapauds
dans ma vie, j'ai été décrié, discuté, je le suis encore, eh bien, c'est
le travail qui m'a sauvé... Souvent, le matin, je m'assieds à ma table,
la tête vide, la bouche amère, lâche devant le papier, je me force à
travailler, j'écris... des lignes, et je me sens fort, cuirassé contre les
choses... Il faut accepter sa vie bravement, sans discuter, bonne ou
mauvaise. Je ne suis pas un savant, mais j'ai beaucoup lu, beaucoup
vu, et mon expérience me démontre que rien n'est immobile, que
tout évolue : la formule d'une génération est fatalement balayée par
la formule de la génération suivante; pourtant nos idées ne meurent
pas avec nous, nos enfants prennent notre place, guident la charrue
dans le sillon creusé, plus loin, vers l'horizon. L'humanité marche et
ne s'arrête pas... La Seine coule vers la mer des flots, une même force
les entraîne, sans répit, vers l'inéluctable terme, pourquoi un flot
s'immobiliserait-il devant l'Institut ?

Sur le socialisme

Il va de plus en plus vers la science, quitte le rêve, aborde
la précision. Les voguéistes, réactionnaires, veulent fonder sur le terrain scientifique une religion nouvelle; il faudra pour cela changer le
terrain, car la graine semée par nos pères continue à pousser, et la
plante s'épanouit aux gais soleils. J'en reviens toujours là, le travail
est le régulateur du monde, la vie est un mouvement cosmique...
C'est leur « distribution de prix », hein, mais tant pis. Je suis un
vieux positiviste, moi, j'ai horreur des métaphysiques, je n'entends
rien aux théories. On a voulu m'entraîner, tables tournantes, spiri-
tisme... je n'ai jamais voulu voir ça; je ne serais pas convaincu et je
perdrais ma tranquillité d'esprit. Pourquoi me montrer un phénomène que je ne comprends pas et que la science expliquera peut-être...
dans cent ans ? Non, parlons d'autre chose, voulez-vous ?

Sur Tolstoï et Ibsen

Merveilleux génie, certes, mais le néo-christianisme ne date pas de là. Il est dans le Christ humanitaire de 1848, Balzac, Fourier, Sand, Leroux, Prudhon, tous néo-chrétiens. Les Goncourt en ont fait dans *Manette Salomon* et Flaubert dans *L'Éducation sentimentale*. Piochez donc ça, c'est très curieux. En attendant, ce néo-christianisme nous a conduits à l'Empire et à 1870. Tout cela n'a jamais pu entrer dans ma caboche, je ne veux rien savoir. Ne spéculons pas, travaillons et tout le monde sera heureux. Ces phénomènes on les expliquera un jour... quand nous ne serons plus là.

***

[...] Le terrain de la science est d'une absolue solidité, ne s'effondrera jamais, jamais, au contraire; il sera le tremplin des générations à venir. Le mysticisme est une réaction où se jettent les esprits indécis, assoiffés d'au-delà, à qui ne suffit pas la vérité. J'estime toutes les opinions. Pour moi, simple artiste, si j'ai réussi, c'est que je me suis baigné dans mon époque, tout entier, sans vouloir réagir. Le monde vivra des milliers d'années, et nous mourrons tous, mais ne désespérons pas, d'autres viendront après nous qui feront autre chose, le contraire peut-être; qu'importe, si nous avons accompli notre tâche. Notre disparition n'arrêtera pas le monde dans sa marche... le patriotisme, l'amour, la foi sont morts, au dire de M. de Vogüé, le travail les remplacerait au besoin; on aura le patriotisme de la tâche faite, l'amour de l'œuvre accomplie, la foi dans les demains... Que la jeunesse travaille, elle aura toutes les joies, toutes les consolations de la vie que les docteurs disent compliquée, et qui est si simple...

42 Les littérateurs et la politique
JULES HURET

Le Figaro, 4 août 1893

Lors de cette interview, Huret demanda à Zola pourquoi les littérateurs semblaient tout à coup préoccupés de questions politiques. Il apprit au romancier qu'au mois de juillet, « deux groupements de littérateurs s'étaient formés spontanément en vue d'intervenir [...] dans les prochaines élections, mais que, par faute de programme d'entente [...] on avait remis à cet hiver les réunions et les discussions ».

J'approuve de tout mon cœur ces tendances qui poussent vers l'action sérieuse et utile ou du moins vers les spéculations sociologiques les générations qui viennent derrière nous. C'est un signe excellent et pour ainsi dire un premier résultat du grand courant positiviste et expérimental qui travaille les esprits depuis près d'un demi-siècle. Et s'il existe vraiment, on pourrait aussi bien expliquer ce mouvement par des raisons purement littéraires. Toute cette jeune littérature symboliste, décadente, mystique, a fait ses preuves... Elle n'a donné et ne donnera décidément rien; ça a été une courte réaction contre la littérature d'observation et de vie, et comme toutes les réactions, elle n'a pu être que stérile; c'est l'action, l'action seule qui féconde. D'autre part, la littérature d'investigation subit peut-être forcément un temps d'arrêt; après l'immense labeur qu'elle vient de fournir, peut-être est-il fatal que son domaine demeure quelque temps en friche, pour reverdir un peu plus tard, plus fécond et plus vivace ? Eh bien ! le progrès de la philosophie positive d'un côté, la stérilité indiscutable et prouvée de la réaction mystique de l'autre, et enfin ce repos provisoire, mais sans doute fatal, de l'art concret peuvent être les trois raisons qui expliquent ce nouveau souci des jeunes générations littéraires.

Ce qu'il y a en elles d'ardeur, de force, d'enthousiasme, de générosité, se porte naturellement vers le socialisme. Cela se comprend aisément : le socialisme est au fond de tout; il ne leur a pas fallu grand effort pour le découvrir. Pour ma part, je le trouve partout; mes recherches, où que je les dirigeai, m'ont toujours fait toucher du doigt le problème social. C'est toujours, et quoi qu'on fasse, la lutte du pauvre contre le riche, l'abaissement des natures et des caractères par la misère, l'égoïsme profond de celui qui possède, et, sourdant malgré tout, l'éternel effort de ceux d'en bas pour prendre leur place au soleil et à la vie. Ils ont compris, nos jeunes successeurs, qu'il n'y avait pas de plus noble cause à embrasser, ils lâchent petit à petit leur esthétique de papier mâché, leur mysticisme et leurs symboles, pour participer à la vie véritable, qui est le souci des causes généreuses et la recherche de la vérité.

Comment expliquer les romantiques et leur mépris de la politique ?

Ah ! c'est plus difficile, en effet. Voilà ce qu'il serait intéressant de savoir ! Est-ce parce que la politique, sous Louis-

Philippe, était si ennuyeuse, si dogmatique, si protestante, que les romantiques en ont pris une telle répulsion ? Est-ce parce que, sous l'Empire, les politiciens n'étaient que des valets, que nous autres nous en sommes dégoûtés ? Toujours est-il que, pour ma part, en effet, j'ai pendant de longues années professé le mépris le plus absolu pour tout ce qui n'était artiste ou homme de lettres. Et, même à présent que j'ai bien changé d'avis à cet égard, que je sais, pour l'avoir expérimenté mille fois, qu'on peut être un commerçant ou un industriel et rester intelligent, eh bien ! malgré cela, il me faut encore prendre sur moi de réfléchir une minute, faire, en un mot, effort sur moi-même, pour ne pas être repris de ce vieux et traditionnel dédain. Oui, je dis bien : traditionnel ? Il me semble que nous avions cela dans le sang... C'est assez difficile à expliquer autrement.

Zola serait-il disposé à entrer à la Chambre ?

Mais oui ! Pas maintenant, par exemple; quand j'aurai fini les trois derniers volumes que je compte écrire. Et pourquoi pas ? Pendant vingt ans j'ai scruté les foules, j'ai étudié la société du haut en bas de l'échelle, j'ai mis le doigt sur des plaies sociales, j'ai mis à nu des iniquités, je me suis fait, en un mot, un fonds de conviction que je suis en droit et en mesure de défendre et de faire prévaloir à l'heure qu'il est. J'ai vu souffrir les malheureux, je sais de quoi ils souffrent, pourquoi n'emploierais-je pas ce qui me reste d'énergie et de force à combattre pour eux ? Je crois, j'ai la conscience absolue, que je peux agir efficacement sur un groupe d'hommes assemblés, j'ai les idées lucides et nettes, j'ai beaucoup de clarté et de méthode dans l'esprit, et c'est beaucoup pour quiconque veut se mêler des affaires publiques. À côté de cela, j'ai un défaut, un grand défaut, c'est vrai, je ne suis pas orateur, et c'est un de mes plus grands regrets. J'ai essayé de parler en plusieurs circonstances, je me suis jeté à l'eau, à la Société des Gens de lettres et ailleurs. Ça ne va pas... Je suis sûr que le don de la parole — car c'est un don — s'inscrit, au cerveau, dans une case à part; on a la case de l'orateur comme on a la case de l'écrivain. Car, enfin, pourquoi mes idées se brouillent-elles dès que je veux parler en public, et pourquoi les mots viennent-ils tout seuls, sans efforts, et dans l'ordre méthodique, dès que j'ai la plume à la main ? Vous me direz qu'il y a eu des grands orateurs qui étaient de grands écrivains : Lamartine, Guizot, que sais-je ? Mais Jules Simon ne disait-il pas dernièrement que l'improvisation était une mode tout à fait nouvelle, et que les plus grands orateurs des temps passés écrivaient tous leurs discours avant de les prononcer ? N'importe. J'essaierai encore, j'espère quand même.

D'ailleurs, n'y a-t-il pas deux sortes d'hommes utiles dans les assemblées ? Les parleurs et les travailleurs en chambre, ceux qui ont le don de la parole et ceux qui ont le goût du travail uni à la clarté et à la méthode de l'esprit ? Ces derniers ne sont pas les moins utiles : souvent, ce sont eux qui prennent, au bout de peu de temps, la direction des assemblées et exercent l'action la plus forte, la plus durable et la plus utile. Si je n'arrivais pas à être des premiers, je tâcherais d'être des seconds, voilà tout.

Sur les réformes pour lesquelles il combattrait

Les réformes sociales naturellement. Mais je suis un homme exact et pratique. Je n'aime pas beaucoup à faire des projets inutiles. Je n'ai pas encore réfléchi au programme de travaux auquel je m'attellerai, le cas échéant. Mais sans me livrer à l'ignoble cuisine politique des professionnels — que je continue à mépriser profondément, ceux-là — je crois qu'après les lois sur le divorce de Naquet[1], les campagnes de Rivet[2] à propos des enfants naturels[3], il reste encore de bonne besogne de justice et d'équité à poursuivre : le terrain est vaste, je n'aurai qu'à choisir.

NOTES

1. Alfred-Joseph Naquet (1834-1916), savant et homme politique. Sénateur du Vaucluse en 1882, il parvint, en 1884, à faire voter par le Sénat la loi sur le divorce.
2. Jean-Charles Rivet (1800-1872), baron et homme politique, fut élu député de la Corrèze à l'Assemblée nationale où il déposa, le 12 août 1871, une proposition, qui tendait à conférer à Thiers le titre de président de la République.
3. Dans une interview du 28 mars 1895 sur la recherche de la paternité, Zola confia au rédacteur de L'Écho de Paris l'opinion suivante : « Je puis vous donner mon opinion philosophique : elle est toute libérale et je désire de tout mon cœur que les enfants dits « naturels » soient de plus en plus favorisés par nos lois. »

43 Les impressions de voyage de Zola
CHARLES FORMENTIN

L'Écho de Paris, 4 octobre 1893

En septembre 1893, Zola avait fait son premier voyage en Angleterre, pour assister au congrès de la presse. Le discours qu'il prononça devant l'assemblée, et qui fut publié dans Le *Journal* du 22 septembre, traitait de l'anonymat dans la presse. Rentré à Paris, Zola parla à Charles Formentin des témoignages de sympathie qu'il avait reçus à Londres et des rapports sur son séjour qui avaient paru dans la presse française.

Je suis ravi, absolument enthousiasmé de ce voyage que je ne voulais pas faire, parce qu'il dérangeait mes projets de vacances et de travail. J'avais rêvé une longue flânerie en Bretagne, au bord de la mer, sous les pommiers, en quelque coin bien tranquille où j'aurais étudié en pleine nature et songé à l'œuvre de demain. Et voilà que, délaissant une villégiature reposante, je suis allé dans la plus tapa-

Les Zola à Londres

geuse des villes; pendant dix jours, j'ai vécu d'une tumultueuse vie, courant de fêtes en fêtes, prononçant des toasts et des discours, accablé d'ovations, d'honneurs, presque d'apothéoses. Et vous ne m'en voyez ni plus fatigué ni plus fier pour cela.

Savez-vous bien, cher ami, que l'Angleterre est un pays merveilleux et que nous connaissons mal ? On nous aime là-bas, quoi qu'on dise, et je regrette de voir la France répondre si mal à des attentions, à des délicatesses dont nous sommes chaque jour l'objet. Les Anglais détestent les Allemands, population rapace et rivale dont sont envahis, de l'autre côté de la Manche, les usines et les ateliers; mais ils sympathisent avec les Français qui ont le grand tort de ne pas le leur rendre.

Je ne vous dis pas cela, croyez-moi, parce que j'ai été traité à Londres avec des égards princiers et que le simple écrivain que je suis a reçu des honneurs considérables : je le dis parce que c'est une vérité trop méconnue et qu'il faudrait affirmer toujours.

Vous n'attendez pas de moi, j'imagine, que je vous parle de l'Angleterre comme un homme qui en connaît toutes les habitudes et les mœurs; je serais tout simplement ridicule si je m'amusais à vous faire ici une étude approfondie sur un pays que je n'avais jamais visité jusqu'ici et que je n'ai vu qu'à travers des solennités officielles, avec un cérémonial et des escortes.

Ce que je puis vous dire, c'est que Londres est une ville prodigieuse de vie, d'intelligence et de mouvement et que les autorités qui la représentent ont été pour nous tous d'une cordialité et d'une délicatesse exquises; et je leur envoie d'ici, du fond du cœur, mes remerciements les plus chaleureux.

Vous croyez, peut-être, cher ami, que j'ai passé mon temps à flâner le long de la Tamise ou devant les magasins de Regent Street quand le congrès me laissait quelque loisir ? Eh bien ! détrompez-vous ! De neuf heures du matin à une heure, le salon de mon hôtel était encombré de visiteurs; c'étaient des reporters de tous les pays, des commerçants, de gros personnages appartenant à la haute société anglaise, de charmantes misses qui venaient chercher des autographes et me témoigner leur admiration. Le défilé n'en finissait plus, et recommençait tous les jours.

Comment a-t-on oublié ainsi du jour au lendemain ses audaces rabelaisiennes ?

Nous y voilà à cette fameuse immoralité que l'on me jette stupidement et toujours à la tête chez nous. Eh bien, sachez que cette réputation d'homme obscène, libidineux, grossier, grivois est une légende française. C'est seulement dans mon pays que les gens prudes me mettent à l'index ou se signent en ouvrant un de mes livres. Pour vous prouver qu'en Angleterre on me juge avec moins de sévérité, je ne vous citerai qu'un fait. Parmi les visiteurs qui chaque matin venaient frapper à la porte de ma chambre, il y avait des quantités de femmes du monde, de conduite et de mœurs irréprochables, et voici ce que toutes me disaient : « Nous lisons chacun de vos livres, Monsieur Zola, et nous vous adorons ! »

Je trouve que ces témoignages de sympathie me vengent largement des sottes attaques de gens qui ne voient pas ce qu'il y a d'effort, de conscience et de vérité dans mes livres, pour ne s'arrêter qu'aux pages dont s'offusque leur pudibonderie.

Et maintenant que vous savez à peu près mes impressions de voyage à Londres, laissez-moi vous dire un peu mes impressions d'arrivée à Paris. Vous voyez là sur cette table des piles de journaux envoyés pendant mon absence; je n'en ai lu que quelques-uns et déjà je sais à quoi m'en tenir sur l'attitude de la presse à mon égard. Je vois que quelques-uns de vos confrères ont été absolument ahuris d'apprendre qu'à Londres un écrivain français a été bien reçu. Et moi je suis surpris de leur surprise ! Notez bien que je n'éprouve pas le moindre chagrin des paroles désagréables qui me sont adressées d'un peu partout : Rochefort[1] et Drumont[2], naturellement, m'ont fouaillé de leurs plaisanteries et de leurs épithètes, mais cela ne tire pas à conséquence; un autre journaliste qui se croit très fort parce qu'il est le premier de tous par ordre alphabétique m'a accusé d'avoir, au congrès de Londres, usurpé un titre que je n'avais pas. Tout cela est risible et m'amuse prodigieusement.

La simple vérité est que je n'ai pas eu besoin de me parer des plumes de paon pour trouver là-bas des honneurs et des sympathies. J'ai la prétention d'être journaliste à mes heures et de tenir tout comme un autre la plume du polémiste : mais si je me suis rendu en Angleterre, c'est qu'après un premier refus, de très flatteuses insistances m'ont décidé à faire le voyage. Je suis allé à Londres non pas comme journaliste, mais comme président de la Société des Gens de lettres, ce qui est bien quelque chose; j'ai parlé, non pas au nom de la littérature française tout entière, mais comme un écrivain à qui trente années de travail ont donné une universelle notoriété. En quoi, s'il vous plaît, ai-je outrepassé mon droit ? Toutes les fois que je me suis levé pour prendre la parole, je me suis rappelé que derrière ma personnalité, — plus ou moins grande, — il y avait la France, dont je suis un enfant laborieux et têtu.

Ah ! l'on trouve que l'Angleterre m'a fait trop d'honneur ! Eh bien, pour peu qu'on y tienne, je suis tout prêt à me faire plébisciter à travers l'Europe. Si j'allais à Saint-Pétersbourg, le mois prochain, j'y serais plus acclamé encore que je ne l'ai été à Londres; j'ai déjà tenté l'expérience en Italie, et vous savez ce qu'on pense de moi à Rome. Que voulez-vous ? quoi qu'on dise et fasse, je suis une force acquise par un travail opiniâtre et une indomptable volonté; je représente trente années d'efforts sans défaillance, et cela me donne bien le droit de rire des attaques et de porter haut la tête. Le jour où les critiques désarmeront, je me sentirai diminué, vieilli; les batailles qu'on me livre font ma joie et je ne serai triste qu'à l'heure où tout le monde sera pour moi indulgent.

NOTES

1. Journaliste et homme politique, Henri Rochefort (1830-1913) lança, en juillet 1880, *L'Intransigeant*, journal de tendance radicale. Zola connaissait très bien les calembours et les satires que Rochefort y publiait.
2. Edouard-Adolphe Drumont (1844-1917) collabora au *Nain jaune*, au *Bien public*, au *Gaulois*, au *Petit Journal* et à *La Liberté*. Auteur de nombreux volumes, il fit sa réputation en publiant en 1886 *La France juive*, qui dénonçait l'influence des Israélites dans la société française au XIXᵉ siècle. En 1892, il fonda *La Libre Parole,* quotidien antisémite. Dans une interview publiée dans *L'Écho de Paris* le 20 juillet 1893, Zola traita Drumont de « Rochefort exaspéré, avec de l'esprit et de la distinction en moins ».

44 La foule
GEORGES DOCQUOIS

Le Journal, 2 novembre 1893

La presse parisienne avait beaucoup parlé de l'accueil enthousiaste fait à l'escadre russe à Paris le 18 octobre. L'attitude de la foule pendant cette visite fournit au rédacteur Georges Docquois le prétexte d'une visite à Zola.

Quelqu'un — M. Tarde[1], je crois — a fait une assez longue étude sur la foule criminelle. Il y dit avec raison que de très honnêtes gens, dès qu'ils s'agglomèrent en une foule, peuvent fort bien aller jusqu'au crime. Pour lui, la foule est un être d'une nature particulière. Au théâtre, d'autre part, un parterre, exclusivement composé de crapules, peut fort bien manifester de la répugnance dès qu'un acteur incarnant le coquin de la pièce se développe, en noirceur sur la scène. On obtient alors dans cette foule de parterre une moyenne d'honnêteté qui n'est pas individuelle. La foule des massacreurs de septembre, elle, était en majeure partie formée de bourgeois, d'ordinaire paisibles, de boutiquiers, cois à l'habitude. Mais quelque chose de simple et de dirigeant, comme l'instinct, la mena, la poussa; elle fut soulevée par une sorte de furie contagieuse. Chaque boutiquier, chaque bourgeois est alors un atome d'un grand tout qui a sa vie propre, qui est simple, et peut obéir dans tous les sens.

Parlons, si vous voulez, de la foule religieuse, que j'ai récemment observée de très près[2]. La foule de Lourdes est celle des très anciens pèlerinages, celle des croisades, celle qui va à la Mecque. J'ai vu jusqu'à trente mille personnes portant des cierges, à Lourdes, certains soirs ! Eh bien ! chaque fois que je rencontre un grand docteur s'occupant des maladies nerveuses, je l'engage à aller à Lourdes pour y observer la foule. Il y a, dans cette foule-là, une force psychique qui est pour beaucoup dans les miracles. C'est que le miracle, dans une foule, a un très spécial retentissement. À Lourdes, la foule est facteur de miracles. Quand une guérison vient à s'y produire (et il s'en produit), je suis convaincu qu'elle s'y produit en dehors de toutes raisons humaines, par le fait d'une suggestion propre à la foule, laquelle exerce, dans l'occasion, une particulière action de thaumaturge.

Mais arrivons à la foule de ces jours derniers. En passant, que je vous dise que je n'ai pas perdu une ligne, pendant le temps de ces fêtes. Pourtant, j'ai accepté ma corvée... non, mon petit rôle patriotique, et j'ai payé ma dette de reconnaissance aux Russes.

Ceci vaut une explication.

Sachez donc que vers 1874, à la suite d'un article intitulé « Le lendemain de la crise », que j'y publiai, *Le Corsaire*, que dirigeait Portalis, fut tout à coup supprimé[3]. J'étais fort peu riche, alors, et cette suppression me fit beaucoup de tort. Mais, par l'entremise de Tourguéniev, je pus collaborer au *Messager de l'Europe*[4], qui me rapporta huit cents francs par mois. Ainsi, tandis que mon pays refusait de m'admettre, et, me méconnaissant, me laissait misérable, la Russie m'apportait de quoi subsister.

Revenons donc à la foule de Paris.

Pendant huit jours, cette foule parisienne, nous l'avons vue d'une badauderie exquise et se livrant à une godaille tout à fait aimable. Savez-vous bien qu'ils se sont montrés de forcenés idéalistes, ces bons enfants qui souffrirent, des heures entières, les atroces fatigues de l'attente debout, le tout pour voir passer trois ou quatre landaus, en somme sans prestige ! Quel sentiment fort leur donnait ce courage de s'immobiliser ainsi de si longs instants pour un spectacle médiocre ? Il y aurait à faire, à ce propos, une bien curieuse analyse. Fut-ce pure badauderie ? Espoir de paix ? Idée du relèvement de la France ? Joie d'embêter la Prusse ? Un peu de tout cela, peut-être, mélange !

Là où j'ai vu la foule merveilleuse, c'est sur la place de l'Hôtel de Ville, le soir de la retraite aux flambeaux. De l'estrade, où, après le banquet, je fus poussé, je vis la foule comme jamais, jusqu'alors, je ne l'avais vue. La place, l'avenue Victoria, les rues adjacentes, les quais, tout était épaissement garni : une mer immense sans un trou, une vaste houle d'épaules et de têtes. Dans la grande clarté diffuse qui inondait les lieux, toutes ces têtes apparaissaient vivement aux premiers rangs, toutes belles d'expression et comme sculptées par la joie. Aux autres plans, partout, le regard myope voyait, par milliers et milliers, d'autres têtes se détacher sur le fond sombre des vêtements : telles ces petites tâches d'émail, ces figures en pain à cacheter des éventails japonais, des écrans chinois.

C'était la mer, le flot, un lac immense. Au milieu de cela, dans un roulement de marée considérable, des croupes, des cols de chevaux avaient l'air de flotter. J'eus là, je vous le répète, l'impression de foule la plus gigantesque de ma vie.

Encore une fois, quel sentiment poignait cette foule bonhomme ? Impression d'espérance, de joie, de nationalité ? Avait-elle cette notion que, jusque-là, la France avait été isolée ? Elle avait, me semble-t-il, un air d'après une victoire. Il courait en elle le même frémissement que lors de l'entrée triomphale de nos troupes, en 59, après Solferino. Volonté de paix, désir — peut-être — de ne plus se battre; immense besoin de détente.

NOTES

1. Magistrat, puis professeur de philosophie moderne au Collège de France, Gabriel Tarde (1843-1904) fut élu membre de l'Académie des sciences morales et politiques en 1900. On lui doit de nombreuses études sociales, dont *Les Lois de l'imitation* (1890), *Études pénales et sociales* (1892) et *L'Opinion et la foule* (1901).

2. Voir l'interview n° 36.

3. Pour l'histoire de la publication de l'article de Zola et de l'interdiction du *Corsaire*, voir l'introduction aux *Lettres parisiennes* de Henri Mitterand, *O.C.*, t. XIV, p. 16.

4. Revue mensuelle de Saint-Pétersbourg fondée en 1866. De mars 1875 à décembre 1880, Zola y publia 64 textes, dont *La Faute de l'abbé Mouret*.

45 Zola et *L'Attaque du moulin*
CHARLES FORMENTIN

L'Écho de Paris, 27 novembre 1893

L'article de Zola intitulé « Le drame lyrique » fut publié dans *Le Journal* le 22 novembre, la veille de la première de *L'Attaque du moulin*, opéra lyrique en 4 actes d'Émile Zola, d'Alfred Bruneau et de Louis Gallet. Zola se livra à des conjectures sur le nouveau drame lyrique français et sur le compositeur le mieux doué à le réaliser, Alfred Bruneau. Dans l'interview qui suit, Zola défend Bruneau contre des reproches que l'on lui avait adressés dans la presse parisienne.

Vous me voyez ravi des critiques très violentes et très injustes dont *L'Attaque du moulin* est l'objet. À *L'Écho de Paris* où les écrivains, je le sais, ont toujours leur franc-parler et n'obéissent jamais aux mots d'ordre, l'œuvre de mon ami Bruneau a été particulièrement combattue. Votre camarade Bauer[1], dont la plume a souvent d'heureuses audaces, s'est montré cruel, et Caliban[2], qui a de la mémoire et se rappelle *Enguerrande*[3], a été très vindicatif. Et je suis très heureux de ces critiques et de ces éreintements. Ils me prouvent que le jeune musicien du *Rêve* est quelqu'un, et que son talent n'est pas quelconque, puisqu'on le discute, qu'on le raille presque sans pitié. Cela me rappelle mes débuts déjà lointains où chacun de mes livres provoquait dans la presse de formidables assauts. On disait aussi de moi des choses épouvantables et l'on me prêtait des projets, des tendances, des idées révolutionnaires qui n'étaient jamais venus à ma pensée. Bruneau est attaqué, donc il existe, et vos confrères de *L'Écho de Paris* le savent bien, puisqu'ils ont été les premiers à saluer en lui un artiste de valeur, d'une conscience et d'une probité artistiques indiscutables.

On reproche au musicien d'avoir rétrogradé vers le passé, de n'avoir pas réalisé les espérances que la partition du *Rêve* avait fait entrevoir, — et, après avoir écrit un drame lyrique superbe, de s'être abandonné aux vieilles méthodes conspuées. Je vais vous prouver, mon cher ami, que ce sont là des accusations vaines et des querelles sans motif. *Le Rêve* et *L'Attaque du moulin* se ressemblent, puisqu'elles procèdent du même esprit et vont vers le même idéal. Bruneau n'a rien abdiqué, parce qu'il n'a rien à regretter, il n'a fait aucune concession parce que son âme d'artiste répugne aux complaisances faciles.

La différence qui semble exister entre son œuvre d'hier et celle d'aujourd'hui n'est qu'apparente : variées dans leurs formes, elles sont absolument les mêmes dans le fond, et je ne comprends pas que les critiques de grand talent qui ont crié à la déchéance n'aient pas vu la belle unité artistique qui réside dans *Le Rêve*[4] comme dans *L'Attaque du moulin*.

Le Rêve est une œuvre simple, tranquille et monotone, sur laquelle plane un souffle de religiosité mystique : en cette pieuse et chaste idylle, qui se déroule dans le bleu, il n'y a pas de conflits de passions, de révoltes sensuelles; rien de tragique, de violent, de heurté ne vient troubler cette simple histoire d'une vierge éprise d'idéal et qu'un désir humain à peine effleure. Pour chanter *Le Rêve*, il n'était pas nécessaire de mettre en mouvement les orchestrations puissantes, de combiner, en un alliage habile, les duos, les trios, les quintettes et les chœurs. Il suffisait d'écouter l'inspiration, et de la traduire en des cantilènes, des prières et de fraîches extases où pût s'épanouir l'âme d'une jeune fille. Voilà pourquoi Bruneau, profondément pénétré de son sujet, écrivit une partition d'une simplicité majestueuse, et, où n'entrèrent pas les procédés usés ni les formules banales. Il fit un drame lyrique d'une beauté sereine, — empreint d'une monotonie un peu grise — mais dont l'effet artistique fut considérable. Je considère *Le Rêve* comme un pur chef-d'œuvre, qui a sa place au grand répertoire et que le public, mieux initié, redemandera bientôt et acclamera avec enthousiasme.

L'Attaque du moulin, que Bauer a sévèrement jugée et que Bergerat n'a vue qu'à travers de fâcheux souvenirs, est un drame lyrique aussi puissant que *Le Rêve* mais plus tumultueux et touffu, puisqu'il y entre plus d'humanité. Ici, l'intrigue n'est plus l'idylle chaste d'une jeune fille qui prie et qui aime : c'est, dans un cadre plus vaste, une bataille de passions ardentes. Dans la petite nouvelle où Gallet[5] est allé chercher le thème d'un opéra, j'avais mis des personnages divers et groupé plusieurs actions. Il y a là-dedans, à côté d'épisodes militaires, des traits empruntés à la vie champêtre, des coins de paysage et des amours bourgeoises. Ce n'est plus l'existence monotone à l'ombre des tours d'une église, dans un presbytère ou une sacristie, mais la pleine nature, avec le grand air du dehors et les claires couleurs du ciel. C'est un drame que traversent des personnages venus d'un peu partout, avec des sentiments divers et des allures variées.

Pour mettre à la scène ces tableaux changeants, et faire vivre toutes ces âmes mêlées, Bruneau ne pouvait s'enfermer dans un horizon qu'eût débordé l'intrigue. Tranquille et doux avec *Le Rêve*, il devait être, avec *L'Attaque du moulin*, vivant et passionné; il devait demander à l'art toutes ses ressources, et, sans rien mendier au passé, prendre dans la convention théâtrale tout ce qu'il est permis d'y chercher. Le musicien a fait dans cette nouvelle œuvre ce qu'il avait négligé jusqu'ici : il a écrit des duos, des trios et des chœurs; il a fait chanter des soldats et des paysans, tous à la fois, avec une belle allégresse. Et c'est là le grand crime qu'on lui reproche ! et c'est pour cela que Bauer l'excommunie et que Bergerat le raille !

Non, et vos camarades de *L'Écho de Paris* le savent bien, Bruneau n'a pas rétrogradé parce qu'il a dit momentanément adieu aux longs récitatifs flottants et vagues; non, il n'a pas renié le drame lyrique, le drame humain, parce que dans son œuvre, puissante et vécue, il a jeté des formules que l'on retrouve ailleurs.

Le jeune musicien n'a rien sacrifié de ses principes, rien perdu de sa foi artistique : ce qu'il était hier, il l'est aujourd'hui et le sera demain, parce que son idéal n'est pas un caprice, mais un but élevé où monte son fier génie. L'inspiration qui l'a guidé dans sa dernière œuvre n'était pas celle, ne pouvait pas être celle qui lui a dicté *Le Rêve*. Ici, c'était une poésie, pure, simple, une idylle chaste où s'exhalait l'âme d'une vierge; là, c'est une intrigue bruyante, fiévreuse, avec des coups de passion : partout c'est la vérité — et la vie.

Et je le dis bien haut encore une fois : *L'Attaque du moulin* est un drame lyrique vibrant et humain; où quelques-uns ne voient que la politesse des vieilles formules, je trouve, moi, la magnifique expression d'un art puissant.

NOTES

1. Collaborateur dès 1880 à plusieurs journaux politiques, Henry Bauer (1851-1915) rédigeait le feuilleton dramatique au *Réveil* et faisait la critique littéraire à *L'Écho de Paris*. Dans un article publié le 25 novembre 1893 dans *L'Écho de Paris*, à l'occasion de la première de *L'Attaque du moulin*, Bauer écrivit : « Nul sujet n'était plus propre aux développements, à l'expansion de la symphonie avec large emploi, aux combinaisons multiples de leitmotiv. Avec quel regret le dirai-je, le musicien s'est servilement assujetti à la médiocrité du poème, au poncif des personnages, à toutes les conventions surannées du genre de l'opéra-comique. Dans le chant scénique, il a rétrogradé aux airs détachés, aux cavatines, aux rêveries, aux duos, aux quatuors, aux morceaux proprement dits; pour l'orchestre rarement polyphonique, presque nulle part symphonique, il est toujours d'accompagnement. »

2. Le littérateur Auguste-Émile Bergerat (1845-1923) fut le rédacteur en chef de *La Vie moderne*. Il collabora au *Gaulois*, au *Gil Blas*, à *L'Événement*, au *Bien public*, au *Journal* et, sous le pseudonyme de Caliban, au *Figaro*.

3. Recueil de poèmes de Bergerat, paru en 1884, dont un drame lyrique fut tiré par Victor Wilder, avec musique d'Auguste Chapuis. L'ouvrage fut présenté à l'Opéra-Comique, sans succès, à partir du 9 mai 1892.

4. Voir l'interview n° 28.

5. Au sujet de Louis Gallet, voir *ibid*.

46 *Lourdes*. Conversation avec M. Émile Zola
H.L.

Le Gaulois, 12 avril 1894

À la veille de la publication de *Lourdes*, en feuilleton dans le *Gil Blas*, un rédacteur du *Gaulois* alla demander au romancier de lui donner un résumé du roman.

Après la guerre il se produisit un fait qui passa presque inaperçu à l'origine, mais dont les conséquences devaient, à la longue, être très considérables. Je veux parler du mouvement que créèrent les Pères de l'Assomption. Ceux-ci, jugeant qu'ils pouvaient aider au relèvement de la patrie en agissant dans un sens catholique, cherchaient par quels moyens, quand l'idée leur vint d'organiser ces nombreux pèlerinages qui depuis, et à certaines époques, sillonnent la France.

Les Pères de l'Assomption sont extrêmement intelligents, et ils ont à leur tête le Père Picard — dans mon livre, il s'appelle le Père Fourcade — qui est l'un des hommes les plus avisés que je connaisse; ils entreprennent beaucoup de choses et ils réussissent dans toutes. Leur activité est prodigieuse, ils ont le feu sacré qui soulève les mondes, et, passés maîtres dans l'art de la propagande, ils obtiennent des résultats surprenants. C'est ainsi qu'ils ont imprimé un si grand essor au pèlerinage national de Notre-Dame-de-Lourdes, que, tous les ans, plus de vingt mille pèlerins y prennent part. Or, au début, les Assomptionnistes n'avaient presque rien à leur disposition; le matériel dont ils disposaient était on ne peut plus rudimentaire et leur personnel insuffisant. On transportait les malades comme on pouvait, et les soins qu'on leur donnait, pour dévoués qu'ils fussent, étaient le plus souvent impuissants.

Aujourd'hui, tout cela est transformé. Il existe un service de dames hospitalières qui seconde les Pères de l'Assomption, et, ma foi, je dois le dire, avec dévouement et courage. Elles accompagnent les pèlerins, dont elles ont grand soin, et, grâce à elles, rien ne manque aux malades; matelas, civières, brancards *ad hoc*, etc.; les moindres rouages sont admirablement réglés et fonctionnent à merveille. Le Père Picard, qui jouit du pouvoir absolu, a l'œil à tout, et comme c'est un maître homme, une manière de général en chef dont ne s'endort point la surveillance, il n'y a pas à s'étonner de voir son œuvre prendre les plus grosses proportions.

Les pèlerinages annuels de Lourdes ne comprennent pas moins de quatorze trains, partant de Paris. Je vous l'ai dit, il y a en moyenne

Zola à Lourdes

20 000 pèlerins dont 1 000 malades. Rien n'étant laissé à l'imprévu, les pèlerins savent d'avance que c'est l'affaire de cinq jours. Premier jour : voyage. Trois jours à Lourdes. Enfin le cinquième jour on rentre.

J'ai donc suivi les pèlerins et ce que j'ai mis dans *Lourdes*, c'est tout simplement l'histoire, en cinq journées, d'un pèlerinage. J'ai essayé de rendre cette foule grouillante de braves gens de toute condition, malades ou bien portants, de prêtres, de religieuses, qui s'en vont invoquer Bernadette, passent à Lourdes leur temps en prières, et en reviennent l'âme plus libre ou le cœur plus gros.

En somme, mon livre peut être mis en parallèle avec *La Débâcle*. Comme ici, vous trouverez dans *Lourdes* quelque chose de très délicat, qui est de l'amour et n'en est pas, une petite intrigue très simple et très touchante entre une pauvre malade et un jeune homme de son âge. Mais il n'y a point, à proprement parler, d'amour, ce qui eût été par trop banal et rococo. Ce qui m'a surtout tenté, pour tout dire, c'est le pèlerinage en soi et Bernadette.

Sur le rôle de Bernadette dans *Lourdes*

Lourdes étant divisé en cinq parties, et chacune en cinq chapitres, je me suis arrangé de façon à faire revenir Bernadette toutes les fois au cinquième chapitre. J'ai dû me servir d'un procédé quelconque : prières, invocations, lectures, récits, etc.; mais l'essentiel était que Notre-Dame-de-Lourdes parût assez souvent, et j'ai rempli cette condition.

J'aurais été tenté par l'« histoire humaine » à écrire de Bernadette, car cette jeune fille est vraiment très intéressante. Je dirai plus : elle est passionnante. Vous savez que M. Henri Lasserre a publié sur elle un livre merveilleux qui a été traduit dans toutes les langues[1]. J'ai vu là-bas M. Lasserre, je me suis beaucoup entretenu avec lui et je le tiens pour un homme remarquable. Mais je pense que, à côté de son œuvre, qui est fort belle, le livre « humain », l'explication « humaine » de Bernadette pourrait être essayée, et, je me hâte de le dire, elle ne diminuerait nullement cette gracieuse figure d'enfant, qui fut une simple et une martyre.

Par malheur, cela m'aurait entraîné trop loin, et, quelque désir que j'en eusse, je n'ai pas pu — je ne l'ai même pas essayé — accomplir cette tâche. De sorte que la Bernadette de mon livre sera un peu celle de la belle légende que tout le monde connaît, avec cependant des détails que mon enquête sur place me révéla.

Comment a-t-il traité la guérison des malades ?

Ce point est très délicat à traiter, et il y a à cela plusieurs raisons. Mettez trois médecins en présence d'un cas quelconque : ils se mangeront le nez au bout de cinq minutes. De même à Lourdes, qui pourrait affirmer que tel malade dont on nous annonce la guérison, ne l'a pas, en effet, trouvée dans la piscine d'eau froide où on le plongea ?

J'ai vu, à mon retour de là-bas, des médecins à qui j'ai posé la question, et beaucoup m'ont répondu : « Qui sait ? Si nous osions jeter dans l'eau froide — car tout consiste en cela, à Lourdes (et la foi en plus, cependant) — nos phtisiques, peut-être aurions-nous d'heureux résultats. »

Au surplus, Charcot[2] n'a-t-il pas dit que la foi seule sauvait ? Ne savons-nous pas, en outre, qu'une forte émotion peut guérir d'une maladie nerveuse, par exemple ? Donc, il faut être très prudent à ce sujet. J'ajoute, d'ailleurs, que le contrôle absolu de la guérison des malades me paraîtrait difficile, sinon impossible, et que le mieux est encore de s'en tenir à tout ce qu'on nous dit.

Mais mon livre vous édifiera pleinement sur ce point, comme sur tous ceux que peut mettre en discussion ce vaste sujet qu'est Lourdes. Rassurez, en tout cas, vos lecteurs; ils ne trouveront rien dans cette œuvre de bonne foi qui puisse être considéré comme une attaque à la religion.

NOTES

1. Après une guérison qu'il attribua à l'eau de Lourdes, l'avocat et journaliste Henri Lasserre (1828-1900) fit une croisade en faveur du pèlerinage. Son volume, *Notre-Dame de Lourdes*, paru en 1863, connut un vif succès. En 1879, il publia *Bernadette*.

2. Sur Charcot, voir l'interview n° 36, n. 1.

47 Émile Henry et *Germinal*
ANDRÉ JACKSON

L'Événement, 1ᵉʳ mai 1894

L'anarchiste Émile Henry avait été accusé de deux attentats à la dynamite. Le premier, survenu le 8 novembre 1892 dans la rue des Bons-Enfants, tua quatre agents de police et l'autre, le 12 février 1893 au café Terminus de la gare Saint-Lazare, fit un mort et de nombreux blessés. En décrivant l'évolution de ses idées anarchistes devant le jury de la Seine, Émile Henry cita un passage de *Germinal*. Il déclara : « En ce moment de lutte aiguë entre la bourgeoisie et ses ennemis, je suis presque tenté de dire avec Souvarine : « Tous les raisonnements sur l'avenir sont criminels, parce qu'ils empêchent la destruction pure et simple et entravent la marche de la révolution. » Dans l'interview qui suit, le rédacteur André Jackson demande à Zola son opinion sur l'influence du roman sur le jeune anarchiste.

Je n'avais pas lu encore, occupé que je suis, la déclaration d'Henry. Mais je suis persuadé que le condamné d'hier n'a puisé aucune idée malsaine dans *Germinal* — pour cette bonne raison qu'il ne l'avait certainement pas lu avant son premier crime. On m'a rapporté, en effet, que c'est dans sa cellule à la Conciergerie qu'il a eu l'occasion de lire mon livre pour la première fois. Du reste, les anarchistes en général lisent guère, croyez-le bien; tout juste quand ils sont en prison et que, instruits comme l'est Henry, ils préfèrent le livre aux cartes pour tuer le temps. Et puis, le jeune anarchiste eût-il lu *Germinal* avant ses crimes, et en eût-il emporté une impression trop profonde que je me considérerais, quant à moi, comme tout à fait hors de cause.

Les paroles dites par Souvarine, et mon Souvarine lui-même, n'ont pas, en somme, été créées par moi au sens propre du mot. Je n'ai fait que dessiner mon personnage — un personnage de troisième plan, d'ailleurs, purement philosophique — d'après nature; et d'après qui ? Oh, je puis bien vous le dire : c'est Bakounine[1] que j'ai surtout travaillé et copié, et s'il n'a pas écrit ces mots que vous venez de me montrer, il les a prononcés, lui ou quelqu'un de son entourage.

Vous vous souvenez peut-être, en effet, que j'ai écrit mon livre il y a sept ou huit ans au moment où les attentats nihilistes désolaient la Russie et que tous mes modèles y ont été pris sur le vif. Je ne l'ai pas laissé trop voir dans l'ouvrage, et dans la pièce qu'on en a tirée[2] toute allusion au nihilisme a été soigneusement écartée. J'ai personnellement trop d'amitiés en Russie, où je me suis notamment lié avec Tourguéniev lors de mon voyage, pour avoir voulu rappeler des souvenirs tristes en somme.

Quoi qu'il en soit, je n'ai fait que dessiner des caractères, que reproduire des théories vues ou lues dans le milieu que j'étudiais. Et je n'ai fait pour *Germinal* que procéder à la manière qui m'est habituelle. N'ai-je pas « étudié » sur le vif, pour écrire *Pot-Bouille*, pour écrire *La Terre, La Débâcle, Le Docteur Pascal* et *Lourdes* ?

Et tenez, à propos du *Docteur Pascal*, on a cru le voir critiquer, quand on ne l'a pas raillée la théorie scientifique que j'y expose par la bouche de mon héros. Eh bien, elle m'a été fournie tout entière par un savant médecin, le docteur Chéron, lequel a fait à ce sujet de nombreuses communications à l'Académie de médecine dont il est membre. Ceci dit en passant, pour constater que l'on est mal venu à se perdre en critiques sur les parties spéciales que je suis amené à traiter.

Pour en revenir à l'anarchie, Émile Henry, s'il a réfléchi, a surtout dû être étonné de trouver dans un livre qui date de huit ans le tableau des troubles que nous subissons actuellement. C'est que, voyez-vous, il y a bien longtemps que j'ai le sentiment de ce mouvement lent mais continu qui nous traverse. Et ceux qui savent me lire en ont pu trouver l'impression dans toute mon œuvre, aussi bien dans le *Bonheur des dames* que dans *Germinal*. Appelez-le nihilisme, socialisme ou anarchie, il est indéniable; c'est une évolution, qui s'opère et qui nous mènera Dieu sait où !

NOTES

1. Condamné maintes fois à mort, le révolutionnaire russe Michel Bakounine (1814-1876) s'évada et s'installa en Suisse, où il entra dans l'Association internationale des travailleurs. En 1868, il fonda la Secte des Frères internationaux et l'Alliance de la Démocratie socialiste. Une tentative de provoquer un soulèvement communiste à Lyon échoua. Zola parla de Bakounine dans un article intitulé « La République en Russie » et qui parut dans *Le Figaro* du 20 mars 1881. Voir *R.-M.*, t. III, p. 1820.
2. Voir l'interview n° 4.

48 La chasteté avant le mariage
BAUDE DE MAURCELEY

L'Événement, 14 mai 1894

Un gant, comédie en trois actes du dramaturge norvégien Bjoernstjerne Bjoernson[1], occasionna une enquête sur la chasteté avant le mariage, parue dans *L'Événement*. Le rédacteur alla visiter deux littérateurs, Alexandre Dumas et Émile Zola, pour recueillir leur opinion à ce sujet. Nous donnons celle de Zola.

Je vous avoue, mon cher confrère, que voilà une question qui ne m'intéresse pas le moindrement. D'abord, qu'est-ce que le mariage ? Ce n'est pas une manifestation vitale ou humaine. C'est tout simplement une institution sociale. Le mariage est l'œuvre des sociétés, c'est nous qui l'avons fait. Ici, nous sommes monogames; en Turquie, on est polygame — affaire de convention. La grande loi de la nature veut l'union des sexes pour la reproduction de l'espèce humaine, voilà la vérité.

Que cette union soit organisée, réglée, légalisée par les peuples sous l'étiquette conventionnelle du mariage, je n'y vois aucun mal. Mais, si l'on me demande ce que je pense de la virginité de l'homme avant cette union légale, je répondrai toujours que puisqu'elle n'est pas nécessaire à la reproduction, elle est inutile. Je ne m'occupe ni du sentiment, ni des garanties de fidélité, je ne m'intéresse qu'au fait : la reproduction.

Il est évident que le mariage d'un jeune homme vierge et d'une jeune fille vierge est une *chose gentille,* un échange de fleurs, une manière d'idylle, sur laquelle on pourrait écrire une jolie nouvelle; mais, encore une fois, c'est une inutilité dans la vie, je veux dire une superfluité.

Je serai, cependant, porté, comme père, à accorder plus de confiance à un gendre qui a beaucoup vécu qu'à un innocent pour lequel le mariage est un début. Avec une société comme la nôtre, où la jeune fille est élevée dans l'ignorance de son rôle de femme, à tel point que nous en faisons une niaise jusqu'au jour de son mariage, je préfère considérer le fiancé comme un instructeur. Or, pour instruire, il faut savoir, il faut avoir acquis l'expérience de l'union naturelle.

[*Zola termine en disant que le mariage est*] une digue pour empêcher l'humanité de se répandre dans la rue.

NOTE

1. Bjoernstjerne Bjoernson (1832-1910), poète, journaliste, dramaturge, romancier. *Un gant*, dont il est question ici, remonte à 1883.

49 Zola et l'inconnu
CHARLES MORICE

Le Journal, 20 août 1894

Dans *Le Journal* du 20 août, Zola se livra à des considérations sur le rapport entre son œuvre et celle de l'école symboliste.

Que cherchent les poètes symbolistes ?

La question est toujours d'actualité, n'est-ce pas, puisque les poètes symbolistes n'ont pas encore réalisé leur chef-d'œuvre. Bien entendu, je ne veux pas dire qu'ils n'aient rien fait, surtout si vous réunissez sous la même étiquette Mallarmé, Verlaine et les poètes plus jeunes qui marchent à leurs côtés, sinon dans leur sillon. Mais, enfin, par symbolistes, on a pris l'habitude de désigner principalement un groupe très divers de poètes qui n'ont pas encore atteint la quarantaine. Eh bien ! il est pour moi constant qu'ils n'ont pas assez précisé, ni en théorie, ni en œuvre, leur désir. Il reste donc matière à toute interprétation, — fût-ce à la mienne. Or, je ne vous cache pas que je crois être le plus symboliste des poètes. [...]

Vous devrez tenir compte des circonstances dans lesquelles j'ai pu faire, je ne sais plus à quelle question, la réponse dont vous vous souvenez. L'interview est pour moi une causerie qui surprend au moins l'un des deux causeurs dans un instant particulier, de passion ou d'atonie, et qui colore particulièrement aussi sa réponse. Tâchons d'aller au fond.

Dans le symbolisme, je démêle d'abord l'impulsion fatale, très humaine, qui fait qu'une génération nouvelle veut créer une expression nouvelle de la vie. C'est l'explication de l'originalité des recherches et l'excuse de leur outrance. Ensuite, je dois ajouter, — et j'y prends plaisir car j'aime la vie dans son avenir comme dans son présent — que toute une carrière immense s'offre aux écrivains de demain : l'inconnu, le mystère, l'énigme de la vie, l'infini que le fini masque et dont nous autres, naturalistes, nous n'avons pas assez tenu compte, sans doute parce que nous venions au lendemain des excès idéalistes du romantisme. Les symbolistes sont mystiques parce que nous sommes réalistes.

N'est-il pas essentiellement mystique ?

Sans doute ! et romantique même, si vous voulez ! Je procède du goût : on me l'a beaucoup reproché et je ne l'ai jamais contesté. Mais j'ai obéi comme Goncourt, comme Daudet, aux nécessités de l'heure. On oubliait les faits, pour ne se préoccuper que de leur interprétation, plastique... les faits ? pourtant, toute la vie. Et quand je regarde au fond de moi-même, ce que je vois de plus essentiel, c'est l'amour de la vie, — et voilà ce qui m'a permis de réaliser ma part de l'œuvre littéraire, qui devait correspondre au besoin le plus général.

N'y avait-il pas, dans son effort, une complication de théorie, de philosophie acquise, apprise ?

Oui, j'ai appliqué à la littérature les principes positivistes. Je l'ai fait avec l'enthousiasme d'une conviction récente. Je ne crois peut-être plus à ces principes aussi violemment que j'y croyais jadis. Je n'en suis pas moins sûr d'avoir eu raison à mon instant. Il y a de la vérité relative, même dans l'erreur d'une réaction. Je fus un peu sectaire. Le naturalisme, s'il se juge au passé, sera le premier à se reprocher d'avoir limité, fermé l'horizon. C'est qu'on l'élargissait alors follement. Malherbe a fermé la vis au lyrisme de Ronsard; il fallait aussi assagir les folles rêveries des disciples de Lamartine et d'Hugo. Nous nous sommes réduits au domaine des choses acquises, et c'est pourquoi vous nous devez la possibilité d'aller plus sûr et plus loin dans la voie des conquêtes, des choses à acquérir. Remarquez-le, je ne crois pas avec Renan que, dans la société future, le poète ou le grand artiste doive devenir une quantité de plus en plus négligeable, tandis que le savant prendra une importance toujours prépondérante. Pour moi, le poète reste et restera le pionnier de l'humanité. Le savant suit, vérifie. Allez de l'avant, vous, poètes; créez de la beauté nouvelle, employez les moyens que vous voudrez. Me comprenez-vous bien ? J'admets absolument que le peintre se serve, techniquement, de tous les procédés et de toutes les matières. Qu'il peigne au fromage s'il veut, pourvu qu'il peigne bien ! Et vous autres, esthétisez à votre aise, symbolisez sans limite, faites-moi de la prose rythmée, du vers libre, tout ce que vous voudrez, pourvu que vous parveniez à m'émouvoir. Dépassez-nous, envisagez la réalité sous un autre angle que le nôtre.

S'agit-il d'une conception nouvelle de la beauté ?

Ah ! voilà ce qui m'importe et ce que je comprends le moins ! La beauté, je ne sais pas ce que c'est. La vie ! parlez-moi de la vie ! Je ne connais qu'elle, je ne crois qu'en elle et pourtant, je suis un artiste, moi aussi ! Tenez, avez-vous remarqué comment je compose mes livres ? Tout le monde devrait le voir, mais personne ne me lit, quoique je tire à cent mille. Qui donc abusa jamais plus que moi du symbole ? Mes livres sont des labyrinthes où vous trouveriez, en y regardant de près, des vestibules et des sanctuaires, des lieux ouverts, des lieux secrets, des corridors sombres, des salles éclairées. Ce sont des monuments : en un mot, ils sont « composés ». Mais ce n'est pas dans une vue de beauté. Il ne s'agit pour moi que de faire vivant, et je sais bien que la vie recèle toujours un mystère. C'est le mystère qui me sert de leitmotiv. J'ai procédé comme Wagner, sans beaucoup le connaître, au début, et je pense que, comme lui, c'est le sentiment de la vie qui m'a conduit à ce procédé. J'utilise aussi les harmonies obtenues par le retour des phrases, et n'est-ce pas le meilleur moyen de donner un son à la signification muette des choses ? Symboliste ! Je crois bien que je le suis. Hélas ! le principal reproche qu'on puisse me faire, c'est que j'en suis même arrivé, dans cette voie, au pur procédé. J'ai trop écrit, j'obéis involontairement aux habitudes de mon cerveau. Mais de la beauté théorique, de l'esthétique ? Je ne m'en suis jamais soucié. Pour moi, l'art n'est autre chose que la réalisation de la plus grande intensité de vie possible par n'importe quel moyen. J'écris mal ? L'auteur de la *Littérature de tout à l'heure*[1] a dit que j'écrivais en style de journalisme ? Qu'est-ce que ça me fait, si je recrée la vie, si j'écris vivant. [...]

Le poète est celui qui doue d'authenticité la nature. Accepte-t-il cette définition de Stéphane Mallarmé ?

Mais j'accepte tout ! Je veux simplement être ému. Par exemple, je veux d'abord comprendre. Je ne suis pas du Nord, moi. Je suis Français, je suis même Latin, Italien. L'autre soir, chez Daudet, on causait de l'œuvre de Tissot[2] sur le Christ, il y avait là des symbolistes, je crois, qui accusaient Tissot de tuer la légende. Pour moi, je déclare que je dois à Tissot, à ce qu'il a mis d'humanité et de vie dans la légende, d'avoir compris le Christ. Ne me parlez pas de technique : je vous répondrai par la vie.

Croit-il que les symbolistes aient inventé la littérature ? Existe-t-elle donc hors de la vie et la vie ne daterait-elle que des symbolistes ?

Non, certes ! mais ne peut-on pas dire que l'histoire de notre littérature comporte trois périodes principales : le classicisme, qui s'est limité à l'expression de la vie intérieure, spirituelle, raisonnante; le romantisme, qui a dit le sentiment, le mouvement, affaire de physionomie et de draperie; enfin, le naturalisme, qui, à la vie de la raison et du cœur, a joint la vie des sens, la part physiologique du composé humain ? Tout cela étant fait, et sans penser qu'on puisse inventer à cette date la littérature, n'ai-je pas le droit de conclure qu'il nous reste à faire une œuvre plus compliquée, plus complexe du moins, et qui nécessite des moyens nouveaux : mettre une âme vivante dans un corps vêtu ?

Je crois que nos moyens, plus grossiers, sont plus aptes que ceux des symbolistes à donner le frisson de la vie. En somme, c'est au résultat qu'il faut juger. Ils ont encore quelques années de crédit, et puis, nous ferons leur bilan. Je ne sais pas si leur effort, qui semble un peu s'attarder dans les « tentatives », aura produit ce que notre travail régulier, carré, franc et direct, a déjà produit. D'ailleurs, je suis un aîné, et j'ai les injustices des aînés. Ils ont celles des cadets. Tout à l'heure, je ne comprendrai plus rien à ce qu'on fera de nouveau. Peut-être ont-ils quelque peine à bien pénétrer nos intentions d'il y a vingt ans et les circonstances dans lesquelles nous avons lutté.

Les conditions de la lutte sont peut-être aujourd'hui plus dures encore, surtout parce que, plus que jamais, ceux qui professent la littérature en raréfient la notion.

Je vous l'avoue, c'est peut-être une infériorité, une impuissance de ma part, mais je ne comprends pas le vers libre. Est-ce mon tempérament latin qui réagit là-contre ? Mais je n'en suis pas ! Pour y voir goutte, il faut que l'auteur lui-même m'allume la lanterne. La moindre explication suffit, d'ailleurs, pour que je m'intéresse. Et je le sais bien, notre poésie classique est dure, césarienne, sans musique. Je sens que quelque chose de neuf et de désirable va naître : quoi ?

Après tout, vous ferez dans votre voie ce que nous avons fait dans la nôtre. Nous avons enterré le romantisme : enterrez-nous ! Mais n'oubliez pas que nous nous défendons encore, et par des œuvres ! Nous avons tenu le haut du pavé pendant vingt-cinq ans. Vivez autant que nous. Nous ne sommes plus au temps où les formules d'art duraient deux cents ans. Elles meurent, aujourd'hui, avec le groupe d'hommes qui les a créées. C'est que nous allons de plus en plus vite; la démocratie monte, elle est pressée, et la littérature, ne l'oublions pas, est le produit naturel et fatal du « sol social ». Si vous me parlez de transformation totale, il faudrait me prouver que le sol social a changé. Je vois bien qu'il bouge, mais j'attends le miracle qui refuserait aux prémisses d'hier leurs conclusions nécessaires. Aujourd'hui, sans que la science, comme je vous le disais, prenne le pas sur l'art, il me semble, toutefois, que l'art et la science font une grande alliance, et votre mysticisme m'inquiète, qui paraît supposer insolubles les problèmes auxquels la science s'acharne à trouver des solutions positives.

La morale de tout ceci ? Travaillons, travaillez. Je ne suis pas encore assez vieux et ramolli pour me convaincre sottement que rien n'est vrai de ce que je ne pense pas. Le meilleur bénéfice de la vieillesse venante, c'est l'indulgence éclairée, c'est l'espoir dans un avenir qui n'est plus le mien, mais qui m'intéresse encore, parce que je compte revivre parmi ceux que je ne connaîtrai jamais, grâce à l'amour que j'eus toujours pour la vie, pour la jeunesse, et grâce à mon œuvre. Faites quelque chose que, mes camarades et moi, nous n'eussions jamais pu faire : je serai le premier à vous applaudir. Personne n'est plus disposé que moi à se rouler d'admiration : je vous supplie seulement de m'en donner le motif.

NOTES

1. Œuvre de Charles Morice, parue en 1889 chez Perrin.
2. James Tissot (1836-1902) fut peintre graveur et émailleur. En 1887, il fit en Palestine des études pour trois cent cinquante aquarelles qu'il exposa en 1894 sous le titre *Vie de Notre-Seigneur Jésus-Christ*.

50 Le voyage de M. Émile Zola en Italie
ANONYME

Le Temps, 17 décembre 1894

Zola et sa femme partirent le 31 octobre pour l'Italie, où le
romancier devait se documenter pour *Rome*. Ils rentrèrent le
14 décembre. Puisque des erreurs avaient été commises dans
la presse française au sujet du voyage, un rédacteur du *Temps*
alla interviewer Zola afin de remettre les choses au point.

Il m'est difficile de comprendre les sentiments que mon
voyage en Italie a fait naître chez quelques-uns de vos confrères. On
écrit des choses comme ceci : *La tournée Zola* ! Qu'est-ce que cela veut
dire, injure à part ? Croit-on sérieusement que je me fasse précéder,
dans un voyage d'études, par des émissaires chargés de préparer l'enthousiasme ? Ce n'est pas sérieux. On affecte de ne pas savoir la situation que j'ai en Europe ! Comprenez-moi bien. Je ne veux pas dire
que cette situation soit due à mon mérite : il ne m'appartiendrait pas
de parler ainsi. Mais enfin, voilà trente ans que l'on fait du bruit
autour de mon nom, autour de mes livres. Quand même mes ennemis

Rome. L'arc de Septime Sévère; à droite, le temple d'Antonius et Faustina

mettraient mon œuvre au bas-bout de la littérature, ils ne pourraient s'empêcher de reconnaître que je suis une personnalité assez connue et dont on s'occupe. La presse n'a pas à protester contre cela. C'est elle qui l'a fait. Et quand elle proteste maintenant, elle ne fait que donner un nouveau coup de cloche, elle ne fait qu'augmenter l'onde sonore dont je suis environné par elle depuis plus d'un quart de siècle. Pour s'étonner de l'accueil que j'ai rencontré en Italie, il faut donc savoir fort peu ce qui se passe à l'étranger et il faut avoir peu de mémoire. On oublie, en effet, que j'ai été reçu à Londres avec autant de courtoisie, de bienveillance, d'égards[1] — et de curiosité, si vous voulez — qu'en Italie même. Il en serait probablement ainsi dans d'autres pays encore, en Russie, par exemple, si j'avais l'occasion et le temps d'y aller.

Moi, qui savais qu'en Italie j'aurais à me défendre contre l'empressement sympathique de nos voisins, j'avais tout fait pour conserver son caractère à mon voyage d'études. Le matin même de mon départ, je disais à un directeur de journal (qui était venu chez moi et qui avait aperçu des préparatifs de villégiature) que j'allais passer quelques jours à la campagne. Le soir même je partais directement pour Rome, sans vouloir m'arrêter nulle part. Comment se fait-il qu'à mon arrivée vingt personnes au moins, toute une nuée de reporters d'ailleurs très aimables, m'attendaient à la descente du wagon ? Je n'en sais rien. Mais je ne pouvais pas répondre à la courtoisie par l'impertinence. Dès lors a commencé un mouvement dont je n'étais plus le maître et qui s'est manifesté à Naples, à Venise, à Milan, par des fêtes données en mon honneur. Quand j'étais parti pour l'Italie, je ne voulais voir que Rome. M'est-il donc défendu, à moi qui n'ai pas beaucoup de loisirs pour voyager, de profiter d'une occasion pour me promener un peu et me distraire ? Et puis, ces grandes villes d'Italie ont un certain sentiment d'autonomie, un véritable esprit de décentralisation. Elles furent des villes libres, des capitales. Elles et leurs magistrats s'affirment en quelque sorte par les réceptions qui m'étaient offertes à mon passage. Je ne pouvais leur enlever ce plaisir, ni me soustraire à ces honneurs.

Quant à mon séjour à Rome, il est puéril de me reprocher d'avoir vu beaucoup de monde. Je n'y serais pas allé, si j'avais voulu rester à l'hôtel. J'allais pour voir et pour causer. J'ai été très cordialement reçu dans de grandes familles romaines, chez le prince Odescalchi, chez la comtesse Lovatelli, chez la comtesse de Santa-Flore, etc. J'ai vu le plus de monde possible, et j'ai causé avec toutes les personnes qui pouvaient me renseigner. J'ai visité Rome avec des personnages qui se sont mis à ma disposition avec une complaisance charmante. Notre éminent compatriote, M. Hébert[2], m'a fait visiter le Vatican. Je n'ai qu'à me louer en particulier de M. Baccelli, ministre de l'instruction publique, qui a refait le Forum et découvert la basilique Julia, et aussi de M. Bernabei, directeur des fouilles, qui a mis à jour la maison des Vestales. La conséquence de tous ces bons procédés à mon égard était que je devais des remerciements à Rome et à l'Italie. Je ne pouvais les exprimer que par une visite au roi qui représente naturellement, aux yeux d'un étranger, la nation italienne. Mon séjour s'était un peu prolongé, j'avais été à Naples pour attendre la rentrée du monde politique à Rome et la réouverture du Parlement. Quand je revins, je consultai notre ambassadeur au Quirinal, M. Billot, qui devait être mon guide écouté en pareille circonstance. M. Billot me fit donner une audience par le roi et fit donner une audience à Mme Zola par la reine. On a rapporté de diverses façons mon entretien avec le roi Humbert. Les commentaires qui ont suivi me sont indifférents; ils portaient le plus souvent à faux. Mon entrevue avec le roi a été courte; et je n'ai pas besoin de vous dire que je n'allais pas l'interviewer. Ma visite était la visite d'un hôte que l'Italie avait bien reçu et qui devait le reconnaître. La seule phrase politique que le roi m'ait dite est celle-ci : « Ah ! vous êtes riches en France, et cela doit vous ôter bien des inquiétudes. D'ailleurs, personne, en Europe, ne veut la guerre, et l'Italie moins que personne. Croyez-vous que nous voulions la guerre ? Croyez-vous même, avec les difficultés que vous nous connaissez, que nous puissions la vouloir ? »

La reine d'Italie a fait à ma femme et à moi un accueil parfait. C'est une femme très intelligente, très fine, très femme et très forte. Elle reçoit très peu, m'a-t-on dit en Italie. Elle a pourtant tout ce qu'il faut pour briller et pour charmer. Dans ce sombre Quirinal qui a l'air d'une prison ou d'un couvent, la reine Marguerite habite un appartement où se trahit son goût vraiment exquis. Ce sont trois ou quatre salons clairs et gais, avec des tentures or-pâle ou gris-perle, tout en nuances fondues et harmonieuses. La reine qui a gardé toute sa jeunesse — (le jour de l'ouverture du Parlement, on lui aurait donné vingt ans !) — la reine s'occupe beaucoup, lit beaucoup, se tient au courant de tout et en particulier de notre littérature. Elle suit nos revues; ainsi elle m'a parlé avec éloges du dernier roman d'Édouard Rod;[3] quant à mes livres, la reine m'en a parlé avec infiniment d'adresse et de tact. Vous m'entendez.

Et le pape ? me direz-vous. Voici ce qui s'est passé exactement de ce côté. Dès le lendemain de mon arrivée à Rome, j'ai vu notre ambassadeur au Vatican, M. Lefebvre de Béhaine. Goncourt, qui est son cousin, m'avait adressé à lui. Je lui demandai de faire une démarche

L'entraînement de M. Zola : comment les saluts mènent au salut

officieuse auprès de la secrétairerie d'État pour savoir si une demande d'audience aurait chance d'être agréée par Léon XIII. M. Lefebvre de Béhaine m'avertit qu'il avait déjà sondé le terrain. « Les bruits ne sont pas bons », me dit-il. Il fit néanmoins la démarche auprès du cardinal Rampolla. Le cardinal répondit qu'il ne pensait pas, à son grand regret, qu'une demande d'audience venant de moi serait accueillie par le saint-père. Le cardinal disait que le pape serait personnellement heureux de me recevoir, me tenant pour un homme honorable; mais, après la mise à l'Index de *Lourdes*[4] et les lettres de l'épiscopat français, me recevoir était vraiment bien difficile. Je n'insistai point. Il n'y eut pas de demande adressée. On n'eut pas la peine de me refuser officiellement l'audience. Certes, j'aurais été heureux de voir le pape; mais c'était pour moi une formalité, une espèce de consécration publique de mon enquête sur le Vatican. Mais, évidemment, cela n'était pas indispensable; car le pape ne m'aurait vraisemblablement rien appris ni sur lui-même ni sur le monde qui l'entoure. Tandis que le monde qui l'entoure m'a appris sur le pape tout ce que j'ai voulu. Mon enquête a été faite complètement et consciencieusement. Avec de la patience, de l'adresse et des pourboires appropriés, on se renseigne toujours et partout. Je sais fort bien comment le pape vit, comment il se lève et comment il se couche, comment il est et comment il agit, tout cela sans l'avoir vu. Enfin, je *tiens* mon pape; et mon livre ne souffrira pas de l'audience qui n'a pas eu lieu !

M. Lefebvre de Béhaine a été contrarié de ce petit incident. Il n'en a été que plus charmant, plus aimable et plus brave. Il n'a pas abandonné à son malheureux sort un homme excommunié; il a visité avec moi des villas et des églises et lui, si diplomate, ne me dissimulait pas chez lui quand j'étais en visite et que des *monsignori* se faisaient annoncer.

Je rapporte de Rome des quantités de documents. Tous les soirs, je rédigeais mes notes, mes conversations, jusqu'à deux heures du matin. J'ai beaucoup vu, j'ai beaucoup causé. Je vais maintenant me mettre au travail. J'étais allé à Rome pour travailler; en somme, je n'ai pas fait autre chose. J'ai lu quelque part que la condamnation du capitaine Romani[5], survenue pendant mon séjour, me créait des devoirs spéciaux. Qu'est-ce que cela veut dire ? On prétend que je devais demander la grâce du capitaine Romani au roi ! La grâce d'une condamnation qui n'est pas définitive encore, qui est en appel ? Et quelle qualité avais-je, moi, touriste, voyageur, homme d'étude, pour demander cette grâce ? J'étais sans mandat. Ceux mêmes qui me reprochent de n'avoir rien demandé, m'auraient, dans le cas contraire, accusé d'outrecuidance et de vanité. Quant à quitter Rome aussitôt après la condamnation du capitaine Romani, c'était plus impossible encore. Pouvais-je m'en aller ainsi en faisant claquer les portes ? J'aurais manqué de courtoisie envers des gens courtois; et je n'aurais rien démontré ni obtenu. Quand j'entre dans une église, je ne garde point mon chapeau sur la tête; à la procession de Lourdes, j'ai été poli et respectueux. Cela n'implique pas qu'on abdique ses pensées intimes ni sa liberté de jugement.

Enfin, à la collection d'injures que j'ai recueillie au cours de ma carrière, il n'en manquait plus qu'une : celle de *sans-patrie*; je l'ai maintenant. La collection est complète. Je puis travailler tranquille. C'est ce que je vais faire, sans autre réponse à des inexactitudes ou à des malveillances, qui sont déjà à demi évaporées. Dans un an, le public lira *Rome*. Je n'ai pas autre chose à dire.

NOTES

1. Voir l'interview n° 43.
2. Ernest Hébert (1817-1908), peintre célèbre, entra en 1835 dans l'atelier de David d'Angers et obtint en 1839 le prix de Rome. Il fut deux fois directeur de l'Académie de France à Rome, de 1867 à 1873 et de 1885 à 1891.
3. Il s'agit probablement de *La Seconde Vie de Michel Teissier* (1894), œuvre de l'écrivain suisse et ami de Zola, Édouard Rod (1857-1910).
4. *Lourdes* avait été mis à l'Index en septembre 1894. À propos du roman, voir l'interview n° 46.
5. Officier français, il avait été accusé de s'être livré à l'espionnage. Le 22 novembre 1894, il fut condamné à quatorze mois de prison par le Tribunal correctionnel de San Remo.

51 Pour ou contre le duel
EUGÈNE TARDIEU

L'Écho de Paris, 5 mars 1895

Le 1er mars, le journaliste Jules-Hippolyte Percher, dit Harry Alis[1], avait été tué en duel par le commandant et explorateur Frédéric Le Chatelier. Le duel fut l'issue d'une polémique courtoise sur les concessions coloniales africaines. La nouvelle de la mort de son confrère fournit à Eugène Tardieu l'occasion de rendre visite à Zola.

Pour ne pas me prononcer, j'avais envie de vous faire dire que j'étais malade ! Pour moi, vous savez, le duel est une coutume absurde, qui ne m'intéresse pas; vous n'en verrez aucun dans mon œuvre. Et puis, je n'aime pas l'escrime, les exercices physiques; quand j'étais petit garçon, à la gymnastique, je me fourrais dans les coins; je n'eus jamais de rencontres; une seule fois, je me rappelle, je fus témoin de Manet[2], et j'ai trouvé tout cela fort ridicule.

Quand on vit dans un certain monde, il faut se battre, on ne peut refuser. [...] Un commerçant ne se battra jamais et il aura raison. Il s'en fiche complètement, lui ! Sa femme et tous ses amis lui diront : « Un individu t'a provoqué; laisse-le donc tranquille ! Tu serais bien bête de t'exposer à te faire tuer ! » Il sera fort de l'approbation des siens et il laissera tomber l'affaire. Tandis que supposez un petit journaliste dans le même cas. Mais aussitôt tous ses camarades refuseront de lui serrer la main en apprenant qu'il a reculé devant le combat singulier. En sera-t-il pour cela plus chevaleresque ? Non, c'est une pure question de respect humain, voilà tout !

Ah ! je comprends qu'on aime ça ! J'ai des amis qui sont passionnés pour l'escrime. Daudet vous en parlera avec chaleur; mais, vraiment, je suis convaincu que si la coutume du duel venait à disparaître les mœurs n'y perdraient rien. [...]

On aura toujours peur, voyez-vous, de se déclarer adversaire des duels, car on craindra l'accusation de lâcheté, et tous les Français sont sensibles à cette accusation-là !

NOTES

1. Harry Alis collabora d'abord au *Parlement*, puis au *Journal des débats*, où il passa la plus grande partie de sa carrière de journaliste. À partir de 1880, il s'adonna spécialement aux questions d'expansion coloniale.

2. Zola fut le témoin de son ami lors de son duel avec Edmond Duranty le 23 février 1870.

52 *Rome* de M. Émile Zola
A.G.

Le Gaulois, 6 mars 1895

Au cours du banquet Goncourt, qui eut lieu le 1er mars dans la salle des fêtes du Grand-Hôtel, un rédacteur du *Gaulois* interrogea Zola à propos de son prochain roman, qui avait pour cadre la Ville Éternelle. La conversation ayant été interrompue, le rédacteur la reprit le lendemain chez Zola.

Je viens d'en terminer le plan et je me propose de commencer le travail d'écriture, la narration, d'ici à quelques jours. Cela me prendra bien dix mois. Pensez donc, quarante personnages à faire mouvoir au cours de seize chapitres de cinquante à soixante pages chacun ! Le volume sera aussi gros que *La Débâcle*.

Je mettrai Léon XIII en scène dans *Rome*. Ce sera la plus haute figure de mon livre. J'emploierai, à cette occasion, le même procédé que j'ai employé pour faire paraître Napoléon III dans *La Débâcle*. Le Saint-Père traversera le roman pour ainsi dire, avec cette particularité que je le présenterai comme principal personnage dans une grande scène qui comprendra tout un chapitre de l'ouvrage.

Je n'ai pas besoin de vous dire que j'étudie le chef de la catholicité avec le grand respect qui lui est dû. Et je le fais en toute conscience, avec des notes, des impressions, des souvenirs, des documents puisés aux sources les plus autorisées. Certes, j'eusse été très heureux de voir le Pape, non point, comme on l'a dit, pour l'interroger sur certaines questions, mais pour en emporter une impression directe, vivante, pour l'avoir sous les yeux en le mettant en scène. Cette satisfaction ne m'a pas été donnée. Il faudra donc me contenter des photographies et des portraits que j'ai recueillis de lui à Rome. [...]

Vous voyez donc que, en dehors des principes qui me guident, j'ai les meilleures raisons pour me montrer impartial. D'ailleurs je tiens Léon XIII pour une « intelligence », je le dis nettement dans mon livre, livre qui m'a demandé, et qui me demande encore des recherches innombrables tant au point de vue philosophique et social qu'au point de vue historique. En effet, mon roman comprend Rome sous trois faces différentes : la Rome du Palatin, la Rome des Papes et la Rome du Quirinal.

C'est naturellement par l'évocation que je traiterai de la Rome antique, car l'action de mon roman est toute moderne. Quoique l'impression que j'ai ressentie en visitant certaines ruines de la ville primitive ne soit pas celle que les descriptions de Chateaubriand m'avaient fait espérer, je n'ai pas moins pris un plaisir extrême à établir cette partie de mon livre. On se replonge toujours avec délices dans l'antiquité. Mais que de recherches cette étude n'a-t-elle pas nécessitées ! C'est que je ne savais de l'histoire romaine que ce qu'on en apprend au lycée.

Et cela ne suffisait pas. Il me fallut donc en faire toute une étude approfondie et presque nouvelle, en raison des investigations particulières. De même pour la Rome chrétienne, dont l'histoire est si vaste et si complexe. Et enfin une étude similaire pour la Rome moderne, dont l'histoire, quoique datant d'hier, n'est pas moins abondante en faits typiques et curieux.

Voilà huit grands mois que je travaille, que je lis, que je furète, que je prends des notes. J'ai passé tout l'été dernier, à Médan, à consulter les livres les plus documentés parus jusqu'ici sur le socialisme chrétien. À Rome, je me suis préoccupé surtout des mœurs, de la physionomie de la ville et des habitants.

J'ai vu un nombre considérable de gens que j'ai interrogés sans en avoir l'air, et cela dans tous les milieux. J'ai conversé avec des savants, des artistes, des membres de la haute société italienne, des paysans. Le soir, en rentrant chez moi, j'écrivais tout ce que j'avais entendu dans la journée. Et ce travail me menait quelquefois jusqu'à deux et trois heures du matin.

Ce travail a repris ici, car mille détails me sont revenus en mémoire. Puis quand je me suis mis à rédiger le plan de mes chapitres, je me suis aperçu que certaines particularités m'avaient échappé. Alors, j'ai écrit à Rome. Et toute une correspondance s'est établie, correspondance qui n'a pas encore pris fin. Pensez donc que j'ai, à l'heure actuelle, plus de mille pages de notes ! C'est à l'aide de cette documentation que je vais me mettre au travail.

Gros travail, je vous le répète, celui qui m'aura demandé le plus d'études et le plus de veillées depuis mon roman sur la guerre. Au début, j'avais cru pouvoir me dispenser autant que possible de personnages italiens. Mais en établissant mon plan, je me suis aperçu que cela n'était que rêverie. De fait, sur mes quarante personnages, il n'y en a que quatre Français : Pierre Froment, le prêtre de *Lourdes*, qui reparaîtra non seulement dans *Rome*, mais aussi dans mon troisième volume, *Paris*; un évêque, une domestique et enfin une grande personnalité de notre pays que je ne ferai qu'indiquer et que je ne nommerai pas ! Les trente-six autres personnages sont Italiens et comprennent tout aussi bien des membres du clergé que des hommes politiques, des artistes et des membres de l'aristocratie romaine.

Je puis dire que c'est la presse qui m'a donné l'idée d'écrire *Rome*. En effet, j'étais à Lourdes, prenant des notes pour mon roman, lorsque des articles parurent dans des journaux de Paris, disant que, en racontant l'histoire de Bernadette Soubirous, j'allais parler du néo-catholicisme. On ajoutait que j'avais tort, car pour étudier le néo-catholicisme, disait-on, il fallait aller à Rome. Or, à cette époque, je ne pensais nullement à la question et je n'avais guère à m'en préoccuper, avouez-le, pour mon livre sur Lourdes. L'idée ne m'était même point venue de donner une suite à mon roman.

Mais tout en étudiant mon plan, je vins à reconnaître que la partie du livre que j'avais réservée au Vatican, — car je voulais en parler en passant, — allait être noyée pour ainsi dire dans les développements du thème principal. C'est alors que je pensais à cette sorte d'invite qui m'avait été faite par les journaux de Paris. Et je résolus de composer tout un livre sur le Vatican, ayant Rome comme cadre. Mon idée prit corps, se transforma et j'eus la vision très nette du livre que je suis en train d'écrire.

J'espère avoir terminé au mois d'octobre. Le roman sera publié d'abord dans une revue ou dans un journal[1]. Ce n'est donc qu'au mois de février prochain que Charpentier pourra le faire paraître en librairie[2]. Mon rêve serait de terminer deux ou trois chapitres, ici, à Paris, avant le 15 mai. Puis, je partirais pour Médan, où je passerais tout l'été, en pleine solitude et en plein recueillement. En ce cas, j'achèverais le livre très certainement à la fin de l'automne. Mais le pourrai-je ? Car je crains fort que certains chapitres — ceux de la Rome papale surtout — ne me demandent, en dehors de mon plan général, des plans spéciaux.

Entre nous, c'est un gros, très gros travail, que j'ai entrepris là.

NOTES

1. Le roman fut publié en feuilleton dans *Le Journal*, du 21 décembre 1895 au 8 mai 1896.
2. Le volume parut chez Charpentier le 8 mai 1896.

53 Zola et Camille Doucet
G.

Le Gaulois, 5 avril 1895

Aux obsèques de Camille Doucet[1], un rédacteur du *Gaulois* interrogea Zola, qui représentait à la cérémonie funèbre la Société des Gens de lettres, sur ses relations avec l'ancien secrétaire de l'Académie française.

Je répondrai à votre question d'autant plus volontiers que mes relations avec M. Camille Doucet ont été des plus cordiales et qu'elles me laissent de charmants et de très aimables souvenirs. J'ai fait la connaissance du secrétaire perpétuel de l'Académie, il y a environ cinq ans, à l'époque où je posai pour la première fois ma candidature au palais Mazarin. Il s'agissait de pourvoir à la succession d'Émile Augier[2].

Je n'avais jamais vu M. Camille Doucet; lui, non plus, ne me connaissait pas. Très sincèrement il s'était figuré — selon des légendes, qui courent encore en province, je crois — que j'étais une sorte de bouledogue d'un commerce quelque peu inquiétant. Aussi fut-il effrayé à l'annonce de ma visite.

L'entrevue eut lieu. Elle fut charmante. Je fus, pour ma part, fort agréablement surpris. M. Camille Doucet me plut de prime saut, non seulement par sa courtoisie et même son affabilité, mais par son esprit très ouvert, très libéral, car il était fort intelligent, n'en doutez pas. Est-ce à moi à vous le dire ? Je lui fis la meilleure impression. C'était presque une victoire. Pensez donc ! le secrétaire perpétuel de l'Académie me trouvait assez homme du monde pour faire partie du « salon » qu'est l'illustre Compagnie.

« Mais ce n'est pas tout à fait le bouledogue de la légende, fit-il après ma visite, à un intime, qui me rapporta ses paroles. Il n'est intransigeant que sur certains principes d'ordre purement intellectuel. Sur bien des questions, je l'ai trouvé très souple, plein de bon sens. Je voterai très certainement pour lui, non pas cette fois, car ma voix est promise; mais je voterai pour lui, à la prochaine vacance. »

Et de fait, il tint parole. M. Camille Doucet a été, depuis, je le sais, un de mes plus fidèles électeurs. Je n'ai pas besoin de vous dire que, le voyant dans de si bonnes dispositions, je retournai lui faire visite. Et les plus aimables relations s'établirent entre nous. Je l'ai consulté à plusieurs reprises et j'ai toujours remarqué chez lui un sens très fin et très pratique des choses.

Nous n'avons pas été toujours d'accord, je dois le dire. Ainsi, il n'approuvait pas, au début, la multiplicité de mes candidatures. Mais j'avais fini par lui faire comprendre la situation particulière dans laquelle je me trouvais et qui nécessitait cette pluralité de candidatures. Je lui expliquai la raison de ma persistance, puisque je désirais, non pas succéder à tel ou tel académicien, mais avoir ma place sous la coupole, à côté de mes confrères de lettres. Je lui dis que, fidèle à mes principes, je voulais rester en dehors des combinaisons, quoique fort respectueux des arrangements auxquels pouvaient obéir les académiciens dans certains cas. Et je lui donnai bien d'autres raisons, qu'il écouta avec un fin sourire.

Il me répondit en critiquant d'une façon fort spirituelle mon manque de diplomatie et mon intransigeance : « Avouez tout de même que vous êtes resté un peu bouledogue dans vos idées ! Eh bien ! ajouta-t-il, on tâchera de vous faire entrer quand même ! »

Et je sais qu'il parla dans la suite à quelques-uns de ses confrères en ma faveur. Il est évident que je ne lui dois pas ce que je dois à Alexandre Dumas. Mais il s'est montré envers moi d'une réelle bienveillance. Quant à Alexandre Dumas, c'est celui qui s'est occupé de ma candidature jusqu'ici de la façon la plus marquante. Il va sans dire que je place à part François Coppée, qui m'est fidèle depuis la première heure. Mais enfin Dumas a mis, en deux fois à mon service sa grande influence, et cela très activement. Je lui en garde une vraie reconnaissance.

Cependant, mon illustre confrère peut dire qu'il l'a fait de son propre mouvement, sans avoir jamais été sollicité par moi. Car je n'ai jamais rien demandé, pas même la voix de mes familiers. Je me contente de poser ma candidature et c'est tout. Que ceux qui me croient digne de m'asseoir à côté d'eux et de prendre part à leurs travaux votent pour moi; mais je ne veux gêner personne par des solicitations incompatibles, d'ailleurs, avec mes principes.

Quand j'ai posé ma candidature pour la première fois, j'ai fait des visites de courtoisie à tous les académiciens, sauf à M\ᵍʳ Perraud, qu'il m'a été impossible de joindre, et pourtant j'eusse été très heureux de causer avec l'éminent prélat. À ma deuxième candidature, j'ai fait encore quelques visites, que j'ai complétées par des envois de cartes. Puis, d'accord avec M. Camille Doucet, je me suis contenté de poser ma candidature par lettre à l'Académie, à chaque vacance. Au premier temps, j'allais porter moi-même ma lettre à M. Camille Doucet. Puis, je lui avouai ma crainte de voir donner une fausse interprétation à ces visites où je ne sollicitais rien. Et avec sa bonne grâce habituelle, M. Camille Doucet me dit que je pouvais envoyer désormais ma lettre par la poste.

La prochaine fois, j'irai fort probablement porter moi-même cette lettre au nouveau secrétaire perpétuel, en lui faisant une visite de courtoisie, et ce sera à propos de la succession académique qui vient de s'ouvrir, car je n'ai pas besoin de vous dire que je suis candidat au fauteuil de mon excellent ami M. Camille Doucet.

NOTES

1. Camille Doucet (1812-1895) fut élu membre de l'Académie française en 1865. Il en devint le secrétaire perpétuel en 1876.
2. Voir l'interview n° 16.

54 Napoléon III jugé par M. Émile Zola
ANGE GALDEMAR

Le Gaulois, 20 août 1895

Le 25ᵉ anniversaire de la guerre franco-allemande ranima des souvenirs de la chute du régime impérial. Dans une interview accordée au rédacteur Ange Galdemar, Zola parla de l'empereur, qu'il avait mis en scène dans son roman *La Débâcle*.

Ce que je pense aujourd'hui de Napoléon III ?... Je ne l'ai pas toujours pensé. À vingt ans, en plein Empire, je tenais le neveu du grand Napoléon pour le bandit, le ruffian, le « voleur de nuit », qui, selon l'expression célèbre, avait « allumé sa lanterne au soleil d'Austerlitz ».

Dame ! j'avais grandi au roulement des foudres de Victor Hugo, *Napoléon le Petit* était pour moi un livre d'histoire d'une vérité absolue. Et puis, il y avait *Les Châtiments,* dont j'avais appris les strophes virulentes et que je déclamais à toute volée[1]. [...]

Et je le voyais « l'œil terne, furtif, les traits palis » à travers cette rhétorique hennissante, écumante et géniale. Mais j'en suis revenu depuis ! Car, au fait, le Napoléon III des *Châtiments* est un Croquemitaine sorti tout botté et tout éperonné de l'imagination de Victor Hugo. Rien n'est moins ressemblant que ce portrait, sorte de statue de bronze et de boue élevée par le poète pour servir de cible à ses traits acérés, disons le mot, à ses crachats. *Les Châtiments* resteront comme « invectives ». Jamais, dans aucune langue, on ne s'est servi de l'injure avec une telle maestria. Mais que le Napoléon III en est faux ! Il est devenu comique à force d'exagération.

Et c'est ce qui m'a sauté aux yeux dès que je me suis mis à étudier l'homme, dès que, voulant étayer mes observations personnelles par des faits, j'ai interrogé les acteurs du règne impérial. Le coup d'État, c'est Morny, c'est Saint-Arnaud, c'est Magnan[2], c'est l'entourage du Prince-Président. Louis-Napoléon n'eût pas tenté le coup de main sans eux. Un homme d'action, le neveu du dictateur de Brumaire ? Quel malentendu ! Un rêveur, un socialiste humanitaire, un fataliste, l'homme qui a les yeux fixés sur son étoile et qui marche vers elle comme le croyant à sa foi, et qui se laisse emporter par les événements tranquille et confiant. Strasbourg, c'est l'étoile; Boulogne, c'est l'étoile; l'avènement à la présidence, c'est encore l'étoile, toujours l'étoile, comme le sera le 2 Décembre, comme le seront tous les événements heureux de l'Empire; c'est toujours la marche, l'éternelle marche vers la destinée qui s'arrête tout à coup, au bout de vingt-deux ans, barrée par un fleuve de sang, à Sedan.

***

Au fond, un bon homme, hanté de rêves généreux, incapable d'une action méchante, très sincère dans l'inébranlable conviction qui le porte à travers les événements de sa vie et qui est celle d'un homme au rôle prédestiné, à la mission absolument déterminée, inéluctable, l'héritier du nom de Napoléon et de ses destinées. Toute sa force vient de là, de ce sentiment des devoirs qui lui incombent. C'est le fataliste. Il doit arriver et il arrive. Et il trouve cela tout naturel. Quand il se réveille, il est à Sedan. Et, ici, c'est encore peut-être la destinée.

Qu'a-t-on à reprocher individuellement à cet homme plein de ses chimères, à ce mystique, qui marche tout vivant dans ce rêve étoilé ? On parle du gaspillage des fonds publics sous le régime impérial. L'or est-il entré dans les poches de Napoléon III ? On parle de sang versé. Est-ce bien lui qui en est responsable ? Remarquez que, en parlant ainsi, je m'occupe exclusivement de l'homme et non du chef d'État. Ce n'est pas mon opinion sur le gouvernement de l'Empire que vous me demandez, c'est mon opinion sur Napoléon III. Or, pour remonter à l'origine première, je dis que si le coup d'État est un acte blâmable comme une violation flagrante de la foi jurée — et nous n'avons pas à entrer ici dans d'autres considérations — je dis qu'il n'est pas généreux et même juste d'en faire supporter à Louis-Napoléon l'entière responsabilité. Qu'on examine impartialement la situation : d'une part, la lassitude des esprits au lendemain de 48, et, d'autre part, l'action du groupe d'hommes résolus qui a fait le coup d'État, et l'on verra que celui au profit duquel la révolution a été faite n'est pas le buveur de sang que la légende nous a représenté jusqu'ici. Ce n'est pas lui qui aurait fait fusiller le duc d'Enghien, ce n'est pas lui qui aurait donné l'ordre de brûler Moscou.

La guerre, la guerre où a péri sa fortune ? Est-ce bien lui qui l'a voulue ? Je ne le pense pas ! À le suivre pendant la campagne de 1870, de Châlons à Sedan, on voit qu'il n'a qu'une idée, aussitôt les premières défaites : arrêter la tuerie.

Le 17 août, il y eut un grand conseil tenu au camp de Châlons, conseil auquel assista le prince Napoléon. C'est à la suite de ce conseil que l'Empereur se désista du commandement en chef. À la vérité, il voulait se replier sur Paris, attendre là les événements, et livrer une bataille décisive, une seule, qui tranchât tout, — et par suite, toute une douloureuse étape, toute une longue guerre, prévue peut-être, évitée. Ce fut l'avis contraire qui prévalut.

Et l'Empereur, résigné, commença cette promenade héroïque sur les routes de France ! Car il fut héroïque, souffrant à un tel point que les cahots de la calèche lui faisaient mal. Le soir, se débattant dans des crises atroces, il criait. Oh ! je l'ai suivi pas à pas, en faisant *La Débâcle*, et j'estime que cette campagne de France n'a été pour lui qu'un long martyre, physique et moral. Le mal horrible dont il souffrait a dû être augmenté par la surexcitation nerveuse, affolante dans laquelle nos premiers désastres le jetèrent, surexcitation qui finit pourtant par se calmer pour dégénérer en une sorte d'effondrement, d'anéantissement. Et quand il se réveille, il est comme un somnambule, la marche vers le danger, au devant des halles comme en un rêve. Car l'épisode que j'ai placé sous Bazeilles, dans *La Débâcle*, l'épisode où Napoléon, à cheval, les joues colorées de vermillon, pareil à une sorte de personnage de théâtre se faisant beau pour la mort et s'avançant au milieu des salles et des obus, cet épisode est vrai, de la plus scrupuleuse exactitude.

***

Avait-il confiance dans son étoile et méprisait-il la mort ou bien l'attendait-il, la souhaitait-il ? Sa lettre au Roi de Prusse pouvait le faire croire : « Sire, n'ayant pu mourir au milieu de mes troupes, je vous rends mon épée. » Quoi qu'il en soit, cette mort qu'il eût désirée et qui eût mis fin à toutes ses souffrances morales et physiques, qui eût sauvé peut-être sa dynastie, cette mort il ne la voulait pas pour les autres. Il était constamment préoccupé par le sort de son armée, de ses soldats. Et il est encore exact, cet épisode de *La Débâcle* où l'Empereur, se promenant de long en large dans son cabinet, collant sa face maladive aux vitres, tressaille au bruit du canon. « Oh ! ce canon, ce canon qui ne cesse pas ! Oh ! ce canon, faites-le taire tout de suite. » C'est vrai ! Il n'a qu'une idée en tête, l'armistice. Et c'est lui qui fait hisser le drapeau blanc.

Et quand je le revois vaincu, ayant rendu son épée, déchu, rencontrant dans sa course en calèche découverte, au nord de Sedan, — de Sedan qu'il quitte, en route pour l'étranger, pour l'exil, — rencontrant les prisonniers ramenés de Fleigneux à Sedan, qui se rangent sur la route pour laisser passer sa voiture, je suis pris de pitié. Et je ne suis pas avec ceux qui lui montrent le poing, même pas avec ceux qui lui reprochent la cigarette qu'il a au coin des lèvres. D'ailleurs, c'est une habitude chez lui, une manie de rouler des cigarettes pour les porter à ses lèvres et les jeter aussitôt. Une bravade, a-t-on dit. Quelle amère plaisanterie !

Cette rencontre ? Elle a eu lieu, elle a vraiment eu lieu. J'en avais douté moi aussi. Mais j'en ai eu des preuves par des témoignages irrécusables. Et c'est un des épisodes singuliers, étranges, romanesques de la vie de ce souverain, dont la destinée fut si curieuse, qui passa tout au long de son règne pour ce qu'il n'était pas et qui fut mêlé à des événements auxquels sa nature ne le prédestinait aucunement.

Quant à l'Impératrice, j'ai voulu, en écrivant *La Débâcle*, la tenir en dehors de tous les événements. Je suis de ceux qui respectent les deuils.

Le personnage de l'Empereur, vu les conditions particulières dans lesquelles il évoluait, m'a semblé revêtir un caractère imprévu fait de cette majesté que donnent le malheur et la souffrance. Cet homme qui geint, qui se tord et se lamente, porté comme une épave vers l'abîme, vers la déchéance et l'irrémédiable ruine, et qui, au fond, comme je vous l'ai déjà dit, est un bon homme, impuissant, mais voulant le bien, faible mais compatissant, cet homme, dans ma pensée, se dresse au-dessus de l'injure, trop facile.

Je ne suis pas suspect d'impérialisme, je suis contre le coup d'État et je suis un républicain sincère et convaincu, un républicain de la première heure; mais je considère Napoléon III, au point de vue purement individuel et sentimental, bien meilleur que la légende ne nous l'a représenté jusqu'ici. Je vous le répète, le Napoléon III des *Châtiments* deviendra comique avec le temps.

NOTES

1. Zola cite ici un passage tiré du début du 6ᵉ livre de l'œuvre de Victor Hugo, qui commence : « Faquin ! — Tu t'es soudé, chargé d'un vil butin ».
2. Charles-Auguste-Louis-Joseph, comte, puis duc de Morny (1811-1865), Bernard-Pierre Magnan (1791-1865) et Armand-Jacques-Achille Leroy de Saint-Arnaud (1798-1854) étaient les complices de Louis-Napoléon Bonaparte : ils préparèrent et exécutèrent l'attentat du 2 décembre 1851.

55 La question du plagiat
ANGE GALDEMAR

Le Gaulois, 11 novembre 1895

La représentation de *Venise sauvée* de Thomas Otway, au Théâtre de l'Œuvre le 8 novembre, réveilla la question de l'emprunt littéraire. Cette fois Zola fut mis en cause : on accusa le romancier d'avoir transporté toute une scène de *Venise sauvée* dans son roman *Nana*. Il parut intéressant au rédacteur Ange Galdemar d'interroger Zola là-dessus et de lui demander son opinion sur la question de l'emprunt en littérature.

On me représente comme ayant transporté une scène d'Otway dans *Nana* ? On a raison, et je n'ai jamais songé à le nier. Et, puisque vous voulez bien m'en parler, je vous dirai que j'ai fait mieux que la rappeler, comme conception et comme allure, je l'ai reproduite presque textuellement.

Je vous indiquerai même ma source : Taine ! Taine, où j'avais lu la scène au temps de ma jeunesse et où je l'ai reprise quand, en écrivant *Nana*, elle m'est venue à l'esprit.

***

Et ce n'est pas tout; le personnage d'Otway, comme le mien, fait tour à tour l'ours, le cheval. La scène est identique dans *Nana*[1]. Il n'y a que les mots de changés. Est-ce assez net ?

Eh bien, maintenant que vous avez eu les pièces du procès sous les yeux, je vous dirai que j'ai fait cela volontairement, naturellement, sans la moindre arrière-pensée, pour la raison très simple que c'était mon droit. Mais oui ! mon droit. Un écrivain a parfaitement le droit de prendre telle scène accessoire dans l'œuvre d'un classique pour l'adapter à sa façon là où il lui semble que cette scène est à sa place.

Vous entendez bien ce que je dis, un auteur classique, un écrivain dont l'œuvre est entrée dans l'héritage commun, dans le patrimoine de tous. Il va sans dire que le cas ne serait pas le même si l'emprunt était fait à un contemporain, à un confrère vivant. Ici la question de la propriété littéraire surgirait, applicable aux deux points de vue du fait moral et du fait matériel. Mais un écrivain mort, un classique qui est entré dans la grande famille des ancêtres, il est à nous tous ses descendants.

Comment ! je crée un personnage qui appartient à la même famille que tel type imaginé par un classique et je n'aurai pas le droit de donner à mon personnage certaines qualités ou certains défauts prêtés par l'écrivain qui m'a précédé, à ce type qui est une sorte d'ancêtre de mon personnage ? Dans la *Venise sauvée*, d'Otway, Antonio n'est-il pas de la même race, de la même famille que Muffat ? Pourquoi les travers de l'un ne se reproduiraient-ils pas chez l'autre ? La scène m'a paru offrir le même caractère de vérité chez l'un comme chez l'autre. Je m'en suis servi, tout simplement.

Mais je vais plus loin et je vous donne tout de suite un autre exemple, non pas de rencontre fortuite, mais d'adaptation volontaire, qui pourrait être relevée dans mon œuvre. Et c'est ma pièce des *Héritiers Rabourdin*, dont j'ai pris l'idée première dans *Volpone*, comédie de Ben Jonson. Je m'en cache si peu que je l'ai dit en toutes lettres dans la préface de la pièce[2].

Ma source pour cette comédie comme pour la scène de Muffat a été Taine. Au fait, il est un des trois écrivains qui ont exercé le plus d'influence sur moi. Le premier a été Musset et le second Flaubert. Puis est venu Taine, dont les études historiques, philosophiques et littéraires ont été pour moi comme une révélation. Toute mon œuvre critique s'en ressent, d'ailleurs.

Or, c'est dans Taine que j'ai vu le sujet de *Volpone*, comme c'est dans Taine que j'ai lu toute la scène d'Antonio et d'Aquilina, de *Venise sauvée*, traduite en français par lui.

Et je me résume. Tout n'est que renouvellement et transformation, en littérature comme dans les autres manifestations de l'esprit. Ce que j'ai fait pour la scène de Muffat, les plus illustres écrivains l'ont fait, et je n'ai qu'à vous citer Molière et Shakespeare pour vous rappeler deux des gloires les plus hautes et les plus rayonnantes de l'art dramatique. Si ce que j'ai fait là est du plagiat, Shakespeare et Molière sont aussi des plagiaires.

Mais non ! ils ont pris à l'héritage commun ce qui leur convenait et ils ont conquis l'immortalité en façonnant selon le caractère propre de leur génie des idées vieilles comme le monde. Car tout est vieux. *Psyché*, à son apparition, ne fut pas une nouveauté dans le sens absolu du mot, et la légende du *Petit Poucet* date de vingt siècles.

Hélas, s'il fallait s'arrêter à toutes ces considérations, on ne ferait jamais rien ! Ainsi, ne m'a-t-on pas adressé le reproche de m'être servi des documents que m'offrait le livre de Denis Poulot pour écrire *L'Assommoir* ?[3] Mais comment voulait-on que je fisse un roman sur l'ouvrier au temps du second Empire sans puiser aux sources qui me paraissaient les plus authentiques ?

C'est comme si on me reprochait d'avoir lu des livres de médecine pour établir les cas d'hérédité dans ma famille des Rougon-Macquart ou d'avoir compulsé trois cents volumes sur l'Italie et la papauté pour écrire *Rome*, que je suis en train d'achever. Oui, trois cents volumes !

Les sources, les vieilles idées, elles sont à la portée de tout le monde. L'important c'est de faire, même avec de vieilles idées, œuvre personnelle, originale et forte.

NOTES

1. Voir *R.-M.*, t. II, pp. 1460, 1461.

2. « J'ai tout simplement pris l'idée première de ma pièce dans le *Volpone*, comédie de Ben Jonson, un des précurseurs de Shakespeare. » Voir *O.C.*, t. XV, p. 227.

3. Il s'agit du volume intitulé *Question sociale. Le Sublime, ou le Travailleur comme il est en 1870 et ce qu'il peut être*, paru chez Lacroix en 1870.

56 Les droits du mort.
À propos du testament de Dumas fils
ANDRÉ EYSSETTE

Le Gaulois, 20 mars 1896

Dans son testament, Alexandre Dumas fils, mort le 27 novembre 1895, avait interdit la publication de sa pièce inachevée, *Route de Thèbes*. Cette interdiction suscita beaucoup de discussions dans la presse sur la propriété littéraire. Le 1er mars, Francisque Sarcey avait publié un article dans *L'Écho de Paris*, dans lequel il posait la question suivante : « Est-ce que le public, est-ce que la postérité n'a pas sur l'œuvre d'un homme de génie, publiée ou non, mais émanée de son cerveau et réalisée d'une façon quelconque, un droit primordial contre lequel ne peut prévaloir aucune volonté particulière ? » Là-dessus, André Eyssette interrogea quelques contemporains éminents : Henri Meilhac, Victorien Sardou et Émile Zola.

C'est une question de propriété littéraire. Or, il y a, à mon avis, une propriété littéraire et cette propriété doit être respectée comme toutes les propriétés.

J'ai lu la thèse de Sarcey. Elle est curieuse. Mais elle est, à tout prendre, une attaque à la liberté individuelle. Si je voyais Sarcey, je lui dirais : « Voyons, Sarcey ! Dumas avait-il de son vivant un droit absolu sur son œuvre, j'entends l'œuvre qu'il était en train d'écrire lorsque la mort est venue l'interrompre ? Ayant ce droit, pouvait-il détruire son œuvre si cette œuvre ne lui plaisait pas ? Oui ? Alors pourquoi, si vous lui concédiez ce droit de propriété absolue durant sa vie, ne l'accordez-vous pas à ses héritiers qui sont ses représentants, qui sont pour ainsi dire le prolongement de sa personne morale, qui sont propriétaires, en son lieu et place, autant qu'il l'a été lui, de son vivant, d'autant plus qu'ils sont dans ce cas particulier les agents de sa volonté. Si vivant Dumas pouvait détruire la *Route de Thèbes*, pourquoi voulez-vous qu'il n'ait pas le droit d'en interdire la publication après sa mort ?

Nous élevons la question ? Nous parlons du droit moral du public sur l'œuvre d'un homme de génie ? Je veux bien vous suivre sur ce terrain. Donc nous entrons ici en pleine gloire. C'est la gloire de Dumas qui vous préoccupe et non le plaisir particulier, la joie artistique qui vous est refusée à vous lettré, à vous dilettante, pour l'interdiction formulée par le grand écrivain à l'égard de son œuvre posthume ?

Êtes-vous bien sûr de respecter cette gloire, comme il convient ? Pensez-vous que cette gloire puisse être agrandie par la publication d'une œuvre posthume, tout admirable qu'elle soit ? Pour ma part, je n'en crois rien. La gloire de Dumas, c'est l'œuvre qu'il a léguée à la postérité. Or, la *Route de Thèbes* n'en fait pas partie, puisqu'il l'a laissée inachevée avec la défense formelle de l'y adjoindre.

Ah ! j'aurais compris, jusqu'à un certain point, qu'on cherchât à vaincre — dans un but louable — les scrupules de ses héritiers à cet égard, si Dumas était mort à quarante ans, par exemple, au lendemain de ses premiers succès. On aurait pu arguer de l'arrêt survenu dans l'évolution d'un esprit original, hardi et puissant, et réclamer, au nom du progrès, l'œuvre inachevée de ce novateur fauché dans l'épanouissement de sa jeunesse. Mais Dumas est mort après avoir terminé son œuvre, l'œuvre qu'il voulait laisser à la postérité. Tenons-nous-y. Il nous dit lui-même de nous y tenir. Avons-nous le droit de nous montrer plus jaloux de sa gloire que lui-même ?

57 Le congrès de la propriété littéraire
GANTEAIRE

Gil Blas, 18 avril 1896

> Au mois d'avril, une conférence internationale pour la protection des œuvres littéraires et artistiques eut lieu à Paris. Puisque les noms les plus illustres de la littérature et de l'art français ne figuraient pas sur la liste des délégués français au congrès, un rédacteur anonyme alla demander à Zola s'il croyait que cette délégation, ainsi constituée, pourrait obtenir les résultats désirés par ses confrères.

Surtout, n'allez pas croire qu'il m'eût été agréable de faire partie des représentants que le gouvernement a choisis. Si l'on m'eût fait cet honneur, auquel d'ailleurs je n'ai aucun droit, puisque je ne suis plus président de la Société des Gens de lettres, j'aurais été contraint de le refuser.

Je suis épuisé de fatigue, je viens de finir *Rome* et je pars pour la campagne. Il me serait impossible de suivre comme ils doivent l'être d'aussi importants travaux. Mais j'estime que la protection de la propriété littéraire ne peut être sérieusement discutée sans que les littérateurs soient au moins consultés. Il est vrai que je sais ce que valent souvent ces consultations : quand il s'agit de supprimer la censure, on nous appela tous à donner notre avis[1]. Bien entendu, on se garda bien d'en tenir compte. Néanmoins, le congrès actuel, j'en suis persuadé, fera de bonne besogne. Tous ses membres ont une extrême bonne volonté; il leur suffira de s'éclairer.

Mais il faut qu'ils s'éclairent. M. de Freycinet[2], qui a un esprit ouvert à toutes les réformes utiles, une intelligence remarquable, fera, j'en suis certain, de grands efforts pour défendre les réclamations des littérateurs pillés. Néanmoins, je crois que pour bien connaître ces réclamations et apprécier leur valeur, il est nécessaire d'entendre les auteurs qui sont les plus lus à l'étranger et qui savent bien comment on les a dévalisés.

Du reste, — je pense qu'il en sera ainsi — j'étais l'autre soir chez Sardou, et nous causions du congrès. Nous avons tous deux été d'avis que les représentants actuels de la France ne représentaient certainement que le gouvernement français, qui a eu simplement recours à leurs connaissances de légistes ou de diplomates et que des résolutions définitives certainement ne seront pas prises sans que les littérateurs aient été consultés.

Sur les réformes de législation internationale qu'il juge nécessaires

Le congrès ne compte pas malheureusement de représentants de la Russie et c'est justement le pays où les intérêts de notre littérature sont les plus sacrifiés. La question de la Russie est même la plus intéressante de toutes, et je compte prochainement lui consacrer un article au *Figaro*[3]. En Russie nous ne sommes pas protégés du tout. Le premier venu nous pille comme il lui plaît. Or il paraît que la solution est assez difficile, car le Code russe ne protège même pas efficacement la propriété littéraire de ses nationaux. C'est du moins ce qui a été répondu jusqu'ici à nos réclamations.

Il me semble cependant que le moment est venu de dire à nos amis les Russes : « La première preuve d'amitié, c'est de ne point dévaliser son camarade. »

Après la Russie, il y a encore les États-Unis qui, eux, sont représentés au Congrès. Là, nous sommes protégés, mais nous le sommes inefficacement. Notre protection est subordonnée à des déclarations, à des formalités sans nombre. Le Sénat américain a voté une loi compliquée, dont il faut demander la modification.

Pour les autres petits pays, la Bulgarie, la Serbie, etc., etc., nos intérêts sont beaucoup moins grands. En Allemagne, en Italie, en Espagne, nous sommes protégés efficacement.

Voilà brièvement résumée la situation telle qu'elle m'apparaît. La grande réforme à obtenir est surtout du côté de la Russie, où il n'y a rien de fait. Après viennent les États-Unis, dont la législation ne nous donne que des satisfactions insuffisantes. Pour le reste le congrès certainement obtiendra toutes les réformes utiles, pourvu qu'elles soient compatibles avec la législation du pays en cause. Car c'est toujours la difficulté. Dans tous les pays nous nous heurtons à une législation particulière qu'il faut avoir l'habileté de tourner; c'est pour cela qu'il est bon que parmi les représentants de la France se trouvent des légistes au courant de toutes les questions de droit international. Du reste, attendons, avant de nous prononcer sur le congrès, qu'il ait fait quelque chose. Nous le jugerons à l'œuvre.

NOTES

1. À la fin d'octobre 1885, Zola, ainsi que de nombreux autres littérateurs, fut invité à prendre la parole devant la commission de la censure. Voir *L'Événement* (« Notes parisiennes ») du 30 octobre 1885.
2. Charles-Louis de Saulses de Freycinet (1828-1923), homme politique et membre de l'Académie française, fut élu président de la conférence.
3. Il s'agit de l'article « La propriété littéraire », qui parut dans *Le Figaro* le 25 avril 1896.

58 Le roman et le théâtre. Interview de M. Zola
PIERRE NEBLIS

Gil Blas, 6 juin 1896

La première d'*Au bonheur des dames*, pièce en six tableaux tirée du roman de Zola par Raoul de Saint-Arroman et Charles Hugot, eut lieu le 5 juin 1896 au Théâtre du Gymnase. Le lendemain, Henry Bauer fit une critique peu favorable de la pièce dans *L'Écho de Paris* : « Ces six tableaux, d'un coup d'œil agréable, de mise en scène souvent ingénieuse, évoquent la pensée de ces articles de Paris légers et peu solides, qu'on offre aux enfants pour leurs étrennes, joujoux, imitation lilliputienne des scènes de la vie réelle. » Pierre Neblis demanda au romancier son opinion sur la mise en scène de son roman.

Sachez, tout d'abord, que je suis absolument étranger à la confection de la pièce, que je vois pour la première fois aujourd'hui.

Ce n'est d'ailleurs qu'à cette condition que j'ai donné l'autorisation à M. de Saint-Arroman[1], qui s'adjoint M. Hugot comme collaborateur.

J'ai connu M. de Saint-Arroman à la Société des gens de lettres; nous nous y rencontrions toutes les semaines et de très amicales relations se sont établies entre nous. J'ai collaboré avec mon vieil ami Busnach à *L'Assommoir*, à *Nana*, mais depuis j'ai définitivement renoncé au théâtre et lui-même achève en ce moment, sans mon concours, un drame tiré de *La Bête humaine*[2].

Les auteurs ont, je crois, tiré tout le parti possible de mon roman. Je dois vous dire que, personnellement, je ne suis pas du tout partisan de la deuxième mouture d'une œuvre. C'est une opération dangereuse, dont les résultats sont toujours mauvais. Quelle que soit l'adresse avec laquelle on découpe un livre, on ne parvient jamais à conserver aux personnages leur caractère et aux épisodes leur intérêt. L'action subit forcément le contre-coup de ces inconvénients, elle est languissante, interrompue par de nombreux entr'actes que nécessite la succession des tableaux, et même ceux qui connaissent le roman originel éprouvent une certaine déception au théâtre. Dans le livre, on peut consacrer des pages à l'indication d'un caractère, à l'étude d'une âme, dans la pièce, c'est impossible, même en recourant au long et fastidieux monologue. Le lecteur, avec son imagination, se représente sous telle ou telle forme les personnages, et souvent il subit une désillusion en les revoyant sur la scène sous un aspect différent.

Ce sont, bien entendu, des considérations générales. Quant à la pièce de MM. de Saint-Arroman et Hugot, je la trouve adroite, mouvementée, intéressante. Ils ont droit aux plus sincères éloges et aux plus grands compliments. L'œuvre, curieuse par elle-même, se trouve admirablement servie par une mise en scène luxueuse, vivante et qui flatte certainement l'œil du spectateur. Je viens de voir le dernier décor — le nouveau magasin de Mouret — un jour de grande exposition. Il donne certainement l'impression de ce que peut être la tentation du luxe et de l'élégance pour femmes. L'un des mérites des auteurs et non des moindres est justement d'avoir montré l'œuvre de Mouret, vivant de l'exploitation de la femme en exaltant son désir de plaire, de briller, et d'avoir conservé l'épisode du mariage de Mouret avec Denise, la pauvre petite employée devenant la vengeresse de la femme.

J'ai eu en outre, ce soir, l'impression de ce que peut être, de ce que devrait être une figuration parfaite. Tous les employés, toutes les demoiselles de magasin que nous avons vus n'ont-ils pas l'air de ceux qu'il nous est arrivé de coudoyer dans les grandes maisons de Paris ? On m'a reproché, dans certaines descriptions, de m'être laissé en-

traîner par l'imagination. Dites bien que pour écrire mon livre, je
me suis livré à une longue et minutieuse enquête et que tout ce que
l'on a pu lire a été réellement vu et observé par moi. Le député socialiste Jules Guesde, que j'ai beaucoup fréquenté au moment de la
publication de *Au bonheur des dames*, m'a maintes fois déclaré que
c'était celui de mes romans qui lui plaisait le plus, qui lui semblait
le plus juste et le plus réel, car les grands magasins ne sont que le
commencement de l'application des principes du collectivisme.

Après *Messidor*[3], livret que j'écris pour l'opéra de Bruneau, je ne
m'occuperai plus d'art dramatique. Et encore, ce livret, ne le fais-je
que pour obliger mon ami Bruneau. Je le pousse à écrire ses poèmes
lui-même; c'est indispensable, je crois, pour le drame lyrique. Mais
dans *Messidor*, mon rôle est tout à fait secondaire; dans une œuvre
lyrique le travail du librettiste ne doit pas compter, seul le compositeur doit paraître.

NOTES

1. Raoul de Saint-Arroman (1849-1915) fit aussi, en collaboration avec Charles
Hugot, l'adaptation théâtrale de *La Terre*, qui eut sa première au Théâtre Libre le
21 janvier 1902. Voir l'interview n°74.
2. La pièce de Busnach ne vit jamais les feux de la rampe.
3. La première eut lieu le 19 février 1897.

59 Goncourt jugé par Zola
GANTEAIRE

Gil Blas, 17 juillet 1896

Edmond de Goncourt mourut le 16 juillet. Le 20, Zola prononça un discours aux obsèques de son vieil ami. Dans
l'interview qui suit, Zola donne son opinion sur l'œuvre de
Goncourt.

J'ai un grand chagrin. Ce matin, quand j'ai reçu la nouvelle que mon vieil ami était mort, je me suis souvenu qu'il y a dix
ans ici-même, un matin de juin ou de juillet, j'avais reçu une dépêche
de Maupassant aussi lugubre que celle-ci m'annonçant la mort de
Flaubert[1]. Goncourt vint avec moi à Rouen aux obsèques du grand
ami que nous venions de perdre. La route était longue et poussiéreuse
sous le soleil torride du Croisset au cimetière. Goncourt s'appuyait à

mon bras, et la fatigue l'avait pris. « Bientôt ce sera mon tour, me dit-il, mais je vous promets, mon cher ami, de ne pas vous faire faire une route aussi longue. »

Il parlait souvent de la mort, mais il était si robuste, si vert, qu'on ne pouvait penser que sa fin fût prochaine. La dernière fois que je l'ai vu, il y a trois semaines à peine, c'était au banquet de Fasquelle[2]; jamais il ne m'avait paru plus jeune, plus en train. On m'avait offert la présidence du banquet, mais je refusai quand j'aperçus Goncourt, et je m'assis à sa gauche. Toute la soirée nous causâmes. « C'est fini, me dit-il. J'ai maintenant le droit de me reposer. Je ferai jouer *La Faustin*[3], et je tirerai un grand coup de chapeau au public. » Pauvre Goncourt ! il n'a pas attendu la représentation de sa pièce pour s'en aller.

Opinion sur Goncourt et son œuvre

Il y a trente-et-un ans que je défends non seulement Edmond de Goncourt, mais les Goncourt, trente-et-un ans que, dans tous les articles que je fais, je proclame mon admiration pour leur œuvre. Bien souvent on a cherché à me brouiller avec lui, comme avec Daudet, du reste, et j'ai toujours protesté. Quand on classera ses papiers, on trouvera certainement des lettres de moi, lui disant : « Mon cher ami, ne nous brouillons pas, nous n'avons pas le droit de nous brouiller, nous devons aller la main dans la main, jusqu'à la mort. » Du reste, je puis dire que depuis trente-et-un ans notre amitié n'a pas subi d'éclipse.

Voici comment j'ai connu Goncourt. Ce devait être vers la fin de 1864 ou le commencement de 1865. J'avais vingt-quatre ans, j'étais employé chez Hachette, et je débutais dans la littérature par des articles de critique littéraire dans *Le Salut public* de Lyon. *Germinie Lacerteux*[4] venait de paraître. Il y avait eu dans toute la presse un tollé général contre cette formule de littérature nouvelle. Je crois que mon article fut à peu près le seul tout à fait élogieux. Les Goncourt m'écrivirent une lettre pleine d'émotion[5], m'invitant à venir les voir dans ce petit hôtel du boulevard Montmorency qu'ils venaient d'acheter. J'y allai, et fus reçu avec une affection touchante. À partir de ce moment je fus considéré comme un ami. Ils m'envoyèrent un fauteuil pour la première d'*Henriette Maréchal*[6]. Je fus de la bataille et elle fut dure, car nous n'étions point nombreux dans la salle, les amis dévoués, les admirateurs sincères.

J'entrai au *Figaro*, à *L'Événement*. Je continuai avec la même ardeur la défense des Goncourt. En 1869, quand Jules mourut, Edmond m'écrivit une très belle lettre, que je crois bien avoir publiée dans *Mes haines*. Nous nous retrouvâmes ensuite chez Flaubert, nous nous liâmes tout à fait et, depuis, il n'est pas passé un seul hiver sans que Goncourt vînt dîner chez moi. Du reste, nous nous entendions admirablement. Il a pu avoir d'autres amitiés littéraires qu'il a plus affichées, mais je crois bien que j'étais le plus près de son cœur. D'autres aussi ont pu l'encenser plus que moi, mais, depuis trente-et-un ans, il n'y a pas une ligne de moi écrite sur lui qui ne soit un témoignage d'admiration et de tendresse.

Juger l'œuvre d'Edmond et de Jules de Goncourt ? C'est bien difficile aujourd'hui que le cercueil de mon ami n'est pas encore fermé. Mon admiration, d'ailleurs, remplit plus de cent pages de mes œuvres. Les Goncourt ont eu et auront une grande et légitime influence artistique sur la littérature de ce temps. Peut-on dire que c'étaient des précurseurs ? Je ne crois pas aux précurseurs, et alors pour l'école de vérité il faudrait remonter encore plus haut, il faudrait remonter jusqu'à Balzac.

Ce n'est même peut-être pas leur souci de vérité, qui me frappe le plus. Il me semble que la vérité de Flaubert est plus prochaine. Mais ce qui fait la grandeur de leur œuvre, c'est l'intensité toute personnelle de la vision, le rendu, la nervosité, la netteté. Je ne crois pas qu'on puisse dire qu'ils aient créé des types inoubliables. Mais quelle vibration troublante, quelle perfection de description, et quelle émotion communicative !

Au point de vue du caractère, Edmond de Goncourt était un loyal, un vaillant et un tendre. Oui, un tendre, en dehors des haines littéraires qu'il pouvait avoir, et dont beaucoup étaient légitimes, car nul n'avait été plus attaqué, plus calomnié. Au point de vue littéraire, il était féroce, mais pour le reste, combien de fois ai-je vu des larmes dans ses yeux !

Bien souvent on a parlé de son orgueil. C'est vrai, il était orgueilleux, mais cet orgueil même était un des côtés les plus nobles de sa nature. Il venait uniquement de son amour, de son trop grand amour, s'il est possible de parler ainsi, pour la littérature. Il plaçait la littérature au-dessus de tout, il avait la conscience d'être un littérateur de grand mérite, et, après tout, il avait le droit d'être orgueilleux. La littérature tenait toute la place dans sa vie, et s'il avait de la vanité, c'était la vanité d'un grand écrivain, vanité légitime. C'était une grande figure, une figure originale, dont tous ceux qui ont souci des lettres doivent honorer pieusement la mémoire.

Quel était le livre de Goncourt qu'il préférait ?

Incontestablement *Germinie Lacerteux*. Est-ce parce que c'est le premier roman de lui que j'ai lu ? Peut-être. Toujours est-il qu'il m'a laissé une impression saisissante que je n'ai pas oubliée au bout de trente ans. Je venais de lire Flaubert, j'avais été saisi par la vérité de son œuvre, mais c'était des scènes de vie provinciale qu'il nous montrait. Avec *Germinie Lacerteux*, Paris m'apparaissait avec sa population grouillante des faubourgs. Encore aujourd'hui c'est le livre que je préfère dans toute l'œuvre des Goncourt.

NOTES

1. En réalité, Flaubert mourut le 8 mai 1880.
2. Le banquet en l'honneur de l'éditeur avait eu lieu le 19 juin.
3. L'adaptation théâtrale ne fut jamais montée.
4. *Germinie Lacerteux* fut publié en janvier 1865. L'article de Zola parut dans *Le Salut public* de Lyon le 24 février (*O.C.*, t. X, pp. 62-71).
5. Zola fait allusion ici à la lettre du 27 février 1865 (Jules de Goncourt, pp. 219-221).
6. La première eut lieu le 5 décembre 1865 au Théâtre Français.

60 Le féminisme et le désarmement
PIERRE NEBLIS

Gil Blas, 2 août 1896

À la veille d'un congrès à Paris sur le désarmement, des membres de la Ligue internationale des femmes pour le désarmement demandèrent à Zola de leur prêter son appui. Le rédacteur Pierre Neblis alla recueillir la réponse du romancier là-dessus. Il sollicita également son opinion sur le féminisme et l'union libre.

En effet, j'ai reçu, voici quelques jours, une lettre au sujet de ce congrès sur le désarmement, mais je n'ai pas encore envoyé ma réponse.

Je refuse, je refuse absolument, et voici pourquoi. Certes, je m'associe de tout cœur au vœu si digne, si humanitaire du désarmement et je ne saurais trop louer ceux qui en poursuivent le but. Mais, simple romancier, je ne crois pas avoir qualité pour m'atteler utilement à une pareille tâche; il s'agit de déplacer des montagnes et je me rends compte que je ne déplacerai rien du tout. C'est une question trop grave, trop délicate pour qu'elle puisse être traitée à la légère. Si je me rendais au désir des congressistes, je serais obligé de me documenter, d'étudier ce problème si ardu, m'enquérir de l'opinion dans tous les pays. Je n'en ai pas le temps. Et puis, je n'ai pas le feu sacré pour déplacer ces montagnes. Jamais nous ne verrons le désarmement et si nos petits-fils le voient ils pourront s'estimer heureux. Il y a de trop grands et de trop graves intérêts en jeu.

Il faudrait savoir ce qu'en pense le peuple, la nation, être sûr que, malgré certaines aspirations de revanche, le pays accepterait le désarmement. Et qui en donnerait l'exemple ? Enfin, il y a une industrie considérable qui se trouverait supprimée du coup, il faudrait là encore, trouver le moyen de concilier les intérêts différents en ne jetant pas sur le pavé des milliers d'ouvriers qui travaillent dans les manufactures et dans les fabriques. Certes, la guerre est haïssable, mais, dans l'état actuel des choses, le meilleur moyen de l'éviter, est peut-être de s'y préparer. Quelque louables que soient les généreux efforts de ceux qui s'emploient au désarmement, je crains fort qu'ils soient purement chimériques.

Je ne comprends pas ce qui m'a valu l'honneur de cette demande. On me croit sans doute encore au *Figaro*. Mais je n'y collabore plus[1].

Les quelques articles que j'y ai publiés m'ont valu trop de tracas. Vous ne vous figurez pas de l'avalanche de lettres après chaque chronique. J'avais traité de la dépopulation;[2] aussitôt je devins, contraint et forcé, membre de plusieurs sociétés, et chaque jour on venait me demander de m'intéresser à telle ou telle œuvre, à saisir l'opinion de telle ou telle question. J'y ai renoncé. Un peu plus, j'étais embrigadé dans toutes les œuvres philanthropiques, protectrices et humanitaires, je n'ai rien de ce qu'il faut pour succéder à Jules Simon.

Féministe ? mais je ne le suis pas non plus. J'ai eu à m'occuper dans mes ouvrages de la femme, de sa condition sociale, de sa situation vis-à-vis de l'homme et devant la loi, mais je ne l'ai fait qu'en artiste, comme romancier seulement. Je ne suis certes pas hostile au mouvement féministe, à l'émancipation de la femme, mais n'exagérons rien. On a trop longtemps traité la femme en esclave et on n'a que trop tardé à lui reconnaître certains droits, mais de là à la considérer comme l'égale de l'homme, à la traiter comme telle, il y a loin. Ni moralement ni physiquement, elle ne peut prétendre à cette égalité et l'émancipation ne doit se faire que dans la mesure de nos mœurs, de nos usages, je dirai même des préjugés de notre édifice social[3].

Sur l'union libre

L'union libre ! mais je n'y vois aucun inconvénient, ou plutôt je n'y verrais aucun inconvénient si le sort des enfants se trouvait assuré. Or, toute notre organisation sociale repose sur la famille. Tant que l'État ne sera pas le tuteur obligé des enfants, qu'il sera nécessaire de pourvoir à leur existence, il faudra que l'union entre un père et une mère représente des garanties pour les petits. Ces garanties, le mariage seul les donne à présent. Si vous voulez changer tout cela, commencez donc par modifier le Code, par déraciner les préjugés qui nous régissent.

Quand une maison est bâtie pour un aménagement déterminé, il faut l'habiter telle quelle; si vous voulez y apporter des modifications complètes, radicales, commencez par jeter bas tout édifice si vous voulez faire quelque chose d'utile, de pratique et de durable. L'enfant, c'est la base de la famille et le mariage est la sauvegarde, la sécurité de l'enfant. Dans l'union libre, ce n'est pas le côté irréligieux qui me choque, pas plus que ne m'épouvante l'absence de la légalisation par le maire, c'est le sort de l'enfant qui m'inquiète. Cette préoccupation doit primer toutes les autres.

NOTES

1. Zola y collabora de décembre 1895 à juin 1896.
2. Il est question ici de l'article « Dépopulation », paru dans le numéro du *Figaro* du 23 mai.
3. En 1897, Zola s'exprima en termes analogues : « La femme, ainsi que l'homme d'ailleurs, ne sera jamais que ce que la nature veut qu'elle soit. Le reste, tout ce qu'on peut rêver, ne saurait être qu'anormal, dangereux, et d'une parfaite vanité, heureusement. Dans l'ordre de la justice, dans l'ordre du bonheur, certes la femme doit être l'égale de l'homme. Mais, si, physiologiquement elle est autre, c'est que sa fonction est autre, et elle ne peut que s'atrophier et disparaître à tenter d'en sortir » (*O.C.*, t. XIV, p. 844).

<h1>61   Zola à l'Index</h1>

GEORGES DOCQUOIS

Le Journal, 26 août 1896

Le 24 août 1896, une dépêche de Rome annonça la parution d'un décret issu de la Congrégation de l'Index condamnant *Rome*. Georges Docquois se rendit alors à Médan, afin de connaître l'impression de l'auteur.

Je n'ai pas été surpris le moins du monde en apprenant la condamnation qui frappe mon dernier livre. Je suis seulement étonné que cette mesure n'ait pas été prise dès l'apparition de l'œuvre[1]. Il est probable que la Congrégation n'avait pas voulu se donner l'air d'avoir peur, et avait tenu à faire instruire mon procès dans les formes, et sans trop de hâte. Vous savez bien qu'avant *Rome, Lourdes* avait aussi été frappé. Et que, comme par un choc en retour, l'Index avait, ensuite, atteint de ses foudres tous mes autres livres, en bloc.

On rappelle à Zola qu'un J. Zola avait, en 1870, publié un volume, *De rebus christianis ante Constantinum magnum,* fort répréhensible au point de vue du dogme, et qui fut mis à l'Index.

Oui, cela me revient à la mémoire. Je ne sais, d'ailleurs, rien sur ce J. Zola. Le nom de Zola, vous ne l'ignorez pas, est assez répandu en Italie. Quant à mon père, il s'occupa d'écrire des livres scientifiques, et je ne pense pas qu'il ait jamais encouru l'anathème papal. Dans notre ascendance, il y a un Zola évêque. Peut-être que celui-là... je ne sais pas, je ne sais pas.

Avant *Lourdes,* l'Index l'avait laissé en paix ?

Oui, je n'ai, du reste, jamais insulté le catholicisme et ne l'avais, nulle part, malmené dans mes livres. Dans ma série des *Rougon-Macquart,* j'ai campé un certain nombre de prêtres : les ai-je montrés bas ou indignes ? Mon abbé Godard de *La Terre* est un saint : il se dépouille de tout pour la misère. Ses ouailles malpropres, je les ai peintes, il est vrai, fort détachées des choses du ciel, dévastées par le doute, seulement éprises encore du formalisme de la religion. D'autres prêtres, créés par moi, sont, il me semble, des plus respectables : celui de *Pot-Bouille* est indulgent, mais sa dévotion va parfois jusqu'à l'exaltation, et il est dépourvu de passions viles; celui d'*Une page d'amour* n'est pas moins sain; quant à l'abbé Mouret, s'il est un exemple de la faiblesse de la chair, mais plus haut que la fange humaine, il est aussi l'exemple très moral du triomphe de la volonté par la Foi.

Mais son compromettant Jésus-Christ de *La Terre* ?

Eh bien ! je n'ai cru commettre, en le décorant de cette appelation, aucune irrévérence dont on dût me faire un crime.

Se souvient-il de Carlyle qui disait ne pas oser prononcer ce nom divin dans un livre profane ?

Je ne suis point Carlyle, et vous n'êtes pas, au surplus, sans savoir que Jésus-Christ est, dans les campagnes, un sobriquet fort répandu. *La Terre* publiée, je reçus des lettres de paysans qui m'écrivaient : « Comment connaissez-vous si bien *notre* Jésus-Christ ? » Oui, dans les campagnes, on décerne ce nom à un paysan qui ne travaille pas et qui a laissé pousser sa barbe et ses cheveux. Celui-là est, le plus souvent, un très vilain sujet, et c'est seulement par suite d'une ressemblance pilaire qu'il lui est donné de répondre au nom du fils de la Vierge. J'ai voulu, simplement, marquer là l'énorme écart existant entre l'appellation et celui qui en est affublé. De même, dans les environs de Médan, il y avait un vieux paysan que ses pareils avaient surnommé La Queue. Il est évident qu'au premier abord et pour des esprits malicieux, ce sobriquet de La Queue empruntait une allure tant soit peu pornographique. Cependant, cet homme ne devait ce sobriquet qu'à sa manière de faire durer la vieille mode — qu'il était, dans le pays, le dernier à observer — de tresser, par derrière, ses cheveux en petite queue.

Au demeurant, et pour en revenir à l'Index, vous savez que tous les romans, quels qu'ils soient, en principe, en sont frappés, au même titre que les écritures saintes rapportées en langue vulgaire et que tous autres livres de schismatiques et d'hérésiarques. De temps à autre, seulement, la Congrégation daigne s'occuper spécialement d'un auteur romanesque et, jetant son nom à la réprobation du monde catholique, le met au rang des plus grands écrivains, qui, pour la plupart, furent acccablés de la malédiction du pape.

NOTE

1. Le roman avait paru en librairie en mai.

62 Enquête sur les chats
GEORGES DOCQUOIS

Le Journal, 12 septembre 1896

Les 25, 26 et 27 septembre eut lieu un concours de chats au Jardin d'Acclimatation. Invité par le directeur du *Journal*, Fernand Xau, à faire partie du jury, Zola y participa, en compagnie de Catulle Mendès, Octave Mirbeau, Paul Arène et Paul Ginisty, entre autres. Dans l'interview qui suit, Georges Docquois alla en parler à Zola.

Un ami des chats, c'est moi, certes ! J'en ai eu beaucoup chez moi (j'en ai encore), et il y en a aussi beaucoup dans mes livres, où vous savez, d'ailleurs, que j'ai tenté de mettre la vie totale : bêtes et gens. Ça a été la maison des bêtes chez nous. Il fut un temps où l'on me trouvait enfermé dans des chambres, à Paris, avec cinq ou six chats.

Oui, les chats, je les aime fort. J'ai commencé par en mettre deux dans les *Nouveaux Contes à Ninon* — une chatte blanche et une chatte noire. Dans le foyer du théâtre de Bordenave, dans *Nana*, il y a un gros chat rouge qui n'aime pas l'odeur du vernis dont le vieux comique, Bosc, s'est enduit les joues pour y faire adhérer une barbe postiche. Dans *La Faute de l'abbé Mouret*, il y a un trio de chats. Un d'eux, tout noir, s'appelle Moumou. Ces trois-là sont des chats rustiques, comme j'en ai à Médan. Il y a aussi François, le chat au regard dur, ironique et cruel, d'une fixité diabolique; François, le matou énigmatique de *Thérèse Raquin*. Et puis, oh ! et puis, ma préférée ! la Ninouche, une petite chatte blanche, l'air délicat, dont la queue, à l'aspect de la boue, a un léger tremblement de dégoût, ce qui n'empêche pas cette bête de se vautrer quatre fois l'an dans l'ordure de tous les ruisseaux.

Que pense-t-il de leur caractère ?

Ils sont troublants et indéfinissables.

63 Zola contre Zola
MARCEL HUTIN

Le Gaulois, 1ᵉʳ *décembre 1896*

En novembre 1896, Antoine Laporte publia *Zola contre Zola, erotika naturalistes des « Rougon-Macquart »* (Paris, A. Laurent-Laporte). Marcel Hutin alla demander à Zola son opinion sur ce volume « composé uniquement […] des choses osées, des peintures audacieuses, empreintes d'une forte dose de réalisme », disséminées à travers les *Rougon-Macquart*.

Depuis longtemps il est question de la publication d'un ouvrage de M. Laporte, que je ne connais pas. M. Laporte, m'a-t-on dit, pour creuser entre l'Académie et moi un fossé dorénavant impossible à franchir, aurait imaginé — avec une candeur dont je lui fais mon compliment — de préciser dans mes livres tous les passages — comment disiez-vous ? — audacieux, les descriptions dans lesquelles j'ai été amené à copier la réalité de la nature en appelant un chat un chat; M. Laporte se propose de mettre en vente un volume de pages choisies de mes œuvres, et choisies dans une intention souverainement nuisible.

Permettez-moi cependant de douter encore de l'apparition de ce prétendu ouvrage. Il y a si longtemps que j'entends parler de livres à sensation qu'on se propose de faire paraître pour m'éreinter ! Aujourd'hui, un jeune homme ne croit plus pouvoir décemment entrer dans la vie littéraire sans rédiger un ouvrage ou un article me plantant carrément au pilori.

Au commencement de l'année, lorsque je me présentais au fauteuil de... — je crois que c'était d'Alexandre Dumas — on me parlait déjà de la grosse machination qui s'ourdissait contre moi. On allait lancer dans le monde entier des volumes dans lesquels, sans chercher ailleurs que dans mes propres œuvres, on puisait des passages entiers qui devaient me brouiller à mort avec l'Académie. Maintenant, voilà que vous m'affirmez que ce volume tant attendu a paru. Bien.

Je vous répondrai sans détour qu'une simple question de droit se présente dans ce cas. J'ai traité pour la publication de mes œuvres avec l'éditeur Fasquelle, qui a qualité pour empêcher tout pillage d'un quelconque de mes volumes.

Il s'agit de rechercher si, en collationnant dans mes livres *La Terre, Germinal, Nana,* etc., tous les passages scabreux et en les insérant scrupuleusement, l'auteur de ce mémorable travail a voulu faire simplement une grande œuvre moralisatrice, qui lui attirera les lauriers de la patrie reconnaissante, ou si, alléché par l'appât moins avouable d'une bonne vente, il a voulu se contenter modestement de tirer à de fortes proportions une édition complète de ce qui constitue la quintescence naturaliste de mes œuvres.

Évidemment, dans le dernier cas, M. Laporte a tout simplement pillé à bon compte mon éditeur, et comme j'ai prévu ce cas avec mon ami Fasquelle, il peut être sûr que mon éditeur ne négligera rien pour faire respecter ses droits. Tout en restant personnellement en dehors des débats, j'encouragerai fortement Fasquelle à poursuivre devant les tribunaux, conformément aux lois, M. Laporte et son éditeur pour plagiat, et au besoin à introduire un référé pour faire saisir tous les volumes mis en vente[1].

> **Mais croit-il que, malgré ce procès, le livre en question ne créera pas des ennuis à l'Académie ?**

Vous plaisantez ! Vous imaginez-vous que de pareilles publications puissent porter sur des personnes qui connaissent mes livres et les ont lus en bloc ?

Vous le dirai-je ? Le succès considérable, la vente formidable de

mes ouvrages en librairie est due en forte partie aux bouquins, brochures, articles de ces détracteurs qui se sont naïvement imaginé qu'il
suffisait de prévenir contre moi le public en le prévenant, lui, des
ordures accumulées, selon eux, dans chacun de mes livres !

NOTE

    1. Dans *Le Matin* du 12 décembre 1896, on lit : « Le parquet a reçu une plainte
de M. Fasquelle, l'éditeur des œuvres de M. Émile Zola, contre M. Laporte, bou-
quiniste, qui a publié récemment une sorte d'anthologie des œuvres du célèbre
romancier. Un commissaire du contrôle de la préfecture de police s'est rendu hier
chez M. Laporte et a procédé à la saisie des exemplaires mis en vente. » Au mois
de février 1897, Fasquelle intenta une poursuite pour contrefaçon devant la 9ᵉ
chambre de police correctionnelle. Laporte fut acquitté, vu qu'il n'avait reproduit
de l'œuvre de Zola « que des passages très secondaires » (*Gil Blas*, 18 février 1897).

64 La science au théâtre. L'hérédité
CHARLES BARDIN

Gil Blas, 9 décembre 1896

> Le 7 décembre, Zola assista à la première de *L'Évasion*,
> comédie d'Eugène Brieux[1]. Dans l'interview qui suit, Zola
> fait part à Charles Bardin de son opinion sur la thèse de Brieux
> sur l'hérédité.

    Vous me voyez un peu gêné pour vous parler aujour-
d'hui. Je connais beaucoup Brieux, j'ai de l'affection pour lui et je
tiens son talent en grande estime. C'est pourquoi je suis revenu chagrin de la représentation d'hier. Je voudrais seulement vous donner
mon avis sur sa thèse. Eh bien, dans la pièce de Brieux, tout le côté
de la thèse est enfantin. Et Brieux a prouvé qu'il ne connaissait pas
un mot de cette question de l'hérédité qui est l'une des plus graves
de ce temps et dont l'étude est encore en enfance, bien qu'on y travaille
depuis quarante ans.
    Certes, j'accepte qu'on défende toutes les théories, mais encore
faut-il qu'on les défende sérieusement. Or, les personnages que nous
a présentés Brieux sont des gens que nous n'avons jamais rencontrés
dans la vie, — des fantoches, en un mot. Puis, chez qui Brieux croit-
il nous avoir montré l'hérédité ? Chez le fils d'un mélancolique, d'un
hypocondriaque ? Eh bien, ce sera un mélancolique, comme son père.
Chez la fille d'une femme galante ? Et il déclare : « Cette jeune fille

sera une courtisane parce que sa mère était une courtisane. » Encore une fois, cela est trop enfantin ! Le malheureux oublie même qu'il nous a fait présenter le père de cette jeune fille comme un fort honnête homme ! Alors, pourquoi Lucienne aurait-elle hérité plutôt des vices de sa mère que de la vertu de son père ? Hier, j'avais envie de lui crier : « Tu tiens de ta mère, mais de ton père aussi ! » En résumé, il n'y a donc pas d'hérédité dans la pièce de Brieux.

Vous vous souvenez, n'est-ce pas, que Daudet a mis le même sujet à la scène, dans *L'Obstacle* ?[2] Mais là, du moins, nous sommes devant une hérédité : celle de la folie. Daudet nous présente, en effet, la fille d'une femme morte folle et demande s'il n'y a pas danger à la marier. Un médecin interrogé répondra : « Il se peut que cette jeune fille ne devienne pas folle comme sa mère, mais il y a, par contre, beaucoup de chances pour qu'elle ait hérité de la folie. » Le devoir des parents sera donc de réfléchir mûrement avant de se décider, et Brieux lui-même hésiterait, j'en suis certain, en pareil cas.

Au surplus, où Brieux a-t-il pris que l'hérédité était toute-puissante ? Personne ne l'a jamais dit. L'hérédité est simplement un des nombreux facteurs de la transmission des défectuosités morales et physiques. Il y a encore l'éducation, le milieu, les circonstances, les croisements. Et c'est précisément ce qui rend l'étude de l'hérédité si difficile. D'autant qu'on ne peut se livrer à des expériences sur les hommes aussi aisément que sur les animaux. L'hérédité ? Mais n'est-ce pas la fatalité antique; et, pour les catholiques, le péché originel ?

Au surplus, il m'a semblé que Brieux s'était plu à se donner tort jusqu'à la fin. Ne croit-il pas, par exemple, qu'on a affirmé qu'il était impossible de s'« évader » de l'hérédité ! Mais personne n'a jamais prétendu qu'on ne pouvait s'en sauver; moi-même, je ne l'ai jamais dit...

Quant aux médecins, Brieux paraît au fond leur reprocher de ne point connaître de remède contre la mort. Évidemment, ils ne peuvent rien, sinon soulager quelquefois la souffrance. Charcot[3], lui-même, disait : « Je ne sais rien... je cherche. » Le docteur Bertry est incapable de se guérir, nous dit-il, et il nous le montre recourant à un rebouteur. Mais oui, tout médecin, sur son cas particulier, est un aveugle et un poltron. Lorsqu'il est malade, lui ou les siens, il appelle un de ses collègues.

Toute cette partie de la thèse de Brieux m'a beaucoup peiné et même un peu irrité, car, en somme, c'est le procès de la science qu'il a voulu faire. Or, je crois qu'il n'y a qu'elle qui puisse nous apporter quelque soulagement. C'est donc manquer un peu de bravoure que de s'attaquer à elle. Et, ce n'est pas sain. Vouloir nous rejeter ainsi dans le rêve est une mauvaise action. Il ne faut pas nier la science.

NOTES

1. L'écrivain Eugène Brieux (1858-1932) se consacrait presque exclusivement au théâtre depuis 1890. *Ménages d'artistes* (1890) et *Blanchette* (1892) fondèrent surtout sa réputation.
2. La première eut lieu le 27 décembre 1890 au Théâtre du Gymnase.
3. Sur Charcot, voir l'interview n° 36, n. 1.

65 Le dossier de l'année. L'enquête du *Gaulois*. L'année littéraire
MARCEL HUTIN

Le Gaulois, 2 janvier 1897

Au seuil d'une nouvelle année, *Le Gaulois* mena une enquête sur l'année qui venait de finir, dans le but de déterminer « que fut cette année ? Quelles promesses a-t-elle tenues ? Quelles espérances a-t-elle trahies ? Quelle étape marque-t-elle dans la marche de l'humanité ? » L'interview qui suit rend compte de l'avis de Zola sur l'année littéraire 1896.

Juger l'année littéraire ? Mais, en vérité, voilà une chose qui m'inquiète. Décider quels sont les meilleurs livres de l'année, mais, cher monsieur, il faudrait avoir la prétention de les avoir tous lus, et après les avoir tous lus d'en avoir retenu — au moins le titre. Et, bien que je m'intéresse à toutes les nouveautés littéraires, il m'est bien difficile d'avoir parcouru les productions littéraires de l'année. D'autre part comment, pris par vous au dépourvu, et n'ayant pas le temps d'une mûre réflexion, puis-je vous citer des noms et porter des jugements sans commettre des omissions forcées et dont je me dé-solerais ?

Au point de vue général, qu'est-ce qui l'a frappé dans le mouvement littéraire de l'année dernière ? Y a-t-il seulement eu un mouvement littéraire ?

Quant à cela, certainement oui. Le champ de la litté-rature ne saurait être mieux comparé qu'à une montagne. Au sommet, sur le plateau, ceux qui, parvenus à la perfection, continuent à avoir beaucoup de talent. Dans cette catégorie, je rangerai quelques aca-démiciens. C'est, avant tout, la génération à laquelle j'appartiens et qui a marché dans la peinture de la vie, dans l'observation immédiate; c'est nous autres, Flaubert, Goncourt, Daudet, Bourget aussi et moi qui avons, à la suite de Balzac, fait des romans de mœurs. Sur la montée, qu'apercevons-nous ? L'ascension de nouveaux venus — ils s'intitulent symbolistes, décadents — qui pendant les dernières dix années se sont montrés opposés à nous autres, tout en ayant produit des garçons de talent, comme ce pauvre Paul Adam, qui vient de mourir[1].

Et pendant cette année 1896, que voyons-nous enfin ? Une génération qui revient à la nature, et que nous autres ne gênons déjà plus; c'est la génération qui est au pied de la montagne, dont je vous parlais tout à l'heure, et qui cherche à tomber les symbolistes et les décadents. Chez les symbolistes nous avons trouvé des adversaires acharnés. Pourquoi ? Parce que, chronologiquement, ils venaient immédiatement après nous, et que les lois de la nature veulent que ceux qui détiennent les places soient délogés par ceux qui viennent immédiatement après eux.

Nous avons été les représentants du naturalisme — et aujourd'hui encore nous tenons la scène — nous avons eu comme adversaires implacables les idéalistes, ceux-ci venant immédiatement après nous; maintenant, au contraire, nous avons des disciples qui nous acceptent au moins comme ancêtres. Ceux qui les gênent, ce n'est pas nous, assurément, ce sont ceux qui arrivent immédiatement avant eux.

Pour me résumer, je constate pour l'année 1896, dans la littérature, un retour vers la nature, la passion, l'enthousiasme et aussi vers la santé; nous avons été l'honnêteté, quoi qu'on dise. J'affirme, quant à moi, que nous vivons d'honnêteté et de santé.

Il semble que c'est vers la santé que tend aujourd'hui la littérature après cette névrose maladive et impuissante mêlée d'occultisme, de satanisme.

Et les œuvres en elles-mêmes, qu'en pense-t-il ?

Voyons, réfléchissons : qu'est-ce qu'il y a eu ? Bourget ? Oui, il a donné *Idylle tragique*[2]. Je dirai beaucoup de bien de lui, bien que je sois gêné un peu par sa qualité d'académicien. Son livre est très bien; la fin, surtout, en est poignante : ce débat entre l'amitié et l'amour est à coup sûr une de ses meilleures pages. Sa tentative est neuve ! Bourget a voulu évidemment élargir sa formule et, tout en gardant ses qualités d'analyste psychologique, il a voulu aborder le roman social et le roman de mœurs.

Voyons, encore parmi les académiciens ? Ah ! nous avons Claretie, dont le dernier roman a fait tant de bruit : *Brichanteau comédien*[3], mais c'est une œuvre d'excellente vérité dans son comique douloureux et touchant.

Le Coupable, de Coppée[4], m'a beaucoup impressionné également. Coppée ? Mais c'est un des derniers sentimentaux qui a peint l'enfance coupable et malheureuse avec son cœur et sa pitié. C'est du socialisme sentimental, traité avec une grande franchise et un courage dont il faut savoir gré à l'académicien. Et puis, on dira tout ce qu'on voudra sur Coppée : moi, je répète que pour faire mettre dans des yeux des larmes, pour émouvoir les petits comme il sait les émouvoir dans ses articles du *Journal*, il faut vraiment avoir un altruisme, une émotion communicative. Il l'a, et la met au service de causes touchantes qu'il plaide avec beaucoup de courage, si vous considérez sa situation d'académicien et de commandeur de la Légion d'honneur.

Léon Daudet est un talent des plus curieux de la nouvelle génération. Dans *Suzanne*[5], il a pris un sujet très délicat : beaucoup de frénésie dans l'analyse. Il y a toute la partie des amours en Espagne qui est une des plus belles pages que je connaisse, une peinture d'une passion intensive. Et moi, je suis pour la passion. Je me hâte d'ajouter que son volume n'est pas du tout construit dans mes idées, et que son dénouement n'est pas dans mes vues. Cela m'inquiète un peu pour la santé de son talent que j'aime beaucoup.

Des jeunes, des jeunes : ah ! il y a eu Pierre Louys. Je trouve son volume délicieux[6], bien que son originalité ne soit pas très grande. Derrière son héroïne il y a la Salammbô de Flaubert et la Thaïs d'Anatole France; il y a aussi du Théophile Gautier. Seulement il y a une telle candeur dans l'impureté et une simplicité de lignes tellement délicieuse que je considère cela comme de l'impureté saine. J'avoue avoir été beaucoup séduit à la lecture de son *Aphrodite*. Je n'aime pas beaucoup les sentiments purement modernes que Louys y a introduits : son héros a des subtilités qui m'inquiètent; mais à côté de cette critique que de choses charmantes ! Qui encore ?

De tout cela il découle qu'en 1896, la génération de ceux qui ont atteint 50 ans continue à avoir beaucoup de talent : elle est sur le plateau.

Les symbolistes — 30 à 35 ans — sont sur la montée, eux n'ont pas été féconds en œuvres qui resteront; les « naturiens » enfin, comme les appelle G. de Bouhélier dans son *Hiver en méditation*[7], qui m'est dédié, ils ont 20 à 25 ans; c'est la génération nouvelle qui entreprend l'ascension : nous les gênons moins et ils marchent davantage dans la voie que nous leur avons ouverte.

NOTES

1. On lit dans *Le Figaro* du 3 février 1897 l'entrefilet suivant : « Un de nos confrères, interviewant hier M. Émile Zola sur les résultats de « l'Année litté-

raire », lui fait dire qu'en somme le Symbolisme a produit quelques garçons de talent, tel « ce pauvre Paul Adam, qui vient de mourir ». Or, M. Paul Adam se porte à merveille. Tandis qu'on enterrait ainsi le jeune écrivain, celui-ci publiait dans un autre journal un article qui ne sentait en rien le « posthume ». »

2. Sur Paul Bourget, voir l'interview n° 14, n. 3.

3. Journaliste et littérateur, Arsène Arnaud, dit Jules Claretie (1840-1913), fut chroniqueur de la vie parisienne. On compte parmi ses œuvres les romans, *Brichanteau comédien* (1896) et *Brichanteau célèbre* (1902), une pièce de théâtre, *Monsieur le ministre* (1883), ainsi que des ouvrages historiques.

4. François Coppée (1842-1908) fut poète, romancier et auteur dramatique. Sa comédie en vers, *Le Passant* (1869) connut un vif succès. *Le Coupable* (1896) compte parmi ses meilleurs romans.

5. Léon Daudet (1868-1942) fut journaliste et écrivain. Parmi ses œuvres, on compte des romans, des livres de psychologie, des ouvrages politiques et plusieurs volumes de souvenirs. *Suzanne, roman contemporain* parut chez Fasquelle.

6. Le littérateur Pierre Louis, dit Pierre Louys (1870-1925), débuta par *Astarté*, recueil de vers. Le roman en question ici est *Aphrodite, mœurs antiques* (1896), qui fonda sa réputation littéraire.

7. Georges de Bouhélier-Lepelletier, dit Saint-Georges de Bouhélier (1876-1947), fut un des chefs de l'école naturiste. Il fit paraître divers romans et plusieurs pièces, parmi lesquelles on compte *Le Roi sans couronne* (1906) et *La Tragédie royale* (1908). *L'Hiver en méditation, ou les Passe-temps de Clarisse*, suivi d'un opuscule sur Hugo, Richard Wagner, Zola et la poésie nationale, fut publié à Paris en 1896.

66 M. Émile Zola et la musique
ADOLPHE ADERER

Le Temps, 16 février 1897

Au cours d'une répétition du drame lyrique, *Messidor*, Adolphe Aderer demanda à Zola, l'auteur du livret, son opinion sur les rapports entre la poésie et la musique. L'interview qui suit rappelle l'article de Zola intitulé « Le drame lyrique », qui avait paru dans *Le Journal* du 22 novembre 1893 (*O.C.*, t. XV, pp. 830-834).

J'ai la conviction que le poème et la musique sont intimement liés ensemble. À ce point qu'à mon avis c'est le compositeur qui devrait écrire lui-même son livret. Il n'en était pas ainsi lorsque le librettiste se contentait de trouver et joindre ensemble un certain nombre de situations dramatiques ou comiques, qui fournissaient au musicien l'occasion de « morceaux à effet », cavatines, duos, chœurs, quatuors, que le public pouvait entendre à heure fixe. Aussi bien, certains librettistes ne furent pas si maladroits. Le nommé Scribe n'a pas été inutile, croyez-le, à Meyerbeer[1]. Quoi qu'il en soit, cette coupe d'ouvrage est aujourd'hui condamnée. Il n'y a pas à y revenir. Nous avons le drame lyrique. Il faut le garder.

Notez que je suis persuadé que la formule actuelle est un progrès sur la formule précédente. La musique prétend décrire aujourd'hui des états d'âme, dissiper des caractères, développer des passions avec détail : j'y consens. Et je conçois aussi que la formule wagnérienne s'applique à cet objet. Le fait est, par exemple, que, si la musique a la noble ambition de me montrer les divers sentiments d'un héros, la déclamation chantée, que souligne et vivifie une savante orchestration, s'impose. Si vous voulez que je m'intéresse aux personnages que vous avez choisis, il faut que je puisse les entendre. Pour ma part, dès que je ne comprends plus exactement ce que « dit » le chanteur, je cesse de le suivre et de m'intéresser à son sort. Que dans des moments particulièrement émouvants, dans des élans de tendresse ou de passion, les paroles se perdent un peu, soit. Mais pas tout le temps, comme il arrive presque toujours.

Mon opinion est moins arrêtée en ce qui concerne la substitution de la prose au vers, pour l'écriture du livret. *Messidor* est en prose. Bruneau[2] estime que le vers a le tort d'introduire un rythme particulier dans un autre rythme. Il s'y connaît mieux que moi. Il doit avoir raison.

D'ailleurs, je crois qu'une question plus importante se pose : celle du sujet du livret. Je crois que si, depuis quinze ans, la jeune école française, si ardente, si sérieuse, si savante, n'a pas récolté plus de succès et de plus éclatants, la faute en est aux deux causes suivantes : elle a eu devant elle des livrets d'un médiocre intérêt et, de plus, peut-être elle s'est trop laissée emprisonner dans la formule victorieuse.

Wagner ayant usé de la légende, nos librettistes en ont abusé, à tort et à travers. Chacun veut découvrir la sienne, et le même en déniche plusieurs successivement. Eh bien, pour que la légende nous captive, il faut qu'elle se fonde sur des sentiments largement humains; si elle n'est que la mise en œuvre de croyances plus ou moins superstitieuses, ou de traditions plus ou moins compliquées, elle apporte avec elle un inévitable ennui. Lorsque, au Théâtre Français ou à la Renaissance, un artiste me conte, dans des vers ciselés, une légende gracieuse ou terrible, je goûte, à écouter son récit un plaisir de dilettante; je ne suis pas ému. Je le suis, quand un auteur me dit, dans une langue forte et sobre, les tourments, les craintes, les espoirs, les ambitions, les passions de l'homme et de la femme modernes. Que l'on ne s'y trompe pas. L'art de la musique, lui aussi, a suivi l'évolution du théâtre contemporain, de la pensée contemporaine. Et votre musique ne me passionnera, ne m'intéressera que si elle apporte à mon oreille l'écho des désirs et des souffrances, qui troublent les hommes et les femmes d'aujourd'hui. C'est de ce côté, je crois, que doivent se tourner nos compositeurs, au lieu de s'attarder dans des sujets vieillots et languissants. Qu'ils prennent les sentiments fondamentaux de l'âme humaine, qu'ils nous montrent comment les contemporains, ou tout au moins les « modernes » les subissent et les expriment, ils verront le public s'intéresser à leurs œuvres, s'y échauffer. De là aussi, pour le compositeur, la nécessité d'écrire son livret lui-même, à moins qu'il ne trouve un collaborateur qui soit en complète communion d'idées et de sentiment avec lui, et qui consente à « vivre » avec lui l'œuvre commune.

Le sujet choisi selon le vœu que je forme, je demande que nos compositeurs secouent un peu les chaînes qu'ils se sont volontairement données. La formule wagnérienne est, je le répète, la meilleure qui soit; elle est, de beaucoup, supérieure à celles qui l'ont précédée. Mais elle correspond à un tempérament particulier. Nous avons notre tempérament, nous aussi, les Latins. Est-ce que le vieux sol gaulois est à ce point épuisé qu'il est obligé d'aller quérir « de l'engrais », si l'on peut ainsi parler, de l'autre côté du Rhin ? Est-ce que nous ne pouvons pas tirer de la formule wagnérienne ce qui en fait l'incontestable supériorité, et la transformer, la modifier, l'améliorer dans le sens de notre génie national ? Les opéras de Wagner ont beaucoup de succès et réalisent de belles recettes. La chose est certaine. Mais les opéras *selon* Wagner n'ont guère de succès et ne réalisent que de maigres recettes. Il faut en convenir aussi. J'admire Wagner plus que quiconque. Mais je crois qu'à l'imiter servilement nos compositeurs perdent leur temps, leur peine et leur talent ! Qu'ils s'inspirent de son faire, mais qu'ils ne le copient pas. En un mot, on peut dire de la formule wagnérienne ce qu'on dit quelquefois du journalisme. Le journalisme, assure-t-on, est le meilleur des métiers, à condition d'en sortir. Eh bien, la formule wagnérienne est la meilleure des formules..., à condition d'en sortir — également.

NOTES

1. Eugène Scribe collabora avec Meyerbeer à *Robert le Diable* (1831), qui connut un grand succès, et plus tard aux *Huguenots* (1836) et au *Prophète* (1849).
2. Sur la collaboration de Zola avec Alfred Bruneau, voir l'interview n° 45.

67 À propos de *Paris*
ANONYME

Le Journal, 13 octobre 1897

L'interview qui suit, recueillie par un rédacteur du *Petit Temps*, fut reproduite dans *Le Journal*, qui devait commencer la publication de *Paris* le 23 novembre.

Le drame y est plus vivant que dans *Rome* et l'action plus rapide. La partie descriptive tient en quelques pages. Je ne pouvais pas me donner le ridicule de découvrir Paris, ni faire pour Notre-Dame ce que j'ai fait pour Saint-Pierre de Rome. Ce qui augmentait la difficulté, c'est que Paris se trouve sous ses divers aspects dans mon œuvre entière : les Halles dans *Le Ventre de Paris*, les grands magasins dans *Au bonheur des dames*, les quartiers populaires dans *L'Assommoir*.

La description générale de Paris est, d'ailleurs, une entreprise téméraire. À l'occasion de l'Exposition universelle de 1867, un groupe d'écrivains se mit à cette besogne et il sortit de cette collaboration un livre énorme dont Victor Hugo, je crois, fit la préface[1]. Quelques exemplaires seulement se vendirent et ce travail n'a pas laissé de trace. Cette expérience a éclairé ma route. Il ne fallait pas non plus que *Paris* fût un guide. Enfin, m'en tenant à mon rôle de romancier, il ne m'appartenait pas davantage d'écrire l'histoire de cette ville qui est maintenant la ville-reine comme le fut Rome dans les temps disparus. Ni plagiat de moi-même, ni guide, ni histoire. Je crois avoir réussi à éviter ce triple écueil, mais ce n'est pas sans peine.

J'ai réuni de nombreux personnages pris dans tous les milieux dont ils ont les caractères essentiels, des financiers, des hommes de lettres, des savants, des artisans, des gens du monde, des êtres de misère et des politiciens. Je vous prierai, en passant, de rassurer ceux qui déjà m'ont accusé d'avoir dessiné des portraits de contemporains. Ce genre littéraire m'est étranger et répugne à ma droiture. Le roman à clef est, à mon avis, une invention malfaisante et sans intérêt pour le succès durable que tout artiste poursuit. Dans les *Caractères*, de La Bruyère, une demi-douzaine de lettrés s'amusent à rechercher à quel personnage connu de la cour ou de la ville peut s'appliquer telle ou telle peinture; la foule est indifférente à ce jeu et la gloire de La Bruyère tient heureusement à d'autres titres. Les amoureux de scandale seront ainsi déçus.

Paris charme et conquiert l'étranger de qualité, c'est dire combien il doit être cher au cœur d'un Parisien. J'ai pour lui une admiration et un amour profonds. Mais, comme dans la cuve des sorcières de

Zola et Paris

Macbeth, il y a de tout et il y a tout le meilleur et le pire, les vertus les plus exquises et les vices les plus affreux, les dévouements héroïques et les crimes les plus vils, en un mot les diverses manifestations de l'humanité. Nul voile ne cache ses tares dans mon livre, et l'impiété commise, si c'en est une, l'a été pour faire apparaître dans une plus vive lumière ses vertus souveraines. C'est à ce foyer de science et de bonté que vient se réchauffer le cœur de l'abbé Froment. Il y trouve la notion de la religion de l'avenir, d'un état social meilleur qui s'élabore ici dans le travail immense que fournit chaque jour la grande ville. Par exemple, Paris, si charitable, démontre l'impuissance de la charité qui est un sentiment chrétien et antisocial. Il est nécessaire que l'idée de justice qui redresse les faibles tue la charité qui les maintient dans l'avilissement. Une ère de justice, voilà les promesses de l'avenir, et c'est sur Paris que cette aube se lèvera. Chacun y travaille avec sincérité ou malgré lui, — le torrent emporte l'obstacle qui lui barrait la route et s'en sert pour augmenter sa puissance. La conscience bouleversée par tant d'épreuves, mon abbé renaît à la vie, et le cri de détresse qu'il avait poussé en s'enfuyant de Rome s'achève en un doux murmure de reconnaissance après trois années de séjour à Paris.

Ces états d'âme successifs sont le fil conducteur de la trilogie qui ne permet point au lecteur de s'égarer. Et le dénouement que je vous indique est conforme à mes croyances, sur la bonté de la vie, sur la grandeur des destinées de l'homme quand la société aura pour base unique le travail.

Je m'attends avec ce nouveau livre aux mêmes critiques qui accueillirent la venue de leurs aînés. Mais j'espère, quand je serai mort, être traité avec plus d'équité. On reconnaîtra alors que je ne fus ni un pessimiste ni un corrupteur. N'est pas pessimiste celui qui en toute occasion chante des hymnes à la vie; n'est pas un corrupteur celui qui, sans se lasser, proclame les suprêmes bienfaits du travail. Or, si l'on parcourt la série des *Rougon-Macquart*, l'amour de la vie et la passion du travail y éclatent à chaque page. J'ai secoué les délicatesses morbides, exalté l'œuvre féconde de la chair, tenté l'assaut des tours solitaires, qu'elles fussent d'ivoire ou de pierre, fait surgir des passions qui aboutissaient à la reproduction de l'espèce. Car rien n'est pire que la solitude et la mort. Voilà le sillon que j'ai creusé dans le champ ingrat de la littérature, l'amour du travail et de la vie. Il n'est pas vrai que j'aie voulu corrompre et décourager les esprits, et, si cette opinion me laisse indifférent à cette heure, c'est que je ne crois pas à sa durée.

NOTE

1. *Paris-Guide*, dont Victor Hugo rédigea l'introduction, parut en 1867 à la Librairie Internationale.

68 Zola ne sera pas député
PHILIPPE DUBOIS

L'Aurore, 4 novembre 1897

La *Gazette de Cologne* avait annoncé que Zola songeait à se présenter aux prochaines élections législatives. Afin de vérifier ce communiqué, Philippe Dubois se rendit chez le romancier.

Il n'y a rien de vrai dans cette information. Je devine bien comment ce bruit a pris naissance. Mon nouvel ouvrage, *Paris*[1], a été très bien lancé. Les premiers feuilletons ont été répandus à profusion partout. Ces feuilletons, vous le savez, mettent en scène un ouvrier, Salvat, qui médite un attentat, et des députés pour lesquels, entre parenthèses, je me suis montré assez dur. En constatant que je faisais pénétrer le lecteur dans les milieux parlementaires, la *Gazette de Cologne* en aura conclu que je me proposais d'y entrer moi-même, pour y soutenir les théories de Salvat. Telle est, à mon avis, l'origine du canard absurde que vous me signalez.

Non, depuis longtemps je n'ai plus l'idée de me faire élire.

Il fut un temps où, en effet, me vint l'intention d'abandonner momentanément le travail acharné duquel quarante-cinq volumes sont déjà sortis et de consacrer deux ans ou deux ans et demi de ma vie à la Chambre[2] pour m'atteler, de toute la force de ma parole, à la solution de quelques questions sociales, la question de la retraite des vieillards, par exemple.

Il croit donc à l'efficacité du parlementarisme ?

Pas le moins du monde. La politique me laisse complètement indifférent. Peu m'importe que tel ministère soit renversé et remplacé par tel autre. J'ai l'horreur du député soumis docilement à la discipline des groupes et privé de toute initiative. Je plains les gens de lettres, comme Maurice Barrès[3] et de Vogüé[4], qui se font nommer puis, une fois élus, restent tranquillement à leur banc, se contentant de déposer leur bulletin de vote dans une urne après une discussion à laquelle ils n'ont point participé.

J'avais fait un rêve, un beau rêve : celui de devenir un tribun qui, par la puissance de son argumentation, la force de son éloquence, serait arrivé, sinon à imposer quelques-unes de ses idées à la Chambre, du moins à les répandre dans le pays, comme le semeur répand la graine dans le sillon d'un champ fertile.

Le livre représente une force très grande. Il intéresse et il émeut; il charme et il instruit. Les idées qu'il renferme pénètrent lentement dans les masses. Elles font leur trou à la façon des taupes; puis, un beau jour, le trou est fait : elles arrivent au grand soleil. L'œuvre du livre n'est pas rapide, mais elle est sûre, car le livre reste. Tandis que la parole passe. Mais la parole n'en est pas moins, elle aussi, une arme puissante. Et quelle merveilleuse tribune que celle de la Chambre pour celui qui saurait s'en servir.

Pourquoi n'a-t-il pas essayé de réaliser son rêve ?

Parce que je me suis convaincu que je ne ferais jamais un tribun. Ce que je vous raconte là remonte à peu près à l'époque où je fus nommé président de la Société des Gens de lettres[5]. Jusquelà je n'avais jamais pris la parole en public. Mes nouvelles fonctions m'obligèrent à prononcer des discours en France, puis en Angleterre. Plus tard, pendant mon voyage en Italie — alors que je réunissais des documents pour écrire *Rome* — de nombreux banquets me furent offerts. Je dus répondre à des toasts et en porter moi-même. J'ai constaté ainsi que si je puis, comme tout le monde, préparer et lire un discours, je ne suis point un orateur. Les nerfs me dominent et m'enlèvent la plupart de mes moyens lorsque je m'adresse à une foule. Tant pis. Je suis retourné à mes livres. J'ai recommencé à écrire, opiniâtrement, accumulant sans trêve les feuillets sur les feuillets, tout entier à ma tâche.

Selon lui, il n'y a pas de place à prendre, dans un parlement, pour un homme de lettres ?

Il peut y en avoir une, mais à la condition que l'homme de lettres cesse d'écrire pour n'être plus qu'un député; à la condition qu'il consacre un grand talent de parole à la solution du grand problème social. La politique est une chose vaine, les questions sociales doivent, au contraire, hanter le cerveau de tout homme qui pense et qui réfléchit. Le christianisme a aboli l'esclavage et l'a remplacé par le salariat. À son tour, le salariat doit disparaître pour être remplacé par... je ne sais quoi. Il faut être aveugle pour ne pas voir que de graves événements sont proches.

Sur Gabriel d'Annunzio

Quiconque parcourt l'Italie, est frappé de l'affreuse misère qui règne dans ce pays. C'est peut-être là, plus que partout ailleurs, que se dresse, menaçant, le redoutable problème. Dans ces conditions, on peut être surpris du programme électoral de d'Annunzio[6], qui s'est fait nommer, non comme sociologue, mais comme écrivain et comme artiste. Que pèse la liberté de l'art auprès du bonheur de l'humanité ?

NOTES

1. Voir l'interview précédente.
2. Voir l'interview n° 42.
3. Maurice Barrès fut élu député boulangiste à Nancy en 1889. Lors de l'effondrement du boulangisme en 1893, il ne fut pas réélu. Il collectionna les échecs

dans l'arène politique jusqu'en 1906, année de sa réélection à la Chambre. Il y resta jusqu'à sa mort. Sur Barrès, voir aussi l'interview n° 6, n. 3.

4. Eugène-Melchior de Vogüé fut député de l'Ardèche de 1893 à 1898. Dans *Les Morts qui parlent* (1899), il fit la chronique des mœurs parlementaires. Voir aussi l'interview n° 34.

5. Zola fut élu président de la Société en avril 1891.

6. En 1897, le poète italien Gabriel d'Annunzio (1863-1938) fut élu député à la XXe législature italienne, où il se rangea du côté de l'extrême-droite.

69 À propos du procès d'aujourd'hui
ANONYME

Le Rappel, 8 février 1898

L'interview qui suit est un des rares entretiens accordés par Zola à ses confrères de la presse pendant l'Affaire Dreyfus. Le 7 février, Zola, accusé d'avoir diffamé les membres du Conseil de guerre dans sa célèbre lettre au président Faure publiée le 13 janvier dans *L'Aurore*, comparut devant la cour d'assises de la Seine. Au moment où s'ouvrit le procès, le romancier accorda un entretien à un rédacteur du *Rappel*.

Comme vous pouvez aisément vous en apercevoir, plus approche l'heure solennelle des débats, plus je sens croître et progresser le calme dans mes idées et la profonde possession de moi-même, qui, du reste, ne m'a jamais manqué, depuis les débuts de cette terrible affaire.

Il me semble, à première vue, que les impressions personnelles que je vous communiquerais, à la veille du combat, ne pourraient par leur petitesse et l'étroitesse de leur forme, qu'amoindrir volontairement la portée retentissante d'une cause englobant en son sein l'attention de la France et du monde entier.

Cependant, ayez bien la certitude formelle qu'à dater de ce jour, ma personnalité disparaît; elle s'évanouit pour laisser se mettre en action les faits, que j'ai placés en face les uns des autres. Me suis-je trompé, lorsque je disais naguère : « La vérité est en marche, rien ne l'arrêtera ! » Non, car, en dépit des protestations, le procès de demain est bel et bien, et, sans que l'on s'en doute, le premier acte sérieux de cette vérité.

J'ai la jouissance d'avoir, pour un peu, contribué à ce résultat; dès lors, mon rôle est achevé, celui des événements commence, et je suis

L'Aurore *du 13 janvier 1898*

persuadé que la lumière saura sortir, d'elle-même, de ces ténèbres atroces.

Aujourd'hui donc, moins que jamais, je ne regrette la campagne entreprise, heureux d'avoir eu occasion de mettre ma plume, à laquelle de longues besognes ont assuré quelque notoriété, au service d'une cause de justice et d'humanité, que le bon sens seul suffirait à éclaircir si les esprits, arrachés au feu des dissensions du moment, se trouvaient ramenés au calme. Aussi, irai-je devant ces jurés, la conscience tranquille et guidé par ma seule force : la défense du vrai, en quelque lieu qu'il se trouve[1].

NOTE

1. Voir l'interview suivante.

70 Chez M. Émile Zola
PHILIPPE DUBOIS

L'Aurore, 25 février 1898

Lors de son procès (voir l'interview précédente), Zola fut condamné au maximum : un an de prison et trois mille francs d'amende. À la nouvelle, Philippe Dubois se rendit chez Zola afin de connaître sa réaction.

Sur sa condamnation

Je m'y attendais. Elle était certaine depuis le jour où le général de Pellieux et le général de Boisdeffre intervinrent pour exercer une pression sur le jury au nom de l'honneur de l'armée, que je n'avais pourtant nullement attaquée. Le motif des poursuites était dénaturé au point que le verdict des jurés paraissait devenir une question de patriotisme. Dès lors, ni la superbe éloquence de Labori, ni l'argumentation serrée de Clemenceau ne pouvaient éviter la condamnation[1].

Compte-t-il signer son pourvoi en cassation ?

Certainement, c'est déjà fait. Aujourd'hui je me repose. Je me borne à recevoir quelques amis. Quelques heures de repos me sont bien dues, après les écrasantes fatigues de ces quinze audiences.

Sur les manifestations qui se produisirent au Palais de Justice

Je ne rends point Paris responsable de ce qui s'est passé. Ce n'est point Paris — ce Paris que j'aime tant ! — qui vociférait et poussait des cris de mort dans l'espoir d'étouffer notre voix. Loin de moi l'idée de confondre le grand, le généreux peuple de Paris avec une bande de fanatiques et de braillards payés.

Lettre de Mallarmé à Zola après sa condamnation

Je n'ai rien perdu de ma foi. La lumière se fera. N'a-t-elle pas commencé à se faire pendant notre procès ? Loin d'être abattu, je suis plein de courage et d'espoir ayant la conviction de servir une cause juste.

NOTE

1. Fernand Labori (1860-1917), avocat, et Georges Clemenceau (1841-1929), homme d'État et journaliste, représentèrent Zola devant la cour d'assises de la Seine.

71 Chez Émile Zola
PAUL DESACHY

Le Rappel, 4 avril 1898

Le 2 avril 1898, la cour de cassation révoqua la décision de
la cour d'assises de la Seine. Il s'ensuivit un nouveau procès
devant les assises de Seine-et-Oise, à Versailles, où Zola fut
condamné de nouveau à un an de prison et à trois mille francs
d'amende. Persuadé de quitter la France, Zola partit le 18
juillet pour l'Angleterre où il passa onze mois, ne rentrant
que le 5 juin 1899.

Oui, sans doute, ce travail se fait, et je sens la lumière
se produire peu à peu dans l'âme du peuple. Mais, que ne doit-on pas
craindre ? Quelle pression ne tenteront pas de faire ceux-là mêmes
qui ont osé menacer la patrie française dont ils ont la garde, pour
effrayer un jury timide. Mon avocat, Mᵉ Mornard, aurait dû, n'est-
ce pas, se réjouir des conclusions du rapporteur, eh bien ! la lettre
qu'il m'écrivait après l'audience de la cour était plutôt pessimiste. Il
est vrai qu'il a senti depuis également se faire ce travail d'incubation
que vous indiquez et que dans la dernière lettre qu'il m'adresse il croit
un peu plus au succès.

Une rue de Londres

Quant à moi, croyez-le bien, le résultat me laissera insensible. J'ai accompli le devoir impérieux que m'a dicté ma conscience; j'avais envisagé toutes les responsabilités, toutes les conséquences, — j'ai été droit mon chemin. Je referais aujourd'hui ce que j'ai fait hier.

Qu'importe le sacrifice qui est au bout. Si, comme je le crois, malgré vos espérances, la cour rejette les cas de cassation présentés par mon avocat, je me constituerai prisonnier du 15 au 20 avril, après avoir réglé à Médan certaines petites affaires. Je pense que la férocité de mes adversaires n'ira pas jusqu'à m'enlever ces quelques jours de liberté qui me sont encore nécessaires, et qu'ils me laisseront avant cette captivité de longs mois, voir se lever sur cette campagne que j'aime tant, les premiers rayons du soleil printanier.

72 *Fécondité*
X.M.

Le Temps, 13 octobre 1899

Pour l'interview qui suit, Xavier Mélet s'était rendu chez le célèbre romancier, pour que celui-ci lui raconte les circonstances dans lesquelles son dernier roman, *Fécondité*, fut conçu et écrit. Le roman parut en feuilleton dans *L'Aurore* du 15 mai au 4 octobre 1899. La librairie Fasquelle le lança le 12 octobre 1899.

Fécondité est une vieille, très vieille idée. Que de forces, que de semences perdues dans la nature ! J'avais été frappé de la quantité de pollen que renferme le calice des fleurs pour assurer la perpétuité de l'espèce, du nombre d'œufs que portent les poissons et qui est si disproportionné avec le nombre de ceux qui éclosent. Il y a là un déchet énorme.

Dans l'humanité, c'est bien pis. Les contrats sociaux, la paresse, la peur, les mauvaises habitudes ont réduit de plus en plus la natalité. Le danger était depuis longtemps signalé par les sociologues, et nos hommes d'État avaient le devoir de s'en inquiéter. Il appartenait aux écrivains que passionnent les problèmes de la vie et qu'anime, comme moi, un patriotisme sincère et pur, de combattre le mal en protégeant et en chantant les sources de la vie.

Je n'abandonne pas facilement mes idées et j'attendais l'occasion de développer celle-là. Le dénouement de *Paris*, quand Pierre Fro-

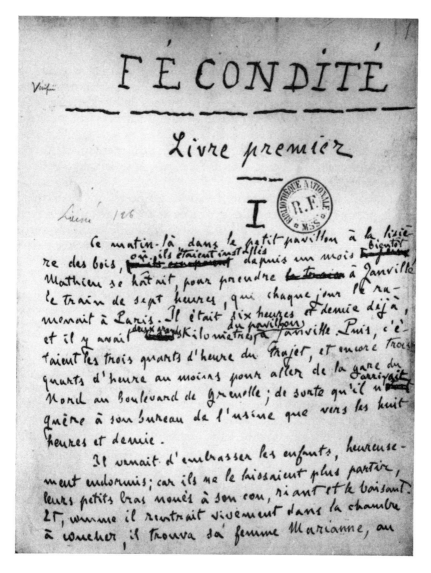

Le manuscrit de Fécondité

ment, sur le haut de la colline, prend dans ses bras son fils pour l'offrir à la ville du travail et de la pensée, m'a fourni cette occasion.

La fécondité fonde la famille. La famille, en s'accroissant, devient la cité. L'idée de cité engendre l'idée de patrie. L'idée de patrie conduit, dans les cerveaux nourris de science, à la conception d'une patrie très large, sans limites où seraient réunis tous les peuples de la terre. Quatre étapes, dont la dernière n'est pas atteinte, dans cette marche que l'humanité poursuit à travers les âges.

J'ai rêvé alors d'un poème en quatre volumes, en quatre chants, où je résumerais toute la philosophie de mon œuvre, où, comme dans une sorte de testament, je formulerais les conseils de mon expérience et de mon amour fraternel pour tous ceux qui travaillent et qui souffrent.

Le premier de ces livres a été fait, je vous dirai tout à l'heure dans quelles conditions. C'est un véritable enfant de la douleur. Le second, que j'ai commencé, aura pour titre : *Travail*, le troisième : *Vérité*, le quatrième : *Justice*[1].

Si la *Fécondité* crée la famille, le travail est nécessaire à l'existence et à la prospérité de la cité. Des critiques malveillants ou superficiels m'ont accusé d'être un pessimiste. Or, j'ai toujours exalté les vertus du travail, source inépuisable de vie et de bonté. L'oisiveté, c'est la mort. Proclamer la nécessité du travail, prêcher d'exemple, s'engager dans l'action, secouer l'inertie, c'est rendre hommage à la vie, c'est donner du courage à ceux qui défaillent. Le reproche d'amollir les âmes est le dernier qu'on devrait m'adresser; mais il est vrai que j'en ai subi de si effroyablement injustes que je n'ai plus à m'étonner de rien.

Le héros de *Fécondité* s'appelle Mathieu. Je donnerai le nom de Luc à celui de *Travail*, de Marc à celui de *Vérité*. Jean est le fils de Pierre Froment et nous le retrouverons dans *Justice*, réalisant les espérances d'une humanité supérieure dont son père avait entouré son berceau. Ces noms correspondent à ceux des quatre évangélistes. Les fils de ma pensée prêcheront comme leurs homonymes la religion nouvelle, celle de la société future, fondée sur le travail, sur la vérité et sur la justice.

La société actuelle est dans une décadence irrémédiable. Le vieil édifice craque de tous côtés. Chacun le reconnaît, non pas seulement les théoriciens du socialisme, mais aussi les défenseurs du régime bourgeois. Le christianisme a fait une révolution qui a bouleversé le monde romain en supprimant l'esclavage et en y substituant le salariat. C'était un progrès immense, car il élevait le plus grand nombre à la dignité d'hommes libres. Dans les conflits quotidiens du capital et du travail, le définitif triomphe appartiendra au travail. Mais dans quelle voie s'engagera le peuple, quelle parole il écoutera, celle de Guesde[2] ou de Jaurès[3] ? Je l'ignore.

Mes visions, à moi, d'un avenir meilleur où les hommes vivront dans une solidarité étroite et parfaite, n'ont pas la rigueur d'une doctrine. C'est une utopie. Maintenant on a dit que les utopies étaient souvent les vérités du lendemain. Pour écrire *Travail*, je demanderai à Jaurès de m'expliquer sa conception du socialisme.

Les titres de mes futurs ouvrages et mon intervention dans l'affaire Dreyfus pourraient faire croire qu'il y sera question de ce drame sublime[4]. Non.

Mais revenons à *Fécondité*. Ce livre m'a coûté beaucoup de peine et de temps. J'ai l'habitude d'entasser les matériaux avant de me mettre à écrire. J'avais donc réuni toute une bibliothèque de brochures spéciales, et ce coup de sonde dans les mystères abominables de la vie parisienne m'a révélé de telles choses que mon ardeur s'en est accrue pour jeter à mon tour le cri d'alarme. Quand mes lectures sont terminées, mes informations prises, je fais mon canevas. C'est le gros morceau de ma tâche, et si les personnages dont les silhouettes défilent dans mon livre sont nombreux, — c'est bien le cas de *Fécondité*, — cela devient un casse-tête chinois. J'ai dû établir une centaine de généalogies, donner des noms différents à chacun, un trait personnel, puisqu'il n'y a pas deux êtres qui se ressemblent complètement dans la nature et leur attribuer, pour ne pas les confondre, une fiche, comme au service d'anthropométrie. C'est un labeur énorme, mais qui, une fois achevé, me facilite grandement l'exécution de mon roman.

Je travaille, en effet, chaque jour, depuis trente années, un nombre d'heures déterminé. Mon canevas m'a rationné ma besogne, que j'appelle mon pain quotidien. Je n'ai pas besoin de me souvenir de ce que j'ai écrit la veille, et je ne me préoccupe pas de ce que je devrai faire le lendemain. Le chaînon se soude de lui-même et la chaîne se déroule et s'allonge.

Mes recherches étaient terminées, toutes mes notes en ordre, lorsque le second procès de Versailles m'obligea à quitter précipitamment Paris. Je pris le train de Calais avec un très léger bagage, composé d'une chemise de nuit, d'une flanelle et d'un chiffon de papier sur lequel Clemenceau avait tracé quatre mots d'anglais. Et dans le train qui m'emportait loin des rumeurs de mort, et aussi, hélas ! loin de mon foyer, je répétais ces mots, m'efforçant de les retenir pour pouvoir guider mes premiers pas dans la ville de Londres.

Je débarquai en Angleterre le 19 juillet au matin. Je ne m'arrêtai pas dans l'énorme ville bourdonnante, recherchant la solitude et le silence. Mon bagage, je le répète, était celui de l'exilé qui n'emporte que quelques hardes au bout de son bâton.

J'écrivis bientôt à ma femme pour lui demander de me faire parvenir les documents qui se rapportaient à mon livre et qui attendaient dans un coin de mon cabinet de travail à Médan. Les indications précises de ma lettre lui permirent de les découvrir et par un chemin détourné ils m'arrivèrent enfin au lieu de ma retraite.

Il me sera permis de dire ici que mon exil ne fut pas volontaire. J'avais accepté ma condamnation et je m'étais préparé à subir mon année de captivité. La perspective de la prison n'effraye à la longue que les coupables. Je n'avais pas à craindre le remords d'une action qui m'avait été imposée par ma conscience et dont la rançon était la perte de mon repos, de ma liberté et de ma popularité fondée sur un labeur obstiné. Je pouvais me dire : l'honneur est sauf ! et peupler ma cellule de douces visions. Mais j'obéis aux raisons de tactique invoquées par les hommes de mon parti en qui j'avais placé toute ma confiance, et puisque l'intérêt d'une cause à qui j'avais fait déjà tant de sacrifices commandait mon départ, j'obéis en soldat.

Le 4 août, j'écrivis la première ligne du premier chapitre, et le 15 octobre sept chapitres étaient composés. À cette date, je transportai mes pénates à Upper-Norwood. Mon visage m'avait trahi dans les auberges que j'habitais. Or, mon désir ardent était de me soustraire à toute importunité. Malgré l'urbanité anglaise, je me sentais comme enveloppé de curiosités sympathiques mais gênantes et je choisis, au milieu de prés verts sous de grands ombrages, une demeure inviolable. Je pris des domestiques anglais, qui ne me connaissaient pas et ne parlaient pas un mot de notre langue. La lecture des journaux anglais m'avait familiarisé avec quelques expressions dont je me servais pour me faire comprendre.

Mais, quels coups de tonnerre traversèrent ma vie ! Le suicide du colonel Henry, l'arrestation de Picquart, tous ces épisodes de la bataille d'idées que j'avais engagée surgissaient à mes yeux, et mon âme en était toute bouleversée. Ces jours-là, la reprise de ma tâche était plus difficile. Les mots ne venaient pas. Je me prenais la tête dans mes mains agitées par la fièvre et m'épuisais en vains efforts pour retrouver le fil de ma pensée. Je sortais enfin de mon découragement, et un bienfaisant équilibre que j'obtenais pour le reste de ma journée était ma récompense.

Le 27 mai, j'écrivais le mot : « Fin » en bas du trentième et dernier chapitre. Et, le 4 juin, une semaine après, mon manuscrit sous le bras, je rentrais en France.

Pendant que mes ennemis s'acharnaient à ma perte, moi, je donnais à mon pays les meilleurs, les plus sages conseils. Je lui faisais toucher du doigt ses plaies pour qu'il pût les guérir. Et, avec la fécondité, qui assure l'existence et la grandeur de mon pays, j'exaltais la beauté. Le bouton de fleur est joli; la fleur épanouie est belle. La vierge est moins belle que la mère. La femme exhale son parfum, montre toute son âme, acquiert toute sa beauté dans l'accomplissement de ses fins naturelles. C'était une vérité utile à propager, comme celle dont Jean-Jacques Rousseau se fit l'ardent apôtre. Je souhaite à mon livre, non pour moi, mais pour mon pays, la fortune qui accueillit les idées du philosophe de Genève.

NOTES

1. *Travail* parut en librairie en mai 1901 et *Vérité*, en février 1903, quelque six mois après la mort du romancier. Le quatrième, *Justice*, demeure à l'état de notes préparatoires.
2. Au sujet de Jules Guesde, voir l'interview n° 22, n. 1.
3. Jean Jaurès (1859-1914) fut élu député en 1885, en 1893, et de nouveau en 1902. Il travaillait pour la formation de la section française de l'Internationale ouvrière.
4. En effet, Zola s'inspira de l'affaire Dreyfus pour son troisième évangile, *Vérité*.

73 Les conquêtes du siècle. VI. Le roman. M. Émile Zola

EUGÈNE ALLARD et LOUIS VAUXCELLES

Le Figaro, 26 novembre 1900

Au cours d'une enquête lancée en septembre par *Le Figaro*, on interrogea plusieurs célébrités du jour sur l'évolution du roman : Octave Mirbeau, Gustave Charpentier, Alfred Bruneau, Frantz Jourdain, et Émile Zola.

Déterminer l'évolution de la littérature, rien n'est plus difficile. Ce sont les oscillations du pendule. Vous me demandez, entre autres choses, où va le Roman, vers les études psychologiques et les drames sentimentaux, ou vers les études sociales ? C'est pur enfantillage, cela n'a guère d'intérêt... tout est momentané. On ne peut suivre la ligne... le roman est une manifestation sociale, humaine; il va d'un pôle à l'autre, de la réalité au rêve, en obéissant à des évolutions multiples... ce sont des fluctuations continues. En outre, il faut compter avec les génies qui naîtront, qui changent tout, qui dérangent tout. « En quoi le roman à thèse sociale, dites-vous, diffère-t-il actuellement de ce qu'il fut au commencement du siècle ? » Quelle question ! Vous voulez me parler de la conception sociale des gens de 1848, ceux qui ont cru qu'on allait tutoyer le bon Dieu et s'asseoir à sa droite. Hélas ! on a déchanté depuis, hein ?

Voyons la question suivante : « Le roman va-t-il plus vers la perversité, vers la pornographie, que vers les passions droites et saines, la laideur et la beauté de la vie ? » Qu'en sait-on ? Il y a des cochons partout. De même qu'il faut des petites filles pour les vieux messieurs, de même faut-il certaines œuvres pour certaines gens.

« Le souci du style s'est-il accru ? Va-t-on plus vers l'écriture ornée, complexe, que vers le style simple ? »

Il y aurait beaucoup à dire. Il y a eu des artistes extrêmement consciencieux : Flaubert a été le type, l'ouvrier suprême; il a produit des œuvres parfaites; d'ailleurs, il faut bien l'avouer, ce qu'on gagne en perfection, on le perd en inspiration et en naturel. Ce qui lui a servi, à Flaubert, a paralysé d'autres. Mais, enfin, ce ne sont là que des détails.

Ce qui est intéressant, c'est de considérer l'histoire du roman en ce siècle, mais il faudrait des volumes.

Nous venons du dix-huitième siècle, la pensée du dix-huitième siècle a influé profondément sur nous; les deux sources qui, en notre siècle, s'élargissent en fleuves immenses, sont Diderot et Rousseau; on suit à travers tout le siècle ces deux grands courants; on les voit parfois tentant de se réunir, avec Flaubert et nous. Comment définir ces deux grands courants ? — la réalité et le rêve si vous voulez. — Les romantiques n'ont pas eu le souci ou le sentiment de la réalité; ils n'ont eu, avec leur couleur locale, que le souci apparent de la réalité. D'ailleurs, la construction des personnages, chez les romantiques, reste dominée par la préoccupation artistique.

Est-ce à dire que chez eux l'observation soit nulle ? Non pas, elle ne va pas très au fond, voilà tout. Ainsi, tenez, j'ai eu la curiosité, au cours d'un séjour en Auvergne (Mme Zola étant au Mont-Dore) de lire sur place un roman de George Sand, dont elle a mis l'action en Auvergne. Eh bien, vous ne vous imaginez pas les libertés qu'elle a prises avec la réalité ! C'était d'une fausseté hurlante. Hugo, lui aussi, a décrit la réalité. Oh ! il avait une vision merveilleuse, puissamment nette quand il observait; mais, dès qu'il se mettait à écrire, l'imagination du poète reprenait le dessus, l'observation était déviée, faussée.

Je vous ai dit que les deux sources où nous plongeons sont Rousseau et Diderot : si Hugo vient de Rousseau, nous rencontrons maintenant Stendhal, observateur irréprochable qui voit juste et ne ment pas — et Stendhal se rattache à Diderot. De Stendhal nous passons à Balzac qui, silencieusement, a grandi dans l'ombre; il a, dès son apparition, posé les lois du roman social et esquissé les lois des milieux que Taine devait formuler et préciser plus tard. Dès lors, la lignée de Balzac continue à marcher de l'avant, et ce seront les champions du vrai; tous les sentimentaux, les romanesques, les romantiques, les Feuillet, d'autres, dont il est inutile de citer les noms, disparaîtront, battus, refoulés par ceux qu'une étiquette toute de classification extérieure appellera les réalistes, les naturalistes. Et la bataille continue, acharnée. Eh oui, ces appellations, naturalisme, réalisme, ne signifient pas grand'chose : ce sont des drapeaux autour desquels on se rallie, pour lesquels on combat. Ah ! nous étions de jeunes vaniteux. Et pourtant, c'est là la vérité, Flaubert, Daudet, Goncourt.

[...] Chaque génération fait son pas; on est suivi, plus ou moins. Des moyennes s'établissent. Je crois à une humanité en marche — tant au point de vue littéraire qu'au point de vue social. L'humanité va quelque part, elle s'y dirige lentement — trois pas en avant, deux en arrière — mais il reste de l'acquis; les vérités acquises ne seront plus jamais de l'erreur; il y a des *acquêts* littéraires, des choses qui s'éclairent (en dehors de cela, le génie souffle où il veut). Oui, c'est une marche, les littérateurs, les poètes — clairons — marchent en tête.

Et, puisque dans le domaine de la science, les idées s'élargissent, il serait singulier que les littérateurs ne marchassent pas, non point vers plus de génie, mais *vers plus de vérité*, et, s'il y a un dénouement, ce sera l'art de la réalité... les oscillations du pendule sont de plus en plus amplifiées dans la vérité, de plus en plus courtes dans l'erreur. Pour moi, vieux réaliste, je crois que s'il se produisait un retour aux formes idéalistes, ce serait une éclipse passagère. Les contes de nourrice servent à consoler; mais l'avenir appartient au roman d'observation. Ce n'est pas à dire qu'il faille abolir le rêve, qui a une mission éternelle.

Aussi bien, les classifications — réalité, rêve — sont-elles tout illusoires; dans les deux camps, ce sont des hommes, n'est-ce pas ? On a raison dans les deux camps.

J'admire l'énergie de ce siècle, poussé en avant, mû par une force interne; il a beaucoup créé, beaucoup travaillé, il a mal fini; tout est par terre, il reste une besogne terrible à faire, c'est aujourd'hui le retour offensif de toutes les forces du passé ! Mais c'est l'agonie, le glas du passé ! Je ne suis pas inquiet, j'ai confiance; on ne désespère pas d'un pays comme la France, cette terre du labeur, de l'épargne, ce pays économe. (Ah ! quand on voyage en Italie, cette contrée pauvre, on saisit bien la différence !)

Je n'ai jamais été pessimiste, je le suis moins que jamais.

74 *La Terre*
ALBÉRIC DARTHÈZE

L'Aurore, 22 janvier 1902

La veille de la première de *La Terre*, drame en cinq actes et dix tableaux tiré du roman de Zola par Raoul de Saint-Arroman et Charles Hugot[1], Albéric Darthèze rendit visite au romancier, sachant qu'il aurait des choses intéressantes à dire « sur la pièce et aussi sur son principal interprète, Antoine ».

J'ai connu Saint-Arroman lorsque je fus président de la Société des Gens de lettres. C'est un garçon charmant, un lettré. Déjà à cette époque, il m'avait demandé l'autorisation de mettre *La Terre* à la scène. Je refusai d'abord. Je m'étais réservé ce sujet. Du roman je voulais tirer moi-même une sorte de tragédie antique. J'aurais pris le père Fouan au moment où il vient de céder « sa terre » à ses enfants : en quelques scènes brèves, d'où j'aurais enlevé le pittoresque, les fonds de *La Terre*, dans une manière hiératique — je ne sais si vous me suivez bien — j'aurais dramatisé la passion de la terre. C'eût été la Terre dévoratrice chez les Atrides. Je voyais cette tragédie, sobre et nue, avec des gens en blouse, à la Comédie-Française. Ça se compliquait terriblement. C'était la pièce qu'on donne rarement; c'était le succès d'estime. On joue *Œdipe Roi*. Et c'était de quelque chose de semblable que je rêvais. Mais *Œdipe Roi* est une pièce de musée. L'entreprise devenait problématique. Et j'ai senti que jamais je n'écrirais ma tragédie. Aussi, lorsque Saint-Arroman revint à la charge, je cédai.

Il y avait deux façons de concevoir la pièce. La première, je viens de vous l'exposer. Elle était excessivement dangereuse. La seconde consistait à découper dans le roman une suite de tableaux, de les égayer, ou plutôt de les diversifier par l'élément comique, du comique spécial que j'ai introduit dans l'œuvre, avec Jésus-Christ et La Trouille. C'est ce dernier parti qu'ont pris les auteurs.

Lorsqu'Antoine[2] est venu causer avec moi de la pièce, me demander d'assister aux répétitions, j'ai refusé. Je ne me suis pas occupé de la rédaction de la pièce, lui ai-je dit, et à aucun prix, ni en quoi que ce soit, je ne veux y collaborer. Je me fie sur vous qui êtes un artiste d'un goût très sûr, et un metteur en scène de premier ordre. J'irai à la répétition générale, lorsque la pièce sera lue.

***

C'est ce que j'ai fait, j'ai vu la pièce dans les mêmes conditions que le public.

Les auteurs ont trouvé de vraiment belles choses. Ainsi le deuxième acte, le quatrième et tout le cinquième.

Il y a encore le troisième, celui de Jésus-Christ. Il me plaît moins, je l'avoue. J'avais presque déconseillé qu'on introduisît Jésus-Christ et La Trouille. Mais Antoine m'a fait observer que, lui, ne pouvait donner *La Terre* sans Jésus-Christ. Il aurait l'air d'avoir peur. Il m'a ensuite assuré que l'acte porterait sur son public, qu'il avait un acteur sous la main, Degeorge, très populaire chez lui, et qui serait excellent dans le rôle. Je l'ai laissé libre.

À la répétition, j'ai entendu dans les couloirs Courteline[3] dire que ce serait l'acte qui ferait le plus d'effet aux représentations suivantes. Nous verrons bien.

Mais je loue sans réserves le cinquième acte, rempli par l'agonie de Fouan. Dans le roman, Fouan est étouffé sous des oreillers, Buteau met le feu aux meubles qu'il a entassés et brûle le bonhomme. On ne pouvait conserver ce dénouement. Les auteurs ont fait mourir le père Fouan dans la Beauce immense, où il se traîne, sorte de roi Lear, chassé par La Grande. Il meurt au soleil levant. C'est une très belle fin, que j'aurais pu accepter pour mon roman, si je n'avais voulu pousser jusqu'à ses plus extrêmes conséquences la tragédie domestique engendrée par la passion de la terre.

Antoine a trouvé, pour cette agonie, un décor merveilleux. Il demanda aux auteurs de la diviser en quatre parties et de les situer en quatre endroits différents. Il a installé un décor successif, un décor américain, je crois, dont la toile se déroule devant le spectateur. Mais, aux répétitions, on s'est aperçu que le décor faisait du bruit et puis le changement se voyait. On ne pouvait faire la nuit complète, comme au Châtelet. Antoine a alors placé derrière son rideau un autre rideau s'ouvrant par le milieu, dont la manœuvre doit permettre au décor de progresser, tout en ne durant que quelque secondes. Le soir de la répétition, ça n'était pas mis au point. Mais une fois réglé ce sera parfait.

Il y a encore le 2ᵉ acte, qui est merveilleux, avec des détails de mise en scène. On y voit des poules; ça sent la campagne, comme ça n'a jamais senti la campagne.

Et puis, surtout, il y a Antoine dans le père Fouan. Il y est tout bonnement admirable. C'est une création qui restera. Vraiment la promenade de ce vieillard agonisant au soleil levant est d'une grandeur extraordinaire.

NOTES

1. Voir l'interview n° 58, n. 1.

2. André Antoine (1858-1943), acteur, directeur de théâtre, fonda le Théâtre Libre à Paris en 1887 et y porta à la scène les pièces naturalistes de Becque, Brieux, Strindberg, Hauptmann et Ibsen.

3. Il s'agit de l'humoriste et dramaturge Georges Courteline, pseudonyme de Georges Moineau (1858-1929). Parmi ses œuvres, qui connurent à l'époque un grand succès, on compte *Messieurs les ronds-de-cuir* (1893), *Boubouroche* (1893) et *La Paix chez soi* (1903).

LISTE DES ENTRETIENS

BIBLIOGRAPHIE

CORRESPONDANCE

Émile Zola, *Correspondance*, éditée sous la direction de B. H. Bakker.
7 vol., Montréal/Paris, Presses de l'université de Montréal/
C.N.R.S., 1978-1989.

CORR. BERN.

Émile Zola, *Correspondance*, notes et commentaires de M. Le Blond,
2 vol., Paris, Bernouard, 1928-1929.

JULES DE GONCOURT

Jules de Goncourt, *Lettres*, Paris, Charpentier, 1885.

LAMBERT

J.-K. Huysmans, *Lettres inédites à Émile Zola*, publiées et annotées
par P. Lambert, Genève, Droz, 1953.

O.C.

Émile Zola, *Œuvres complètes*, éd. H. Mitterand, 15 vol., Paris,
Cercle du Livre Précieux, 1966-1970.

R.-M.

Émile Zola, *Les Rougon-Macquart*, éd. A. Lanoux et H. Mitterand,
5 vol., Paris, Gallimard, « Bibliothèque de la Pléiade », 1960-
1967.

INDEX
DES NOMS PROPRES
ET DES SUJETS

PROVENANCE DES PHOTOGRAPHIES

Cet ouvrage, publié hors collection
par les Presses de l'Université d'Ottawa,
a été composé en Garamond Roman de corps douze
par The Runge Press, à Ottawa (Ontario),
et imprimé en août mil neuf cent quatre-vingt-dix
par l'Imprimerie Gagné, à Louiseville (Québec).
Maquette de couverture :
Communication graphique Gagnon et Bélanger.